装备领域信息系统项目管理理论与实践

胡馨升 主编

电子工业出版社
Publishing House of Electronics Industry
北京·BEIJING

内 容 简 介

本书结合相关实例对装备领域订购项目、预先研究项目、研制项目等进行总结和分析，为装备领域信息系统项目管理提供参考。本书首先详述项目管理基本理论、方法及技术手段，介绍项目管理发展历程，分析经典的项目管理成功案例，进而分析新技术背景下项目管理的发展趋势；其次介绍装备领域项目管理发展历程及特点，重点介绍装备全寿命管理，以及采办项目管理流程；再次详述信息系统项目管理特点，重点分析新一代信息技术给传统项目管理带来的冲击；最后介绍装备领域信息系统项目管理流程，并给出实例分析，总结项目管理创新方法和项目成功经验，以及类似项目管理流程的工作模式。

未经许可，不得以任何方式复制或抄袭本书之部分或全部内容。
版权所有，侵权必究。

图书在版编目（CIP）数据

装备领域信息系统项目管理理论与实践 / 胡馨升主编. -- 北京 : 电子工业出版社, 2025. 5. -- ISBN 978-7-121-50358-0

Ⅰ. E145.1

中国国家版本馆CIP数据核字第2025K5W684号

责任编辑：刘家彤　　文字编辑：张　彬
印　　刷：北京天宇星印刷厂
装　　订：北京天宇星印刷厂
出版发行：电子工业出版社
　　　　　北京市海淀区万寿路173信箱　　邮编：100036
开　　本：720×1 000　1/16　印张：19　字数：395.2千字
版　　次：2025年5月第1版
印　　次：2025年5月第1次印刷
定　　价：99.80元

凡所购买电子工业出版社图书有缺损问题，请向购买书店调换。若书店售缺，请与本社发行部联系，联系及邮购电话：(010) 88254888，88258888。
质量投诉请发邮件至zlts@phei.com.cn，盗版侵权举报请发邮件至dbqq@phei.com.cn。
本书咨询联系方式：liujt@phei.com.cn，(010) 88254504。

编委会

主　编：胡馨升

编　委：（按姓氏笔画排序）

　　　　付玉涛　李亚伟　宋华波　周　斌

　　　　罗文兵　徐海波　高炽扬

前言

2024年7月,中国共产党第二十届中央委员会第三次全体会议在北京举行,会议通过的《中共中央关于进一步全面深化改革、推进中国式现代化的决定》提出:"深化跨军地改革……深化国防科技工业体制改革,优化国防科技工业布局,改进武器装备采购制度,建立军品设计回报机制,构建武器装备现代化管理体系。"这是党中央统筹发展和安全、富国和强军,着眼加快国防和军队现代化做出的战略部署,是巩固拓展国防和军队改革成果、开创改革强军新局面的重大举措。

国家繁荣昌盛、人民富足安康的重要支撑之一是装备,大国战略博弈的重要砝码也是装备。军队现代化离不开装备,军事斗争也离不开装备。实现建军一百年奋斗目标,加快国防和军队现代化建设,必须紧抓装备不松手,奋力实现装备建设在技术创新、组织效率、管理水平等方面达到国际一流水平。

随着智能时代的悄然来临、新科技的蓬勃发展,装备从单体到体系不断演进,以期快速适应新时代背景下的信息化战争需求。从最初的冷兵器、热兵器时代发展至20世纪初期的机械化时代,再到现在的信息化、智能化时代,技术进步是推动装备演进形态变化的主要因素。当前,信息化、智能化时代的装备演进形态正在形成。信息化战争形态出现,其以数字化、网络化

 装备领域信息系统项目管理理论与实践

和智能化为特征,战场从传统空间向新兴领域拓展。无人作战系统、智能导弹、无人机等高科技装备的广泛应用,使得战争更加依赖高科技手段,战场智能化作战特点愈发显现,无人作战系统、网络攻击等成为重要手段。

当前,我军装备快速发展,科技创新水平不断攀升,体系/系统精益求精,增加了装备建设资源统筹、系统调配、组织协调的难度,加之装备领域信息系统项目技术要求高、专业难度大的特点,更是增加了装备建设的风险与挑战。因此,在新时代装备建设进程中,迫切需要在装备领域信息系统项目管理上下功夫。相关人员应当强化以信息化战争需求为导向、以提升装备现代化水平为核心的项目管理理念,进一步优化装备领域信息系统项目管理流程,加强信息化、智能化、体系工程等先进技术与方法应用,推进管理数字化转型,推动信息系统装备低成本、高效益发展,确保信息系统装备更好地适应技术发展和未来战争需要。

本书系统地介绍了装备领域信息系统项目管理的基础理论、主要做法和改革措施,共由7章组成。

第一章至第四章为装备领域信息系统项目管理理论:第一章介绍项目管理概论,主要包括项目管理的概念及特征、项目管理发展历程、项目管理标准化及职业化、新技术背景下的项目管理特点等;第二章介绍项目管理理论,主要包括项目管理知识体系、现代项目管理理念与模型、项目管理工具与技术、项目管理软件及公司等;第三章介绍装备领域项目管理发展及特点,主要包括美军对项目管理发展的促进、装备领域项目管理特点等;第四章介绍信息系统项目管理理论,主要包括信息及信息系统内涵、信息技术发展、信息系统项目管理等。

第五章至第七章为装备领域信息系统项目管理实践:第五章介绍装备领域信息系统订购流程,主要包括立项申报、采购招标、订购、项目实施、竣工验收、付款结算、财务验收等;第六章介绍装备领域信息系统3类研发项目,主要包括预先研究项目管理、研制项目管理、系统集成项目管理等;第七章介绍装备领域信息系统项目管理实例,主要包括订购流程项目管理实例、预先研究项目管理实例、研制项目管理实例等。

本书在装备领域项目管理相关实际情况的基础上进行了系统归纳，力求以合理的逻辑、流畅的结构、通俗的语言，综述装备领域信息系统项目管理的基本方法和运行规则，以期为深化装备项目管理提供借鉴参考。本书适合从事装备论证、研制等的相关工作人员使用。本书着重阐述了项目管理基本方法与技术、装备领域项目管理特点、信息系统项目管理理论，并重点介绍了新技术背景下项目管理的发展趋势，对高新技术项目的科研和生产具有一定的参考价值。

　　受限于研究资料的获取范围及作者的学识水平，加之项目管理专业性强且不断发展的特性，本书难免存在错误或纰漏，敬请广大读者批评指正。

编　者

2024 年 11 月

目 录

第一章 项目管理概论 ·· 001
1.1 项目管理的概念及特征 ····································· 001
1.1.1 项目 ··· 001
1.1.2 项目集与项目组合 ································· 004
1.1.3 项目管理 ·· 007
1.2 项目管理发展历程 ··· 012
1.2.1 项目管理发展阶段 ································· 012
1.2.2 我国项目管理的发展 ······························ 018
1.2.3 项目管理发展趋势 ································· 024
1.2.4 成功的项目管理案例 ······························ 029
1.3 项目管理标准化及职业化 ································· 044
1.3.1 项目管理组织介绍 ································· 044
1.3.2 项目管理标准化发展 ······························ 049
1.3.3 项目经理职业化发展 ······························ 055
1.4 新技术背景下的项目管理特点 ·························· 058
1.4.1 特点 ··· 058
1.4.2 有潜力行业 ·· 059

第二章 项目管理理论 ·· 061
2.1 项目管理理论的重要性 ···································· 061
2.2 项目管理知识体系 ··· 062
2.2.1 五大过程组 ·· 062

```
        2.2.2  十大知识领域 ································································· 063
   2.3  现代项目管理理念与模型 ····················································· 073
        2.3.1  六西格玛原则 ································································· 073
        2.3.2  PDCA 循环 ····································································· 074
        2.3.3  6S 管理 ············································································ 077
        2.3.4  质量控制方法 ································································· 078
        2.3.5  SMART 原则 ··································································· 080
        2.3.6  3C 战略三角模型 ···························································· 080
        2.3.7  麦肯锡 7S 模型 ······························································· 081
        2.3.8  五力模型 ········································································· 083
   2.4  项目管理工具与技术 ······························································ 084
        2.4.1  甘特图 ············································································· 084
        2.4.2  鱼骨图 ············································································· 085
        2.4.3  直方图 ············································································· 086
        2.4.4  决策树 ············································································· 087
        2.4.5  风险评估矩阵 ································································· 089
        2.4.6  工作分解结构 ································································· 090
        2.4.7  挣值分析 ········································································· 091
        2.4.8  关键路径法 ····································································· 093
        2.4.9  SWOT 分析法 ································································· 094
        2.4.10 5W2H 分析法 ································································ 095
   2.5  项目管理软件及公司 ······························································ 096
        2.5.1  软件 ················································································· 096
        2.5.2  公司 ················································································· 098

第三章  装备领域项目管理发展及特点 ················································· 101
   3.1  美军对项目管理发展的促进 ··················································· 101
        3.1.1  美军与项目管理的渊源 ·················································· 101
        3.1.2  组织形式的促进 ····························································· 102
        3.1.3  管理方法的促进 ····························································· 102
        3.1.4  技术水平的促进 ····························································· 104
   3.2  我国国防科研的发展 ······························································ 104
        3.2.1  发展阶段 ········································································· 104
```

3.2.2　国防大事件 ·· 108
3.3　民为军用发展 ··· 113
　　　3.3.1　发展及内涵 ·· 113
　　　3.3.2　我军 ··· 116
　　　3.3.3　外军 ··· 118
3.4　装备领域项目管理特点 ·· 124
　　　3.4.1　军方采购特点 ·· 124
　　　3.4.2　装备全寿命管理 ··· 126
　　　3.4.3　采办项目管理 ·· 134
　　　3.4.4　预先研究项目管理 ·· 137
　　　3.4.5　研制项目管理 ·· 145

第四章　信息系统项目管理理论 ·· 149
4.1　信息及信息系统内涵 ··· 149
　　　4.1.1　信息与信息化 ·· 149
　　　4.1.2　信息系统 ··· 152
4.2　信息技术发展 ··· 165
　　　4.2.1　概述 ··· 165
　　　4.2.2　新一代信息技术 ··· 170
4.3　信息系统项目管理 ·· 178
　　　4.3.1　与传统项目管理的联系与区别 ······································ 178
　　　4.3.2　经典模型 ··· 181
　　　4.3.3　信息系统管理 ·· 184
　　　4.3.4　信息技术服务管理 ·· 199

第五章　装备领域信息系统订购流程 ··· 209
5.1　立项申报 ··· 209
　　　5.1.1　立项申报流程 ·· 209
　　　5.1.2　项目申请书总体框架 ··· 210
　　　5.1.3　项目申请书的编写难点 ·· 213
5.2　采购招标 ··· 215
　　　5.2.1　采购管理 ··· 215
　　　5.2.2　招标管理 ··· 217
　　　5.2.3　合同管理 ··· 218

  5.3 订购 ·· 223
      5.3.1 工作程序 ··· 223
      5.3.2 管理办法 ··· 225
  5.4 项目实施 ·· 226
      5.4.1 组织机构及职责 ·· 226
      5.4.2 作业指导书 ·· 227
  5.5 竣工验收 ·· 229
      5.5.1 步骤及内容 ·· 229
      5.5.2 材料及文件 ·· 230
      5.5.3 竣工图 ··· 231
  5.6 付款结算 ·· 232
      5.6.1 结算准备 ··· 232
      5.6.2 结算类型 ··· 232
  5.7 财务验收 ·· 234
      5.7.1 流程 ··· 234
      5.7.2 主要内容和主要问题 ·· 235
      5.7.3 审查要点 ··· 237

第六章 装备领域信息系统 3 类研发项目 ··· 240
  6.1 预先研究项目管理 ·· 240
      6.1.1 项目论证与规划 ·· 240
      6.1.2 年度计划编制 ··· 241
      6.1.3 指南论证与发布 ·· 241
      6.1.4 立项评审与结果报批 ·· 242
      6.1.5 合同签订 ··· 243
      6.1.6 合同履行 ··· 243
      6.1.7 结题验收 ··· 244
  6.2 研制项目管理 ··· 244
      6.2.1 基本内涵 ··· 245
      6.2.2 硬件研制流程 ··· 245
      6.2.3 软件研制流程 ··· 245
      6.2.4 管理模式 ··· 246
      6.2.5 管理要点 ··· 252

目录

  6.3 系统集成项目管理 ·· 253
    6.3.1 基本内涵 ·· 253
    6.3.2 制度机制 ·· 254
    6.3.3 主要程序 ·· 255
    6.3.4 项目类别及环节 ··· 256
    6.3.5 费用依据 ·· 257

第七章 装备领域信息系统项目管理实例 ·································· 258

  7.1 订购流程项目管理实例 ··· 258
    7.1.1 项目背景 ·· 258
    7.1.2 项目梳理 ·· 260
    7.1.3 合同标的确认 ··· 264
    7.1.4 合同评审 ·· 268
    7.1.5 合同签订 ·· 271
    7.1.6 节点款拨付 ··· 273
  7.2 预先研究项目管理实例 ··· 277
    7.2.1 项目背景 ·· 277
    7.2.2 管理模式 ·· 278
    7.2.3 管理方法创新 ··· 282
  7.3 研制项目管理实例 ··· 285
    7.3.1 项目背景 ·· 285
    7.3.2 管理模式 ·· 285
    7.3.3 经验总结 ·· 290

第一章

项目管理概论

1.1 项目管理的概念及特征

1.1.1 项目

1. 项目的起源及定义

项目源于人类有组织的活动。随着人类社会的发展，人类的活动逐步分化为两大类型：一类是连续不断、周而复始的活动，人们称之为"作业"或"运作"，如企业流水线生产大批产品的活动；另一类是临时性、一次性活动，人们称之为"项目"。项目是为创造独特的产品、服务或成果而做的临时性工作。从古至今有许多著名的工程项目，如都江堰水利工程、长江三峡水利枢纽工程、阿波罗计划等，这些项目都是为了特定的目标而进行的临时性工作。

现在，"项目"已成为人们日常不可或缺的表达词汇，与人们的生活密不可分。"最近在搞什么项目"似乎已经成为职场人士常谈论的话题，有点像一种打招呼的流行用语——你吃了吗。

美国项目管理协会（Project Management Institute，PMI）发布的《项目管理知识体系指南》(Project Management Body Of Knowledge Guide，PMBOK 指南) 对项目的定义如下：项目是为创造独特的产品、服务或成果而进行的临时性的工作。

广义上的项目通常是指事物按性质分成的类，狭义上的项目则通常是指通过运用各种方法，将人力、材料和财务等资源组织起来，根据商业模式的相关策划安排，独立进行的一次性的工作任务，以期达到由数量和质量指标

所限定的目标。通俗地讲，项目是一组面向特定目标的任务，因受目标驱动，其本质是任务。

总体来说，项目是指在一定的约束条件下（主要是限定时间、限定资源）具有明确目标的一次性任务；项目是一系列具有特定目标、有明确开始和终止日期、资金有限、消耗资源的活动和任务；项目是一个动态的概念，侧重于过程，是一个独特的产品、服务或成果的创造过程。

2．项目特征及属性

项目的主要特征包括一次性、独特性、目标性、系统性、整体性、约束性（如特定的时间、预算和资源限制）、生命周期性等。现对前 5 个特征进行简要描述。

（1）一次性

项目的一次性是指一次性完成一项任务或一个项目。从项目规划、设计、执行到完成，一次性贯穿于整个项目周期。项目是一种独特的工作，有着明确的目标和时间限制。项目的本质在于一次性特征，即每个项目都有其特定的起点和终点，不同于常规的运营工作。因此，项目管理需要在规定的时间和资源范围内，一次性地完成项目目标。项目的目标、过程和结果均体现一次性特征。

项目目标的明确和一次性特征密切相关。每个项目都有明确的目标，这是项目成功的关键。项目目标的设定需要考虑具体需求、预期结果及利益相关者的期望。项目目标必须具有明确性、可衡量性、可达成性、相关性和时限性等特点。这些特点确保了项目目标的实现具有明确的方向和时间节点。

项目过程是实现项目目标的途径和手段。每个项目都有其独特的生命周期，包括启动、规划、执行、监控、收尾等阶段；每个阶段都有其特定的任务和活动，需要按照既定的顺序完成。一次性项目要求每个阶段都进行周密的计划和执行，确保项目在规定的时间内一次性完成。

项目的结果是实现项目目标所产生的效应和影响。一次性项目管理要求项目结果必须达到预期的目标和质量标准。因此，项目经理需要对项目的预期结果进行明确的定义和规划，并采取有效的措施确保结果的实现。

（2）独特性

项目的独特性是指每个项目都是独特的，围绕不同需求有针对性地提供产品或服务。这意味着每个项目都有其独特的属性和过程，无论是提供的产品或服务的特点，还是项目的时间、地点、内部和外部环境，都使得每个项目独一无二。

项目的独特性要求项目经理在管理过程中采取不同的策略和方法。每个项目都有其独特的属性和过程，项目经理需要灵活应对，确保项目能够按照预期的目标和要求完成。独特性也意味着每个项目都需要个性化的解决方案和管理方法，以确保项目的成功。

（3）目标性

项目的目标性是指在项目的启动和执行过程中，项目团队追求的具体、可衡量的成果和目的。

项目目标应该是明确的，能够清晰地描述项目预期达到的成果。明确的目标有助于项目团队集中精力，提高工作效率。

项目目标应该是可以量化的，用来衡量项目是否达到预期的目标。项目的可测量性有助于项目团队在项目执行过程中对进度和成果进行监控和评估。

项目目标应该是切实可行的，考虑了项目团队的能力、资源和时间等因素，确保能够实现。

项目目标应该与组织的战略目标和需求紧密相关，确保项目的实施能够为组织带来价值。

项目目标应该在特定的时间范围内完成。设定明确的时间节点有助于项目团队合理安排工作，确保项目按期完成。

（4）系统性

项目的系统性是指将整个项目视为一个系统，其中每个部分都与其他部分相互关联和影响。

一个项目中涉及的人物、机械、物料、方法、环境（简称"人机物法环"）要素都是相互关联的，其中任何一个要素的变更都会导致其他要素发生改变，进而影响整个项目。

在实施项目的过程中，各个环节环环相扣构成动态系统。更改项目的任何一个环节时，也应随之调整其余环节，确保项目顺利实施。

强调项目的系统性的根本目的是确保以最少的人力、物力和财力投入，在最短的时间内高效地达到项目目标，圆满完成项目。

（5）整体性

项目是为了实现目标而开展的多个活动的集合，不是一项孤立的活动，

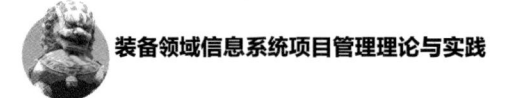

而是一系列活动的有机组合，是一个完整的过程。

项目的整体性贯穿于项目的整个生命周期。立项阶段需要制定整体规划，包括项目计划、资源计划、风险管理计划等；实施阶段需要整体把控项目进度和质量，确保项目顺利完工；验收阶段需要对项目进行整体验收，包括对项目的质量、进度、财务状况、风险应对情况等方面进行综合评估验收。

项目的整体性是指一个合格的项目必须是完整的。单个要素仅作为项目的一个组成部分，不符合项目的整体性要求，不能将其当成完整的项目。

3. 项目的构成要素

尽管项目的定义各不相同，但是项目所包含的共同要素却非常一致。项目的定义涵盖了项目的范围、质量、成本、时间、资源等关键参数。一个完整的项目通常包括项目管理人、项目内容、项目执行过程等要素。

项目的构成要素主要包括项目范围、组织结构、质量、成本和时间。这些要素共同构成了项目管理的基本框架，确保项目的顺利进行和完成。其中，项目范围定义了项目应包含的所有工作及不应包含的工作，是项目成功的基石；组织结构明确了项目团队的组织形式和人员分工，是确保项目有效执行的关键；质量关注于项目成果应达到的标准和要求，是衡量项目成功与否的重要指标；成本涉及项目的成本预算和控制，是确保项目经济效益的重要方面；时间规定了项目的开始和结束时间，以及各阶段的任务完成时间，是控制项目进度和交付时间的关键。此外，项目的成败还受到其他因素的影响，如资金、技术、市场、运营管理等。这些因素共同作用，确保项目的顺利实施和最终目标的圆满实现。

1.1.2 项目集与项目组合

1. 项目集的定义

项目集是一组相互关联且被协调管理的项目。这些项目通过协调管理能够获得单独管理无法获得的收益。

项目集的概念是由美国项目管理协会提出的。该协会将项目集定义为"经过协调管理以便获取单独管理这些项目时无法取得的利益和控制的一组相互关联的项目"。协调管理是为了获得对单个项目分别管理所无法实现的利益和控制。项目集可能包括单个项目范围之外的相关工作。一个项目可能属于某个项目集，也可能不属于任何一个项目集，但任何一个项目集中都一定包含项目。

项目集不是一个大项目，而是由不同的项目组成的集合。项目集中的各个项目是相互关联的，如果单独管理各个项目可能会出现一些问题。对这些项目进行统一管理能规避一些风险，获得单独管理单个项目无法获得的利益。同时，项目集涉及多个项目的协调和管理，项目经理需要处理各种复杂的依赖关系和冲突，管理复杂度较高；需要对多个项目进行资源分配和协调，需要考虑各个项目的优先顺序和需求，资源分配难度较大。项目集涉及多个项目的风险管理，可能存在风险分散和难以控制的情况，项目经理需要加强风险监控和管理。因此，管理项目集时，项目经理需要具备较高的管理水平、资源分配权限及风险管控能力。

2. 项目组合的定义

项目组合是为了实现战略目标而组合在一起管理的项目、项目集和其他工作。项目组合理论是由组合管理思想在现代项目管理领域中的应用而产生的。组合管理思想最初是应用在金融投资领域的，被称为投资组合管理。随着现代项目管理的发展，这种思想被引进现代项目管理领域，被称为项目组合管理。

项目组合中的项目或项目集不一定相互关联，却共同服务于组织的战略目标。项目组合管理更侧重于战略层面，项目经理需要平衡不同项目或项目集之间的资源分配和优先级。项目组合管理能促进项目组合、项目集和项目治理的实施和协调，以便项目经理为实现预期绩效及效益而分配人力、财力和实物资源。

项目组合管理是管理多种类型项目的一种方法或思想，以战略目标为导向，以提升核心能力为目的；项目经理通过对每个战略目标进行分解，对资源进行整体优化配置，规避企业投资风险，进而对每个项目进行评价、选择、实施、运行，以实现长足发展的目的。项目组合管理涉及多个项目的决策和管理，项目经理需要综合考虑各个项目的优先顺序和需求，决策难度较大；涉及多个项目的技术和资源整合，项目经理需要处理各种技术问题和资源冲突，技术难度较大。因此，项目组合管理的决策难度大、技术难度大，需要更高水平的管理人员。

3．项目集与项目组合的联系与区别

项目集与项目组合通过协调项目间的依赖关系和优化资源分配，提高项目的整体效益，进而支持组织的战略目标实现。项目集与项目组合的联系与区别如图 1.1 所示。

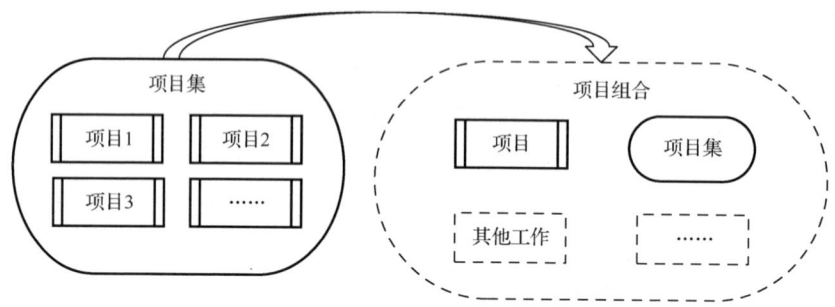

图 1.1 项目集与项目组合的联系与区别

简单理解，将项目集比喻为一棵大树，每个项目或子项目是树上的一个分支，这些分支相互连接，共同构成了一棵完整的树；通过协调管理这些分支，可以获得单独管理无法实现的利益。将项目组合比喻为一片森林，每个项目或子项目是森林中的一棵树，这些树相互关联，共同构成了一个生态系统；通过合理地管理和协调这些树，可以实现整个森林的可持续发展和更大的战略目标。

项目集与项目组合的联系与区别主要表现在组织目标、资源共享、相互支持 3 个方面。

（1）组织目标

无论是项目、项目集还是项目组合，都是为了实现组织的战略目标而存在的。这些活动在不同的层面、从不同角度支持着组织目标的实现。

（2）资源共享

项目、项目集和项目组合在资源方面存在共享关系。例如，一个项目可能需要利用运营部门提供的资源，而一个项目组合可能包含多个项目集和单独的项目。这些活动在资源分配、协调和使用方面需要相互配合。

（3）相互支持

项目、项目集和项目组合在组织内部相互支持。例如，运营为项目提供必要的资源和环境支持，而项目的成功实施又能推动运营水平的提升。

1.1.3 项目管理

1. 项目管理的起源及概念

项目管理的起源可以追溯至古代，尽管当时没有系统的理论，但已经蕴含了项目管理的思想。例如，在中国的长城和埃及的金字塔等伟大工程的建设中，当时虽然没有系统的项目管理理论，但已经涉及人员组织、资源分配、进度控制、质量管理等核心要素。现代的项目管理是从美国萌芽，伴随着第一次工业革命和第二次科技革命逐步完善、发展壮大的。

2. 项目管理的关键点

按照美国项目管理协会的定义，项目管理就是将各种知识、技能、手段和技术应用于项目活动中，以达到项目要求。该协会强调了项目管理的以下5个关键点。

（1）应用知识

项目管理是基于一系列经验和专业知识的实践。项目经理需要掌握在项目管理过程中所需的相关知识，以便有效地规划、实施和控制项目。

（2）使用技能

项目管理是一个复杂的任务，项目经理需要具备一系列技能，包括沟通、领导、决策、解决问题等，并运用这些技能应对项目中的各种挑战。

（3）使用工具和技术

项目管理通过使用各种工具和技术支持项目的实施。这些工具和技术包括项目计划软件、风险评估工具、沟通平台等。项目经理需要熟练掌握这些工具和技术，以确保项目的顺利进行。

（4）项目目标

项目管理的核心目标是实现项目的预期目标。项目经理需要确保项目按预算、按时、符合质量标准地完成。项目经理需要与项目干系人合作，制订和管理项目计划，跟踪项目进展，并及时采取行动解决出现的问题。

（5）专业方式

项目管理是一种专业的职业。项目经理需要按照一定的方法和规范开展工作，以确保项目的成功，同时需要遵循项目管理的标准和最佳实践。此外，项目经理需要不断提升自己的能力，以适应不断变化的项目环境和

需求。

上述对项目管理的定义强调了项目管理的系统性和综合性，强调了项目经理需要具备一定的知识、技能，也强调了项目管理的目标是满足项目需求和利益相关者的期望。这个定义为项目管理提供了一个统一的框架，能够帮助项目经理有效地规划和执行项目，实现项目的目标。

3．项目管理的重要性

项目管理使组织能够有效且高效地开展项目。有效的项目管理能够帮助个人、公共组织和私人组织达成业务目标，满足相关方的期望，提高可预测性，提高成功的概率，在适当的时间交付正确的产品，解决问题和争议，及时应对风险，优化组织资源的使用，识别、挽救或终止失败项目，管理制约因素（如范围、质量、进度、成本、资源等），平衡制约因素对项目的影响（如范围扩大可能会增加成本或延长进度），以更好的方式管理项目。

项目管理不善或缺乏项目管理可能会导致项目超过时限、成本超支、质量低劣、返工、项目范围扩大失控、组织声誉受损、相关方不满意、无法达成目标等。

项目是组织创造价值和效益的主要方式。在当今商业环境下，企业需要应对预算紧缩、时间缩短、资源稀缺、技术快速迭代的情况。商业环境动荡不安，变化越来越快。为了保持竞争力，企业需要广泛利用项目管理，持续创造商业价值。

有效和高效的项目管理应被视为组织的战略能力，能够将项目成果与业务目标联系起来，使企业更有效地展开市场竞争，实现可持续发展，通过适当调整项目管理计划应对商业环境改变给项目带来的影响。

4．项目生命周期的概念及内涵

（1）项目生命周期的概念

项目生命周期是一个项目从概念到完成所经过的所有阶段。所有项目都可分成若干阶段，且无论大小，都有一个类似的生命周期结构。美国项目管理协会定义的项目生命周期就是由项目各阶段按照一定顺序构成的整体，项目生命周期阶段数量及各阶段名称取决于组织开展项目管理的需要。美国项目管理协会的该定义从项目管理和控制的角度出发，强调了项目过程的阶段性和项目生命周期的管理作用。实际上，项目生命周期就是一种开展项目管理的方法和工具。

（2）项目生命周期的阶段

典型的项目生命周期主要由4个阶段构成：概念或启动阶段、设计或计划阶段、实施阶段、移交或收尾阶段，如图1.2所示。

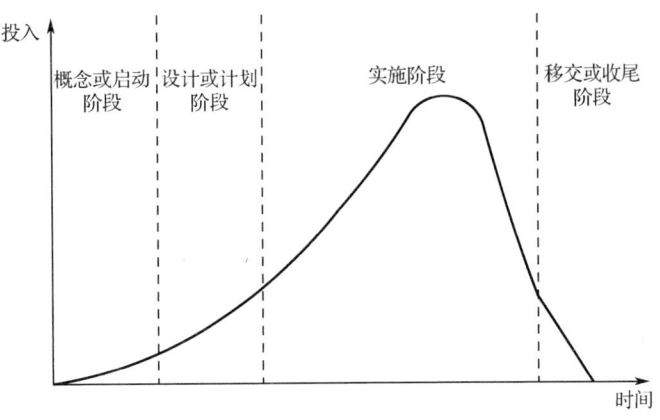

图1.2　典型的项目生命周期

概念或启动阶段是项目生命周期的第一个阶段，主要任务是明确项目概念、界定项目范围、成立项目组织、制订初步的项目计划、制定项目目标。项目经理需要确定项目的可行性，包括技术可行性、经济可行性、操作可行性等，并进行风险评估，同时与项目的利益相关者进行沟通，确保项目目标符合期望。在此阶段，关键的工作是明确项目的概念和制订计划。

设计或计划阶段是在概念或启动阶段的基础上，进行更详细的项目规划，包括制订项目管理计划、范围说明书、时间表、预算表、资源分配表等。设计或计划阶段还会涉及项目的设计和开发工作，以确保所有必要的准备工作都得到妥善处理，为项目执行打下坚实基础。

在实施阶段，项目团队根据计划进行具体操作，实施项目细节设计，并完成项目的生产或建设。此阶段是项目生命周期中耗时最长、资源消耗最多的部分，需要严格监控项目的进度、成本、质量、风险等，确保项目按计划执行。

项目完成后进入移交或收尾阶段，包括项目成果的交付、项目总结报告的编制、项目经验的总结及项目组织机构的解体。此外，根据项目实际情况，可能需要在交付成果后提供一段时间的保障和改进工作，确保项目成果能够

稳定运行。

由此可知，典型的项目生命周期中，项目资源需求在不断变化。例如，在项目的初期阶段对资源的需求水平很低，而在项目的实施阶段对资源的需求水平很高，到项目移交或收尾阶段对资源的需求水平又会急剧下降。同时，各阶段项目的不确定性和风险性在不断变化。例如，初期阶段项目的不确定性和风险性都很高，随着项目的推进，这种不确定性和风险性会不断降低，直到最后阶段才能变成完全确定的。此外，项目的可变性也随各阶段不断变化。例如，在项目初期阶段，项目相关利益主体有能力改变项目产出物和项目工作，随着项目的实施，其可变性不断降低，最后项目就会变得无法变更了。

项目生命周期的阶段数量取决于项目的复杂程度和所处行业，每个阶段还可以再分解成更小的阶段。

（3）描述项目生命周期的指标

描述项目生命周期时，项目的阶段、时限、任务、成果是较重要的指标。

项目的阶段是项目生命周期的主要内容之一，包括项目主要阶段的划分和各个主要阶段中具体阶段的划分。这种阶段划分将一个项目分解成一系列前后接续、便于管理的项目阶段，而每个项目阶段都是由这一阶段的可交付成果标识的。项目阶段的可交付成果就是一种可见的、能够验证的工作结果，也可以称之为产出物。例如，一个工程建设项目通常需要划分成项目的定义阶段、设计计划阶段、施工阶段和交付使用阶段，而项目可行性研究报告、项目设计方案、项目实施结果、项目竣工验收报告等都属于项目阶段的可交付成果。

项目生命周期的首要内容是给出了一个具体项目的时限，包括一个项目的起点和终点，以及一个项目各阶段的起点和终点。例如，一个软件开发项目或一个工程建设项目通常不仅需要给定整个项目的起点和终点，还需要给出项目各阶段的起点和终点，从而界定出项目的时限。

项目团队描述项目生命周期时，还需定义项目各阶段的任务，包括项目各阶段的主要任务和项目各阶段主要任务中的主要活动等。例如，一个工程建设项目的生命周期要给出项目定义阶段、设计计划阶段、施工阶段和交付使用阶段的各项主要任务，以及各阶段主要任务中的主要活动，如项目定义阶段的项目建议书编制、项目可行性研究、项目的初步设计和项目可行性报告评审等主要任务和主要活动。

项目团队需要基于项目生命周期，明确项目各阶段的可交付成果，包括项目各阶段和项目各阶段主要活动的成果。例如，一个工程建设项目的设计计划阶段的成果包括项目的设计图纸、设计说明书、项目预算表、项目计划任务书、项目的招标和承包合同等。通常，项目的阶段性成果是在下一个项目阶段开始之前提交的，但是也有一些项目的后续阶段是在项目先期阶段的工作成果尚未交付之前就开始的。这种项目阶段的搭接作业方法通常被称为快速平行作业法，这种做法可能会引发项目阶段性成果无法通过验收的风险。

5. 项目生命周期与项目管理过程的关系

项目生命周期是指项目从开始到结束所经历的一系列项目阶段，而项目管理过程则是这些项目阶段中具体的管理活动和工作内容。项目管理过程是在完成预定的项目目标时一系列相互关联的活动的集合，运用一系列工具与技术把特定的输入转化为特定的输出，如图 1.3 所示。

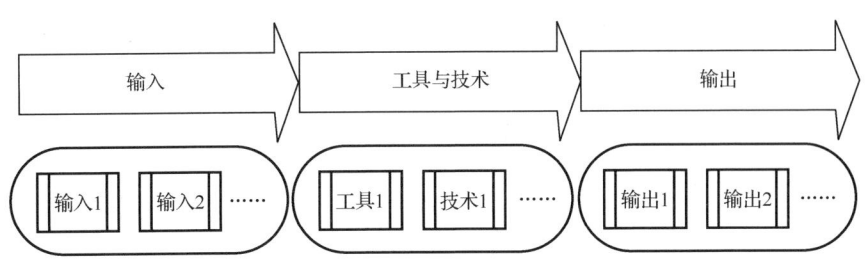

图 1.3　项目管理过程

每个项目管理过程通过合适的项目管理工具与技术，将一个或多个输入转化成一个或多个输出。一个过程的输出可能是下一个过程的输入，或者是项目或项目阶段的可交付成果。各项目管理过程通过它们所产生的输出建立逻辑联系。

任何一个项目管理过程都可以在任何一个项目阶段展开。各个项目管理过程不是纯直线型关系，而是同时存在顺序、交叠和循环关系。一个项目管理过程可能开展一次或多次，开展频率也不同。

项目管理过程是在项目生命周期基础上的进一步细化，使得项目在整个生命周期内得到全面的管理。项目生命周期是指项目的固有生命周期，而项

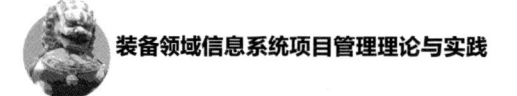

目管理过程则更侧重于管理。不同的项目，从其项目管理过程而言，需要不同的管理模式、管理方法及侧重点。

1.2 项目管理发展历程

1.2.1 项目管理发展阶段

1. 古代、近代、现代项目管理

项目管理自古有之，其发展历程可以追溯至古代文明。从古代到现代，项目管理共经历了三大时期，分别是古代项目管理、近代项目管理、现代项目管理。

（1）古代项目管理

古代项目管理可以追溯至公元前5000年。在古代，项目管理主要涉及国家建设、工程实施、战争组织等方面，主要依靠经验传承和实践积累，尚未形成系统的理论。

中世纪的项目管理主要围绕宗教建筑修建、城堡修建、战争组织等展开。这一时期，项目管理开始出现一些基本的流程和模式，如建筑图纸、工程预算等。然而，受技术和方法的限制，中世纪的项目管理仍然以经验为主，缺乏科学性和系统性。

古代项目管理是项目管理的产生时期，属于经验式项目管理。在这个时期，项目实施的目标是完成任务，还没有形成行之有效的计划、方法或管理工具，也没有科学的管理手段或明确的操作技术规范。

（2）近代项目管理

18世纪工业革命的爆发标志着项目管理进入了一个新的时期。流水线生产方式的出现和标准化概念的引入，使得项目管理开始注重效率和成本控制。美国的曼哈顿计划和阿波罗计划等大型项目的成功实施也催生了项目管理的雏形。

近代项目管理是项目管理形成和发展的重要时期，属于科学项目管理阶段。这个阶段着重强调项目的管理技术与方法的应用，实现时间少、成本低、质量高三大目标，如利用关键路径法（Critical Path Method，CPM）和计划评审技术（Program Evaluation and Review Technique，PERT）对美国军事计划和阿波罗计划的成功管理。

（3）现代项目管理

自 20 世纪 60 年代以来，项目管理已经发展成一门独立的学科，并在全球范围内得到了广泛应用。这一时期的项目管理引入了更多的科学方法和先进技术，如系统工程、网络计划、风险管理、敏捷项目管理等，同时朝着多元化和国际化的方向发展，越来越多的跨国项目和企业开始采用项目管理的方法和理念。

现代项目管理是项目管理的成熟时期，属于智能化管理时期。在此时期，随着项目管理范围的不断扩大，应用的领域进一步增加，现代项目管理与其他学科的交叉渗透和相互促进的程度不断增强，除了要实现时间少、成本低、质量高三大目标，还要面向市场和竞争，引入人本管理和柔性管理的思想。这个阶段的主要标志是项目管理知识体系的形成，并以此为指导向全方位的项目管理方向发展，追求利益相关者的满意。

可以看出，项目管理的发展是人类生产实践活动发展的必然产物。从古代、近代到现代，项目管理历经三大阶段的发展和变革，每个阶段都有其特点、挑战和推动力量，使得项目管理不断向前发展。

随着科技的发展，项目管理也在不断地创新和优化。例如，在信息时代，项目管理软件和协同工具的普及，使得项目管理更加高效和便捷。如今，现代项目管理已经成为全球范围内企业和组织的重要管理模式，为各类项目的成功实施提供了有力支持。此外，项目管理也开始涉及可持续发展和社会责任等方面，以适应日益复杂的社会和经济环境。

随着社会的进步和科技的快速发展，项目管理会面临更多的挑战和机遇。我们需要不断优化项目管理的方法和理念，以更好地应对复杂多变的管理环境。

2．项目管理六阶段

项目管理按照近代、现代时间轴演进，可以具体细分为 6 个阶段，如图 1.4 所示。

（1）第一阶段

近代项目管理第一阶段可以追溯至 1939 年（第二次世界大战期间）。战争导致新式武器需求增多，但受到时间、技术、人员的限制，新式武器研发难度越来越大，人们开始关注如何有效地实行项目管理来实现既定的目标。这一阶段的项目管理属于实践，并没有上升到理论层面。

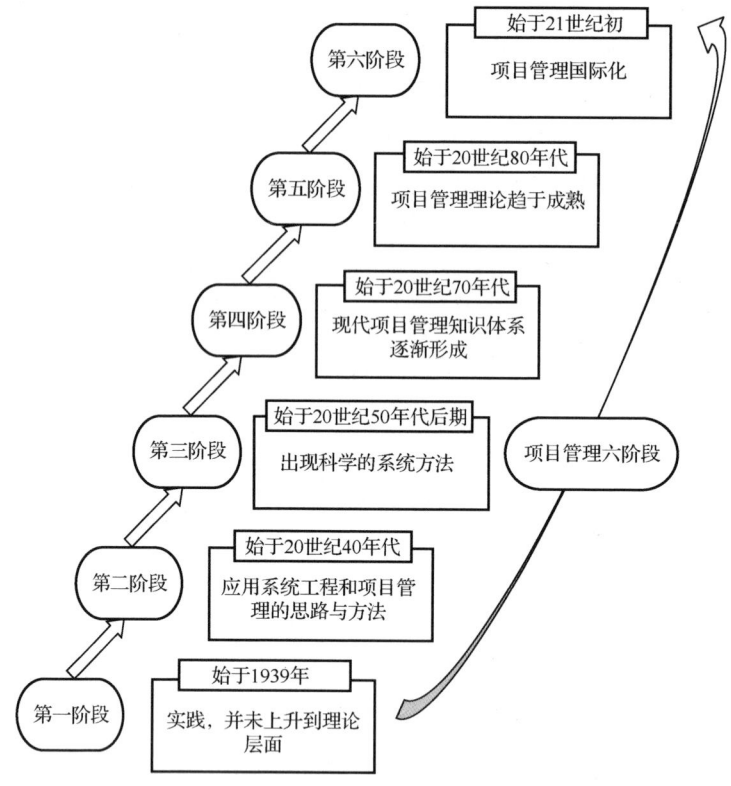

图 1.4 项目管理六阶段

（2）第二阶段

近代项目管理第二阶段始于 20 世纪 40 年代，典型案例是美国研制原子弹的曼哈顿计划。该项目历时 3 年，耗资 20 亿美元，团队规模超过 10 万人，于 1945 年 7 月 16 日成功地进行了世界上第一次核爆炸，并按计划制造出两颗实用的原子弹，整个项目取得圆满成功。在项目执行过程中，应用了系统工程和项目管理的思路与方法，大大缩短了工程所耗时间。

（3）第三阶段

近代项目管理第三阶段的理论逐渐趋于成熟。20 世纪 50 年代后期，美国研发了关键路线法和计划评审技术，并将其统称为网络计划技术。该技术被认为是近代项目管理的起点。60 年代初期，著名数学家华罗庚引进和推广了网络计划技术，并将其称为统筹法。中国项目管理学科体系也是利用统筹法逐渐形成的。此时，项目管理有了科学的系统方法。

（4）第四阶段

20世纪70年代，现代项目管理第四阶段开始。1976年，美国项目管理协会提出了对具有共性的实践经验进行总结，形成标准，之后又经历了多年的发展和完善，形成了项目管理知识体系的雏形。项目管理的应用从传统的军事、航天，逐渐拓展到建筑、石化、电力、水利等行业，成为政府和大型企业日常管理的重要工具。同时，随着信息技术的飞速发展，现代项目管理知识体系逐渐形成。1978年，钱学森等人发表了题为《组织管理的技术——系统工程》的文章，提出要大力发展组织管理的科学方法。这篇文章在我国掀起了研究系统工程的热潮，是我国系统工程发展的重要里程碑，极大地促进了项目管理的发展。

（5）第五阶段

20世纪80年代，第五阶段的现代项目管理理论趋于成熟。现代化管理方法在我国的推广和应用进一步促进了统筹法在项目管理过程中的应用，我国进入了学习和借鉴国际项目管理先进做法的探索研究阶段。发展到90年代，现代项目管理应用领域进一步扩大，不仅用于指导任务执行、项目开发与经营，还是项目完成后形成设施、产品和其他成果的必要支撑。

（6）第六阶段

21世纪初，项目管理已发展至国际化阶段。在一些发达国家，项目管理已经广泛应用于电子、通信、计算机、软件开发、制造、金融、保险企业甚至政府机关和国际组织。随着国际形势的发展，项目管理的组织形式为企业发展提供了一种新的扩展形式，企业的生产与运作广泛地采用以项目为主的发展模式。

3．项目管理标志性事件

项目管理发展至今，各阶段的标志性事件既揭示了当前阶段的特点及一般规律，又促进了项目管理理论体系的不断优化。

（1）古代项目管理标志性事件

古代项目管理时期是经验式项目管理的典型例子。这里给出两个标志性事件。

① 1917年，亨利·劳伦斯·甘特（Henry Laurence Gantt）发明甘特图。甘特图的特点是突出了生产管理中的重要因素——时间，让人们能够预测时间、成本、数量及质量，以便人们考虑人力、资源、日期、项目中重复的要

素和关键的部分。项目团队利用甘特图可以直观地看到任务的进展情况、资源的利用率等。

② 20 世纪 30 年代，项目里程碑的提出与广泛应用，即在制订项目进度计划时，在进度时间表上设立一些重要的时间节点，当项目执行时，项目负责人可以利用这些重要的时间节点对项目的进程进行检查和控制。项目里程碑可用于企业制订"问题解决"工作计划，也就是对项目负责人推动工作的时间节点进行界定，同时提醒项目团队成员遵守原则，注意自己工作计划中的时间节点。

受科技水平和人们认知能力的限制，这个阶段的项目管理是依靠经验的、不系统的，还不是真正意义上的项目管理。

（2）近代项目管理标志性事件

近代项目管理主要应用于国防和军工领域的项目。这个时期有非常多的标志性事件，这里列举 7 个具体事件。

① 20 世纪 30 年代，美国航空业逐步采用类似于项目办公室的方法来监控飞机的研制过程，美国工程行业开始设立项目工程师这个职位来监控和协调项目相关的各个部门，项目管理初具雏形。

② 1939 年，第二次世界大战爆发，战争的无序催生了项目管理的有序。因此，项目管理被认为是第二次世界大战的副产品。

③ 20 世纪 40 年代，曼哈顿计划首次应用项目管理来进行项目的计划和协调管理。在工程执行过程中，项目负责人莱斯利·理查德·格罗夫斯（Leslie Richard Groves）和尤利乌斯·罗伯特·奥本海默（Julius Robert Oppenheimer）应用了系统工程的思路和方法，大大缩短了工程所耗时间。这一工程的成功促进了第二次世界大战后系统工程的发展。

④ 1956 年，美国杜邦（DuPont）公司等发明了关键路径法。关键路径法主要运用一种基于单点时间估计、有严格次序的网络图，帮助项目团队采取正确的措施，在减少工期的情况下尽可能少地增加费用。关键路径法为项目管理提供了重要的帮助，特别是针对项目及其主要活动提供了图形化的显示方式。这些量化信息为项目团队识别潜在的项目延迟风险提供了极其重要的依据。

⑤ 1958 年，美国海军在北极星导弹项目中应用了计划评审技术，使原先估计的、研制北极星潜艇的时间缩短了两年。计划评审技术是利用网络分析技术制订计划，并对计划进行评价的技术。计划评审技术能协调整个计划

的各道工序，并合理安排人力、物力、时间、资金，加速计划的完成。在现代计划的编制和分析手段上，计划评审技术被广泛使用，是现代化管理的重要手段和方法。

⑥ 1965 年，国际项目管理协会（International Project Management Association，IPMA）在瑞士成立，总部设在瑞士洛桑。国际项目管理协会的成员主要是各个国家的项目管理协会。国际项目管理协会开发了大量的产品和服务，包括研究与发展、教育与培训、标准化和证书制度，以及举办由广泛的出版物支撑的会议、讲习班和研讨会等。除了成员组织，还有其他国家的学会组织参与促进项目管理。

⑦ 1969 年，美国项目管理协会在美国宾夕法尼亚州成立。美国项目管理协会是全球领先的项目管理的倡导者，创造性地制定了行业标准。

（3）现代项目管理标志性事件

在现代，人们不仅发明了大量的项目管理工具和方法，还成立了项目管理的专业组织，使项目管理逐步发展成具有自身特色的专业学科。美国、英国和澳大利亚等国家先后在大学设立正式的项目管理相关学位课程，项目管理开始逐步规范化和系统化。这个时期的标志性事件如下。

① 1984 年，美国项目管理协会推出项目管理专业人士认证。项目管理专业人士考试严格评估项目管理人员的知识和技能是否处于较高水平，人们想要获得认证应达到美国项目管理协会规定的对项目管理专业知识的掌握程度及相应的工作经验要求。另外，获得认证的专业人士应继续从事项目管理工作，以不断适应项目管理的发展要求。

② 1987 年，美国项目管理协会公布了项目管理知识体系（Project Management Body Of Knowledge，PMBOK）草稿，首次对项目管理知识体系进行了提炼。

③ 1992 年，英国项目管理协会（Association for Project Management，APM）编写了欧洲版的项目管理标准——《APM 知识体系》，解释说明了项目管理从业人员应认知和理解的项目管理基本术语。

④ 1996 年，美国项目管理协会发布《项目管理知识体系指南》（以下简称《PMBOK 指南》）。2021 年，美国项目管理协会已发布《PMBOK 指南（第 7 版）》。如今，《PMBOK 指南》已被公认为全球项目管理标准，是最具价值和用途最广的项目管理资料之一，是项目管理领域的权威教科书，被誉为项目管理"圣经"。《PMBOK 指南》提供了项目管理的基本方法，能够帮助项

目经理取得卓越的项目绩效。

⑤ 1996 年，澳大利亚项目管理协会（Australian Institute of Project Management，AIPM）编写了世界上第一本项目管理能力标准——《澳大利亚国家项目管理能力标准》，描述了项目管理领域的相关标准及适用条件。

⑥ 1997 年，国际标准化组织（International Organization for Standardization，ISO）以《PMBOK 指南》为框架颁布了《项目质量管理指南》（ISO 10006），描述了项目管理基本释义及流程。

⑦ 1999 年，国际项目管理协会正式推出《国际项目管理专业资质标准》，规定了国际项目管理需执行的标准。

⑧ 1999 年，国际项目管理协会发布了《国际项目管理协会能力基线》，详细描述了项目经理的能力模型。

以上这些重要事件是项目管理广泛应用于各行各业的重要标志。

1.2.2 我国项目管理的发展

1. 我国项目管理发展阶段

我国项目管理的发展起源于 20 世纪 60 年代，由华罗庚对统筹法和优选法进行推广；70 年代，钱学森的系统工程方法进一步推进了项目管理的科学实践；80 年代，鲁布革水电站建设项目促进了项目管理体系的推广；90 年代，项目管理专业及协会的成立标志着项目管理的科学化发展进一步深化；21 世纪，我国项目管理与国际接轨。至此，我国项目管理的发展主要经历了 4 个阶段。

（1）项目管理方法的引入和优化

20 世纪 60 年代，华罗庚使用和推广网络计划技术，标志着我国项目管理的雏形由此诞生。华罗庚将网络计划技术与"统筹兼顾，全面安排"的指导思想相结合，推行了更适用于我国实践的统筹法和优选法，简称"双法"。华罗庚组织并带领团队，应用"双法"管理重点工程项目，取得了良好的经济效益，印证了"双法"的可行性。1965 年，华罗庚主持召开了中国第一届项目管理网络计划培训，取得了良好的效果。可以说，统筹法和优选法是我国现代项目管理的起源，我国的项目管理学科体系是从"双法"中出现的。

20 世纪 70 年代，钱学森提出系统工程方法，推进了我国项目管理的科学化进程。钱学森提出的理论方法解决了组织管理效率不高、社会生产力低等问题。实践证明，系统工程方法为我国的导弹研制做出了极其重要的贡献，不仅提前完成了科研计划，还超额完成了许多"不可能"完成的任务，成效显著。钱学森等人把系统工程方法提升到了理论高度，1978年，发表了题为《组织管理的技术——系统工程》的文章，1982年，编写了书籍《论系统工程》，反响热烈。至此，我国的项目管理有了朴素的体系性方法论。

（2）现代项目管理体系的推广

20世纪80年代，鲁布革水电站建设项目促进了我国项目管理在工程建设领域的发展，其对我国建筑业的影响是空前的，对我国传统的投资体制、施工管理模式乃至国企组织结构等都提出了挑战。1984年，我国开启了真正意义上的建设工程项目管理时代。在之后的二滩水电站建设、长江三峡水利枢纽工程建设及其他大型工程建设中，都采用了项目管理这一有效手段，并取得了良好的效果。

（3）项目管理专业协会的成立

20世纪90年代，项目管理在我国全面推广。经历改革开放十余年的历程，我国经济体制发生变革，逐步建立了社会主义市场经济体制。在这样的背景下，更多的民营企业、外企开始参与市场竞争，直接导致项目质量和时效要求提升。此外，在这个时期，科学技术快速发展，科技手段带来的便捷促进了新兴产业的发展，民众的个性化需求增多。显然，传统项目管理模式已经无法适应项目高效化的要求，加之企业对现代项目管理方法的需求逐渐增加，使得项目管理方法论有了发展的空间。国家在这一时期增加了基础建设的投入，大型工程项目和高新科技产业得到飞速发展。大量科研和工程项目的实施扩大了项目管理的应用范围，并为其提供了理论与实践基础。

中国优选法统筹法与经济数学研究会项目管理专业委员会（PMRC）（以下简称"中国项目管理研究委员会"）是华罗庚创立的中国优选法统筹法与经济数学研究会旗下的全国性项目管理专业委员会，于1991年由西北工业大学等单位发起成立，并依托西北工业大学建设，是我国唯一跨行业、跨地区、非营利性的全国性项目管理专业组织，也是代表我国加入国际项目管理协会的项目管理专业组织。中国项目管理研究委员会的成立是我国项目管理学科体系开始走向成熟的标志，为我国项目管理专业人员及企业的项目管理能力得到国际社会的认可发挥了积极的作用。

（4）项目管理的国际化发展

加入世界贸易组织后，我国开展的国际合作越来越深入，项目管理水平也逐渐与国际接轨，项目管理逐渐发展成一门科学的学科，项目管理知识体系也备受人们重视。基于此，我国的项目管理学科建设逐步深化，产学研深度融合，为国家重大项目建设提供了坚实的项目管理理论支撑；项目管理的知识和方法在众多行业得到了广泛应用，有效促进了各类组织转型升级，助力其高质量发展。此外，我国深度参与国际项目管理专业组织的日常管理、标准制定、专业活动，在促进我国项目管理与国际接轨的同时，也为世界项目管理的发展贡献了中国智慧。

目前，国际两大项目管理认证体系分别为项目管理专业人士认证和国际项目经理资质认证（International Project Manager Professional，IPMP）。前已述及，项目管理专业人士认证是由美国项目管理协会发起的；国际项目经理资质认证是国际项目管理协会在全球推行的4级项目经理资质认证体系的总称，具有广泛的国际认可度和专业权威性。我国设有相关专业知识的培训及认证考试服务体系，并已具备一定的社会认可度，参与培训与认证的人数逐年快速增长。

2. 我国项目管理标志性事件

我国项目管理发展历程中有以下标志性事件。

（1）华罗庚推广"双法"

20世纪60年代，在华罗庚的倡导下，我国引进了项目管理技术中的网络计划技术，在国民经济相关部门进行试点应用。

（2）钱学森提出系统工程

1978年，钱学森等人发表了题为《组织管理的技术——系统工程》的文章，由此创立了系统工程中国学派。

（3）成立中国优选法统筹法与经济数学研究会

1981年，华罗庚牵头成立了中国优选法统筹法与经济数学研究会。

（4）建设鲁布革水电站

1982年，我国利用世界银行贷款建设的鲁布革水电站，是第一个运用现代项目管理方法进行管理的大型项目。

（5）建立中国项目经理认证制度

1987年，我国发布文件，要求一批试点企业和建设单位采用项目管理施工法，并建立我国的项目经理认证制度。

（6）推行项目管理和项目经理负责制

1991年，原建设部提出将项目管理试点工作转变为全行业推进的综合改革，全面推广项目管理和项目经理负责制。

（7）成立中国项目管理研究委员会

20世纪90年代，在西北工业大学等单位的倡导下，我国成立了第一个跨学科的项目管理专业组织——中国项目管理研究委员会。

（8）引入项目管理专业人士认证

1999年，国家外国专家局引入项目管理专业人士认证，成为美国项目管理协会在华的唯一一家负责项目管理专业人士认证考试的组织机构和教育培训机构。

（9）引入国际项目经理资质认证

2000年，中国项目管理研究委员会将国际项目经理资质认证体系引入中国。

（10）推出中国项目管理师资格认证

2002年，原劳动和社会保障部正式推出了中国项目管理师（CPMP）国家职业资格认证，标志着我国政府对项目管理重要性的认同，项目管理职业化发展成为必然。但随着国际项目管理体系在国内的广泛应用，CPMP逐渐被取代。自2016年起，国务院逐步推动职业资格认证体系改革，取消部分水平评价类职业资格认证。2020年底，CPMP也在此改革框架下被取消。

同时，3类国内项目管理认证相应产生。第一类是由中国标准化协会（China Association for Standardization，CAS）依据《项目管理专业人员能力评价要求》推出的项目管理专业人员能力评价（China Standards Project Management，CSPM），对标国际项目管理体系的同时融入本土化实践；第二类是由人力资源社会保障部和工业和信息化部联合颁发的信息系统项目管理师考试，属于国家计算机技术与软件专业技术资格（水平）考试，也称软考，含金量高且与职称挂钩；第三类是部分大型企业，如华为的项目经理能力认证（Huawei Certified Project Manager，HCPM），基于华为的项目管理实践经验构建，重点评估项目经理在复杂项目环境中的实战能力。

近年来，随着项目越来越多，项目管理的重要性越来越被企业、社会团体等组织认可，组织决策者认识到项目管理知识、工具和技术可以提高项目

的成功率，因此项目管理在我国也迅速得到推广和普及。

如今，项目管理相关培训、讲座、认证考试让人目不暇接，项目管理相关课程成为职场人士的热门培训课程，项目管理能力也成为职场人士的必备技能。

3. 能力提升空间

经过数十年的发展，我国项目管理整体水平实现了质的飞跃，与国际顶尖项目管理水平的差距在逐渐缩小。我国对项目管理的重视程度逐渐提高，越来越多的企业和机构认识到项目管理的重要性，并逐步引入了项目管理的方法和理念。然而，我国在项目管理的应用领域和深度上仍存在进步的空间，部分领域的项目管理水平不高，如项目决策不科学、项目计划不合理、项目监督不到位等；项目决策过程往往缺乏科学的数据支持和综合评估，导致项目目标和方案不够准确或不太可行；项目计划往往缺乏详细的任务分解和合理的时间安排，导致项目进展缓慢、资源浪费和成本超支；项目监督机制不健全，监督力度不足，导致项目中存在的问题和风险无法及时被化解，最终影响项目的质量和效果。

这些不足是多方面原因造成的。首先，我国项目管理领域存在法律法规不完善、政策执行不到位等问题，导致项目管理过程中的规范性不足，容易出现违规操作和管理漏洞。其次，信息不对称是我国项目管理中普遍存在的问题，项目参与方之间的信息流通不畅，导致项目决策和执行过程中的不确定性增加，进而影响项目的整体效果。最后，我国项目管理中资源管理的不足也是一个重要问题。例如，从人力资源管理角度来看，项目团队成员的素质和能力参差不齐，并且缺乏项目管理的专业知识和技能，这可能导致项目进展缓慢、效果不佳。

为了提高我国各行业领域的项目管理水平，建议重点提升以下方面。

（1）项目管理方法

一些项目管理人员仍依赖传统的经验和直觉，缺乏系统化的理论指导和科学的管理方法。这种情况容易导致项目在规划、执行和监控过程中出现各种问题。科学的项目管理方法（如敏捷开发和精益管理）可以显著提高项目管理的效率和效果。敏捷开发是一种以人为核心、迭代、增量的方法，可以快速响应用户需求和市场变化；精益管理则强调消除浪费、提高效率和价值。这两种方法都能大大提升项目管理的科学性。

（2）项目管理能力

一些项目管理人员因缺乏系统的培训和专业知识，导致项目管理水平参差不齐；一些项目经理只是凭借经验进行管理，而不是通过科学的方法和工具进行管理。这种情况不仅影响项目的质量和进度，还可能导致项目失败。通过系统的培训和教育提高项目管理人员的专业知识水平和能力，是提升项目管理水平的关键。

（3）项目风险管理意识

项目风险管理是项目管理中非常重要的部分。一些项目经理的风险管理意识不足，往往忽视了项目可能存在的风险，缺乏有效的风险识别、评估和应对措施。这种情况容易导致项目团队在遇到风险时措手不及，影响项目的顺利进行。加强项目风险管理意识，建立健全风险管理体系，是提高项目管理水平的重要措施。

（4）项目管理工具

现代项目管理离不开各种工具的支持。一些项目经理对项目管理工具的使用较少，缺乏对项目管理工具的了解和应用，往往依赖手工管理。这种情况不但增加了项目管理的复杂性，而且降低了项目的效率和效果。通过推广和应用先进的项目管理工具，可以大大提升项目管理的效率和效果。

（5）项目沟通机制

有效的沟通是项目成功的关键，一些项目团队成员缺乏有效的沟通机制，导致信息不对称、项目进展缓慢，问题难以得到及时的解决。建立有效的沟通机制，促进团队成员之间的信息交流，可以大大提升项目管理的效率和效果。

（6）项目目标建设

明确项目目标是项目成功的基础。一些项目在启动时目标不明确，导致项目团队在执行过程中方向不清。制定明确的项目目标，确保项目团队对目标有清晰的认识，可以大大提升项目管理的效果。

（7）项目资源分配

资源管理是项目管理的重要环节。一些项目因资源管理不当、资源配置不合理，导致资源浪费或不足。使用科学的资源管理方法，合理配置项目资源，可以大大提升项目管理的效果。

（8）项目变更控制

项目在执行过程中常常会遇到各种变更，如一些项目缺乏有效的变更控制机制，项目变更未经过严格评估和批准，随意变更项目内容，导致项目进度和成本失控。建立严格的变更控制机制，确保项目变更经过充分评估和批准，可以有效控制项目的进度和成本。

（9）项目绩效考核

绩效考核是项目管理的重要环节。一些项目因缺乏完善的绩效考核机制，而使项目团队成员的绩效无法得到客观、公正的评价，不利于团队成员的积极性和工作效率提升。建立完善的绩效考核机制，客观、公正地评价团队成员的绩效，可以大大提升项目管理的效果。

（10）项目知识管理

知识管理是项目管理的重要组成部分。一些项目因缺乏有效的知识管理机制，而使在项目中积累的经验和教训无法得到有效的分享和利用，不利于项目的持续改进。建立有效的知识管理机制，促进项目经验和教训的分享和利用，可以大大提升项目管理的效果。

综上，为了持续提升我国的项目管理水平，可以采取以下措施：首先，加强项目管理法律法规的制定和执行，建立健全项目管理制度，提高项目管理的规范性和透明度；其次，加强项目管理中的信息沟通和共享，建立项目参与方之间的良好合作关系，提高项目决策和执行过程中的信息对称性和有效性；再次，加强项目管理人才培养和管理，提高项目团队成员的素质和能力，增强项目管理人员的专业性和实践能力；最后，加强项目监督和评估，建立科学的项目监督机制，及时发现和解决项目中存在的问题和风险，确保项目的质量和效果。这些措施的实施，可以有效提高项目管理的水平和效果。

1.2.3　项目管理发展趋势

1．国际项目管理发展趋势

项目管理已经从早期的简单任务调度演变到现在的复杂系统工程。随着科技的发展，项目管理也在不断进化。在信息化和全球化的背景下，项目管理的发展趋势主要包括数字化、自动化、人工智能化、全球化、绿色化、注重人本主义。

（1）数字化

在数字化的推动下，项目管理工具和平台的使用越来越普遍。项目管理工具利用云计算、大数据等技术，实现项目的实时监控、数据分析、决策支持等功能，极大地提高了项目管理的效率和效果。随着数字化技术的不断发展，项目管理也逐渐向数字化转型。数字化转型不仅可以提高项目管理的效率和精度，还可以通过数据分析和预测为企业提供更加精准的决策支持。国内外许多企业已经开始尝试将数字化技术应用于项目管理中，如利用大数据、人工智能等技术进行项目风险评估和成本控制等。

（2）自动化

通过自动化工具和技术，项目管理的许多环节和过程可以实现自动化，如项目计划、任务分配、风险管理等。自动化不仅可以减少人为错误，提高工作效率，还可以释放人力资源，让项目团队专注于更有价值的工作。

（3）人工智能化

随着人工智能技术的发展，项目管理也正在向人工智能化方向发展。通过人工智能技术，项目管理可以实现更智能、更精确的决策支持，如通过数据分析和机器学习预测项目风险和问题，提前制定应对策略。引入智能化的管理手段和技术，可以帮助企业实现项目管理的自动化和智能化，进一步提高管理效率和精度。例如，利用物联网、机器学习等技术实现项目设备的自主管理和自主决策等。

（4）全球化

在全球化的背景下，项目管理也面临着全球化的挑战。项目团队可能分布在世界各地，需要有效的跨时区、跨文化的项目管理。此外，全球化意味着更大的竞争压力，项目管理人员需要更强的竞争力和创新能力。

（5）绿色化

随着人们环保意识的不断提高，项目管理也逐渐向绿色化转型。绿色项目管理不仅可以帮助企业降低对环境的负面影响，还可以提高企业的社会责任感和品牌形象。国内外许多企业已经开始尝试将绿色的管理理念应用于项目管理中，如采用环保材料、节能技术等。

（6）注重人本主义

在传统的项目管理中，人往往被视为工具和资源。但是，随着人本主义的兴起，项目管理越来越注重人的因素，如项目团队成员的动力、情绪、协作、沟通能力等。这不仅可以提高项目的成功率，还可以提高项目团队的满意度和忠诚度。随着社会的发展和人们需求的不断变化，项目管理逐渐重视人的因素和人的需求。引入人本化的管理理念和方法，可以帮助企业更好地满足员工和用户的需求，进一步提高企业的竞争力和可持续发展能力，如在项目管理中引入员工参与、鼓励团队合作等管理方法。

随着科技和市场的不断变化，项目管理也在不断发展和演变，以提高项目管理的灵活性、效率和可持续性，适应不断变化的市场需求。在未来，随着科技的发展，项目管理将会更加智能化、自动化、全球化，项目管理的地位和价值也将更加凸显。

2. 国内项目管理发展趋势

在当今快速发展的商业环境中，数字化技术成为推动各产业、各领域变革和创新的重要力量。在项目管理领域，数字化技术彻底改变了项目管理的方式，并使智能、高效地管理项目成为可能。随着科技的迅速发展和市场竞争的加剧，项目管理已成为竞争成败的关键因素之一。在未来国际项目管理发展趋势的影响下，国内项目管理的发展趋势具体可以延伸至人财物管理的智能化、多维度协同化、跨界融合、创新思维等方面。

（1）人财物管理的智能化

近年来，国内人工智能和大数据技术的不断发展，为项目管理的人财物管理带来了机遇和挑战。项目管理的人财物智能化管理主要体现在人力资源智能化管理、财务智能化管理、物资智能化管理等方面。

人力资源智能化管理是指通过大数据和人工智能技术，对项目团队成员的能力、经验、绩效等进行全面分析和评估，为项目人力资源配置提供更精确的决策支持。财务智能化管理是指通过智能化的财务管理系统，实现对项目成本的精准核算、分析和控制，提高财务数据的准确性和时效性。物资智能化管理是指通过物联网和智能化技术，实现对项目所需物资的实时监控和智能调度，提高物资管理的效率和精度。

（2）多维度协同化

随着项目管理复杂性的增加，多维度协同化已成为国内项目管理的趋势之一。多维度协同化主要体现在多项目协同、跨部门协同、协同设计与管理等方面。

多项目协同是指实现多个项目之间的资源共享、信息共享和任务协同，提高项目管理的整体效率和效益。跨部门协同是指实现项目管理部门与其他部门之间的紧密合作和高效沟通，促进项目目标的顺利实现。协同设计与管理是指实现项目团队成员之间的信息共享和协同工作，提高项目的设计和管理效率。

（3）跨界融合

跨界融合已成为当今项目管理的一个重要特征。跨界融合主要体现在与其他行业融合、融合创新科技、跨界合作等方面。

与其他行业融合是指项目管理正与越来越多的其他行业融合，如金融、医疗、教育等行业，为这些行业的发展提供更广阔的应用场景和服务。融合创新科技是指项目管理将不断融合创新的科技和技术，如区块链、5G、物联网等，为项目管理带来更多的创新和发展机遇。跨界合作是指项目管理与其他领域的组织或企业共同开展大型复杂项目的合作和管理，实现资源共享、优势互补和协同发展。

（4）创新思维

创新思维已成为项目管理发展的关键驱动力，主要体现在管理模式的创新、工具与技术的创新、跨领域创新等方面。

管理模式的创新是指项目管理将不断探索新的管理模式和方法，以满足日益复杂多变的项目需求。工具与技术的创新是指项目管理将不断引入新的工具与技术，如人财物智能化管理技术、多维度协同化工具等，以提高项目管理的效率和效益。跨领域创新是指项目管理与其他领域进行跨领域合作和交流，引入其他领域的创新思想和做法，推动项目管理的创新和发展。

通过对这些趋势的探讨，可以看到未来项目管理领域的发展方向和创新点。在面对日益复杂多变的项目需求时，项目管理需要不断适应和创新，以促进企业和社会的发展。

3. 影响与挑战

项目管理的发展对组织来说具有重要意义，可以帮助组织有效地规划、执行和控制项目，确保项目按时、按预算、按要求完成。这有助于提高工作效率、降低成本、增加用户满意度，进而促进组织的可持续发展。项目管理的发展不仅改变了项目管理的方式和方法，还对组织的各个方面产生了深远的影响。

（1）对组织战略的影响

项目管理的发展使得项目更加紧密地与组织战略相结合。通过项目管理，组织可以更有效地实施战略，实现战略目标。

（2）对组织结构的影响

项目管理的发展促使组织向项目化组织转变。在项目化组织中，项目是组织的基本单位，所有的活动都围绕项目展开。

（3）对人力资源的影响

项目管理的发展改变了组织对人力资源的需求和管理方式。在项目管理中，人才需要具备更多元化的技能，如项目管理技能、沟通技能、团队协作技能等。同时，组织需要建立更灵活、更人性化的资源管理策略。

（4）对组织文化的影响

项目管理的发展也影响了组织文化。项目管理强调团队协作、创新思维、持续学习等价值观。这些价值观逐渐渗透到组织文化中，形成了以项目为导向的组织文化。

总体来说，项目管理的发展是一个持续的过程，不仅改变了项目管理的方式和方法，还对组织战略、组织结构、人力资源、组织文化等方面产生了深远的影响。

项目管理的发展也面临着一些挑战，如复杂性管理、资源限制、沟通、协作等。随着项目的复杂性增加，管理团队需要应对多样化的挑战。解决这些挑战需要项目经理具备全面的技能和能力，灵活应对不断变化的环境。此外，随着人工智能技术的不断成熟与发展，未来项目管理将会重点关注道德方面、监管方面，以及决策过程和软技能等领域，这些将是新的挑战。

当前社会，信息和数据正以指数级速度增长，人们甚至很难预测未来几周会发生什么，如 ChatGPT 可能很快就会推出新版本。因此，人们很难完全从组织和管理的角度应对与处理数字时代带来的所有机遇、威胁。

从众多的研究论文、项目报告、趋势分析和行业见解中，可以看到一个共同的趋势，即人工智能未来取代许多管理岗位。有研究预测，随着自动化技术和机器人技术的发展，未来人类将无事可做。那么，随着数字技术的发展，人们的工作时间到底是增加了还是减少了呢？更加值得探讨的是，现有的监管道德标准及项目管理程序和流程能否应对数字技术的迅猛发展带来的挑战。可以预见的是，尽管人们获得了更多机器和软件的帮助，但这种新挑战下的工作可能比以往更艰苦。

尽管如此，项目管理在实践中的应用还是不可取代的。虽然对于一些重复性任务，人工智能和机器学习确实能够辅助决策，但项目管理是需要人做出关键决策的，在这一点上，数字技术无法被简单替代，因为每位项目经理都非常明白，项目的最终责任在于自己，需要为可能出现的错误决策承担责任。组织科学、管理科学和项目管理都在不断进化，显然它们伴随着技术同步发展。因此，人们需要适应数字化、智能化的趋势，并尽可能地缩短学习曲线。通过这些方式，人们可以更好地适应人工智能时代，引领项目成功。

人工智能为项目管理带来了前所未有的机遇和挑战。人们需要在利用人工智能提升效率的同时，保持和发展自己的核心能力，包括战略思维、领导力、情感智慧、道德判断等不可替代的能力。同时，人们还需要掌握人工智能技术，学会数据驱动的决策，持续学习和创新，实现人机协作。通过不断学习和实践，人们可以充分利用人工智能的力量，推动项目管理的发展，实现项目目标，创造更高的社会价值。

1.2.4 成功的项目管理案例

1. 阿波罗计划

自20世纪美苏之间的太空竞赛拉开帷幕以来，人类对月球的探索便成了国家科技实力与国家荣耀的象征。美国于1969年成功实现载人登月。这一壮举不仅是人类航天史上的里程碑，也奠定了美国在太空领域的领先地位。

阿波罗计划是美国国家航空航天局（National Aeronautics and Space Administration，NASA）执行的一系列任务中的一部分，其最终目标是成功将人类送上月球并安全返回地球。这个项目是一个典型的项目管理成功案例，其复杂性高、技术要求高、风险高。项目管理在阿波罗计划中的成功因素包括清晰的目标设定、细致的规划、有效的风险管理及跨部门的协作。特别值得一提的是，阿波罗计划的项目团队能够在面对技术难题、预算限制和时间压力的情况下，依然保持项目的有序推进，并最终实现了登月这一伟大目标。

阿波罗计划成功的原因主要包括以下几个。

（1）明确的顶层目标和坚定的决心

阿波罗计划始于1961年，当时美国的肯尼迪总统发表了著名的演讲，宣布要在10年内将人类送上月球。这个目标来自组织的顶层，并且得到了持续和有力的支持。尽管当时这个目标看起来非常不可思议，但美国政府从上到下都坚决执行这个计划，克服了重重困难。

（2）充足的资源

阿波罗计划的最初预算为120亿美元，但NASA负责人詹姆斯·韦伯为了确保项目成功，将预算翻倍报给了国会，最终使阿波罗计划获得了250亿

美元的预算。这个预算在当时是非常惊人的，占到了当时美国全年 GDP 的 1%。整个项目实施过程中，经费非常充裕，甚至不需要追加费用或削减开支。

（3）先进的技术和详尽的计划准备

阿波罗计划采用了先进的航天装备，包括土星五号火箭、登月舱、指令舱等。此外，计划准备非常详尽，从任务设计到人员培训都经过了严格的管理和测试。

（4）严格的训练和团队合作

阿波罗计划要求宇航员进行严格的训练，包括体能训练、心理测试和技术培训。团队合作也非常重要，项目涉及 2 万家企业、200 多所大学和 80 多个科研机构，总人数超过 30 万人。

（5）系统工程方法

20 世纪 60 年代，阿波罗计划采用了系统工程方法来管理复杂的项目。这种方法确保了计划的顺利实施和任务的完成。

（6）国际竞争的压力

阿波罗计划是在冷战背景下进行的，苏联在太空竞赛中一度领先。这种竞争压力促使美国加快了登月计划的进度，以便在技术上超越苏联。

（7）公众的支持和政治意愿

阿波罗计划的成功离不开公众的支持和政治意愿，美国公众对太空探索的热情和支持为计划提供了强大的动力。

这些因素共同作用，使得阿波罗计划得以成功实施，成为人类航天史上的一个重要里程碑。

2．iPhone

iPhone 的发布是科技界的一个里程碑。这一项目展示了如何通过创新和高效的项目管理，实现产品的成功发布。iPhone 的开发始于 21 世纪初，苹果公司当时的目标是开发一款集成通话、音乐播放和互联网搜索等功能的智能手机，以颠覆传统的手机市场。

iPhone 的开发和发布是一个复杂的项目管理过程。首先，团队制定了产品规划和设计要求，包括硬件和软件方面的要求。其次，工程师和设计师开始进行研发和测试，确保产品的功能和性能满足要求。再次，制造商开始进行批量生产，并进行质量控制和测试。最后，苹果公司将 iPhone 发布到市场，并进行市场推广和销售。

该项目的成功因素包括优秀的项目管理团队、创新的产品设计方案、高效的研发和生产流程、市场营销和销售策略的精确执行、用户满意度和口碑的提升等。这些因素共同推动了 iPhone 的成功,使其成为很受欢迎的智能手机。

iPhone 的开发过程面临许多挑战,包括技术创新、市场竞争及产品发布的压力。该项目的成功主要依赖于精细化管理、跨部门协作、强调创新和保密文化,以及严格的时间线管理。精细化管理体现为每个项目的每个细节都要经过严格的计划和控制。跨部门协作是苹果公司能够在产品开发中成功整合多个技术和组件的关键。强调创新和保密文化则保证了苹果公司产品的独特性和市场竞争力。严格的时间线管理确保了项目按照既定的时间表推进,从而保障了产品按时发布。

(1)精细化管理

在精细化管理中,苹果公司会设立明确的项目目标和绩效指标,确保每个团队成员都对自己的责任和期望有清晰的认识。这种管理方式有助于项目团队提高工作效率和质量,同时减少项目过程中的不确定性和风险。

苹果公司的项目管理非常注重细节,每个项目的每个阶段都会有详尽的规划和跟踪。项目团队会定期审查进度,并通过内部审计确保项目按计划进行。这种精细化管理的一个例子是苹果公司如何处理供应链,苹果公司会与供应商密切合作,确保所需的零件质量符合标准,并且按时交付。

在产品开发过程中,精细化管理还体现在苹果公司对设计的关注上。苹果公司的设计团队会花费大量时间审视产品的每个细节,从而确保最终产品的设计既美观又功能性强。

(2)跨部门协作

跨部门协作是苹果公司项目管理的一个重要方面。不同的部门(如工程、设计、营销、销售等)需要紧密合作,共同推进项目。苹果公司通过建立跨部门的团队促进沟通和协作,确保项目在各阶段都能得到不同视角的反馈和建议。

跨部门协作的成败往往取决于内部沟通的有效性。苹果公司鼓励团队成员之间直接进行沟通,减少层级间的阻碍,从而加快决策过程并提高响应速度。

(3)强调创新和保密文化

在苹果公司,创新是企业文化的核心。苹果公司鼓励团队成员提出创新想法,并为此提供所需的资源和支持。同时苹果公司非常重视保密,以保护其创意和技术不被泄露。这种文化不仅吸引了许多愿意承担风险并寻求创新

的人才，也使得苹果公司能够在产品发布时给公众带来惊喜。

创新和保密文化的维护需要精心设计的流程和制度，以确保员工在追求创新的同时，不会意外泄露敏感信息。

（4）严格的时间线管理

时间线管理对于苹果项目的成功至关重要。苹果公司会为每个项目设定严格的时间表，并通过各种工具和会议来监控进度。项目经理负责确保所有团队成员都能够按时完成任务，并及时解决可能出现的任何导致延误的问题。

严格的时间线管理还涉及对项目过程的精确控制，如产品设计确认、原型测试、生产前准备和最终的市场发布。在整个过程中，项目经理需要不断评估风险，并制订应对计划以防万一。

此外，创新驱动、市场营销策略等关键因素也对 iPhone 的成功发布起到了重要作用。iPhone 的开发注重创新，项目团队通过引入新的设计理念和技术，创造出一个全新的产品类别。在产品发布前，苹果公司进行了广泛的市场调研和营销策划，通过一系列的市场推广活动，确保了产品的成功发布。

通过上述描述，可以看到 iPhone 的项目管理是多方面、多层次的，结合了严格的管理制度、高效的团队协作、不断的创新追求及紧密的时间控制，共同支撑着苹果公司在激烈的市场竞争中保持领先地位。

3. 世界杯足球赛

世界杯足球赛的组织和举办是一个庞大的项目管理过程。首先，由国际足球联合会（Fédération Internationale de Football Association，FIFA）确定主办国，并与该国政府和足球协会签订协议。之后，筹备委员会成立，负责场地选择、场馆建设、安全保障、交通运输、媒体报道等方面的工作。接下来，各个参赛国家的足球协会开始进行资格赛和选拔赛，最终确定参赛球队。赛前，组织委员会还需要进行赛事安排、球迷接待、志愿者招募等工作。比赛期间的场馆运营、安全管理、媒体报道、赛事监管等工作需要国际足球联合会精心组织和协调。

组织过程中有多个难点，包括多个国家和组织的合作与协调、场地的选择和建设的复杂性、球迷和媒体的需求与期望、安全和安保的挑战、赛程安排和球队交通的调度、赛事监管和裁判管理等。解决这些难点需要项目管理团队具备跨部门合作、危机应对、资源调配、风险管理等能力。

时间管理在世界杯足球赛项目管理中至关重要，因为赛事的每个环节都有严格的时间表。项目团队需要制订详细的时间计划，并定期进行进度检查，确保各项任务按时完成。例如，场馆建设需要明确各阶段的时间节点，确保场馆按时交付使用；赛事安排需要考虑球队的准备时间、观众的观赛体验、媒体的转播时间等，合理安排比赛时间，保证赛事的流畅进行。

资源配置是世界杯足球赛项目管理的另一个重要方面，涉及人力资源、物资、资金等多个方面。合理配置资源可以提高项目的效率，降低成本，保障赛事顺利进行。例如，项目团队需要根据赛事要求合理分配人力资源，确保各项工作有条不紊地进行；提前采购和合理储备物资，确保赛事期间物资充足；制定详细的预算，合理分配资金，控制成本。

风险管理是世界杯足球赛项目管理中不可忽视的一部分。有效的风险管理可以预防和应对各种突发事件，降低项目的不确定性，保障赛事的顺利进行。项目团队需要全面识别项目可能面临的风险，包括技术风险、管理风险、外部环境风险等，并制定应急预案，以便风险发生时快速反应，减少对赛事的不利影响。

下面按照项目管理的五大过程——启动、规划、执行、监控、收尾进行说明。

（1）世界杯球队启动

启动过程需要进行世界杯参赛准备，如组建教练组和球队，立规矩，定目标等。项目启动人和投资人是背后最大的利益相关方，当然国家队球员会有更多的家国情怀，但是俱乐部的老板更关心球员能否安全返回并且有金球从而有所增值。

（2）世界杯球队规划

球队组建完成后，整体配备的资源、预算、时间表就要一目了然。随着球队训练的成熟度提高，也要有针对性地经常调整规划，教练要熟知各种阵法、打法，每个球员的特点等，并且运用自如。

（3）世界杯球队执行

每场比赛的前前后后都是执行的过程，受客观因素、主观因素、偶然因素的影响。如某个球员因受伤离场了，就一定要有应对措施。

（4）世界杯球队监控

这是必需的，不仅要监控自己球队球员的表现，还要观察所有对手球员的表现，做到知彼知己，百战不殆。

（5）世界杯球队收尾

赛事的成功举行和圆满落幕，便是一个项目最好的收尾。球员从信心满满奔赴赛场到最后欢天喜地带着国家的荣誉和骄傲而归；项目结束后，还需要不断地总结经验、吸取教训、促进进步，以便更好地提升自己的实力，迎接下一次的挑战。

通过这些方法，世界杯足球赛的项目管理能够确保赛事顺利进行，提升观众和参与者的体验感。强大的组织能力和决策能力、高效的沟通和协调机制、优质的场馆和设施、出色的赛事组织和裁判管理、良好的球迷服务和媒体报道、可持续的赛事遗产等要素共同推动了世界杯足球赛的发展，使其成为世界上最受关注的体育盛事之一。

4. 波音787梦想飞机

项目管理对波音公司的成功起了至关重要的作用。波音公司的项目管理始于20世纪90年代，当时由于航天领域的快速发展，波音公司面临着激烈的竞争。为了提高竞争力，波音公司开始引进项目管理方法，以便更好地满足客户需求，并提高公司的整体运营效率。

波音787梦想飞机项目采用了大量当时的新技术，如碳纤维复合材料、高效发动机等。这些技术的应用带来了许多技术难题，如可靠性、安全性等问题。由于项目管理体系不够完善，波音787梦想飞机项目在初期出现了许多管理问题，如任务分配不均、沟通不畅等。在波音787梦想飞机的制造过程中，出现了多次质量问题，如机身部分漏水等。这些问题严重影响了项目的进度和公司的信誉。

波音公司迅速调整、优化项目管理策略并进行实践。

（1）进行项目管理体制优化

波音公司建立了一套完整的项目管理体制，包括项目组织结构的设立、职责分工、管理流程等。在波音787梦想飞机项目中，波音公司对原有的项目组织结构进行了调整，设立了项目经理和项目管理部门，明确了各部门的职责和分工，同时建立了完整的项目流程管理体系，包括项目计划、项目跟踪、项目控制等流程。

（2）进行项目管理流程优化

波音公司在调整项目管理体制的基础上，对项目管理流程进行了优化。波音公司加强了项目团队内部的沟通与协作，确保信息的及时传递和问题的及时解决；建立了有效的决策机制，及时针对项目中出现的问题进行决策，确保项目的顺利进行；引入了现代化的项目管理工具，如项目管理软件、企业资源计划系统等，以提高管理效率和质量。

（3）加强风险控制

针对以往项目中出现的风险问题，波音公司在风险控制方面进行了重点优化。波音公司加强了项目团队的风险意识培养，使团队成员对风险有更加敏感的认识；建立了完善的风险管理制度，包括风险识别、评估、监控和应对等方面。例如，波音公司采用了多种方法进行全面的风险识别，如头脑风暴等；采用了定性和定量评估方法，对风险进行全面评估；建立了完善的风险监控机制，对项目中出现的风险进行实时监控，确保及时采取应对措施。

通过建立完善的项目管理体制、优化项目管理流程、加强风险控制等方面的优化策略和实践，波音公司在项目管理方面取得了显著成果。这些优化策略不仅提高了波音公司的竞争力，还为其他企业提供了宝贵的借鉴经验。

5. 日本丰田汽车

丰田的项目管理被称为丰田生产方式。丰田生产方式是通过减少浪费、精益生产、持续改进等方法提升生产效率和产品质量的管理体系。

（1）减少浪费

减少浪费是指丰田通过识别和消除生产过程中的7种浪费提高效率和降低成本。这些浪费包括过度生产、库存、搬运、等待、加工、动作、缺陷。过度生产浪费是指生产超过实际需求的产品，这不仅浪费了资源，还增加了库存成本。库存浪费是指有过多的原材料、在制品和成品库存，这些都占用了企业的资金和空间。搬运浪费是指不必要的物料和产品搬运，增加了时间和成本。等待浪费是指等待设备、材料或人员的时间。加工浪费是指不必要的加工步骤或工序。动作浪费是指不必要的人员动作。缺陷浪费是指不合格产品的返工或报废。通过有效识别和消除这些浪费，丰田能够大幅提高生产效率和产品质量。

（2）精益生产

精益生产旨在通过减少浪费来提高生产效率和产品质量。精益生产方法包括准时制生产和自动化。准时制生产是指在需要的时候生产需要的产品，避免过度生产和库存浪费。自动化是指在生产过程中自动检测和修复问题，减少缺陷浪费。精益生产还包括持续改进和5S［整理（Seiri）、整顿（Seiton）、

清扫（Seiso）、清洁（Seiketsu）、素养（Shitsuke）]管理。

（3）持续改进

持续改进强调在工作中不断寻找改进空间，提升整体流程的效率和效果。在丰田生产方式中，持续改进不仅仅是一种方法，更是一种文化。员工被鼓励在日常工作中不断寻找改进空间，无论是小的改进还是大的变革，都能够为企业带来显著的效益。持续改进不仅包括生产流程的改进，还包括管理流程、服务流程等各个方面的改进。通过持续改进，企业能够不断提升竞争力和市场份额。

此外，丰田生产方式强调员工参与和团队协作。员工参与是指员工在工作中积极参与问题的发现和解决，提出改进建议，并实施改进措施。团队协作是指通过团队的力量解决问题，提高生产效率和产品质量。丰田生产方式通过建立良好的沟通机制，鼓励员工在工作中提出问题和建议，并通过团队协作找到解决方案。员工的积极参与和团队协作能够大幅提高生产效率和产品质量，同时能够提升员工的满意度和归属感。

（4）标准化作业

标准化作业是指在生产过程中建立和遵循标准化的操作流程，以确保每个操作步骤都能够按照规定的方式执行。标准化作业能够减少操作变异，提高生产效率和产品质量。通过标准化作业，企业能够更好地控制生产过程，减少缺陷和浪费，同时能够提高员工的工作效率和满意度。标准化作业不仅包括生产操作的标准化，还包括管理流程、服务流程等各个方面的标准化。

（5）看板管理

看板管理是指通过使用视觉管理工具，如看板、标志等，来控制生产流程和库存。看板管理有助于企业实时监控生产过程中的各个环节，及时发现和解决问题，避免生产中的浪费和延误。通过看板管理，企业能够更好地控制生产进度和库存水平，提高生产效率和产品质量。看板管理不仅包括生产过程中的看板管理，还包括供应链管理、物流管理等各个方面的看板管理。

（6）全面质量管理

全面质量管理是指在生产过程中全面控制和管理质量，以确保每个产品都能够达到规定的质量标准。全面质量管理包括质量控制、质量保证、质量改进等多个方面。通过全面质量管理，企业能够更好地解决生产过程中的质量问题，减少缺陷和浪费，提高产品质量和客户满意度。全面质量管理不仅包括生产过程中的质量管理，还包括设计、采购、物流等各个方面的质量管理。

（7）供应链管理

供应链管理是指通过优化供应链中的各个环节，提高供应链的效率和灵活性。供应链管理包括供应商管理、物流管理、库存管理等多个方面。通过供应链管理，企业能够更好地控制供应链中的各个环节，减少供应链中的浪费和延误，提高供应链的效率和灵活性。供应链管理不仅包括生产过程中的供应链管理，还包括设计、采购、物流等各个方面的供应链管理。

（8）应用信息技术

应用信息技术是指通过使用信息技术工具控制和管理生产过程。信息技术的应用能够使企业实时监控生产过程中的各个环节，及时发现和解决问题，提高生产效率和产品质量。通过信息技术的应用，企业能够更好地控制生产进度和库存水平，减少生产中的浪费和延误。信息技术的应用不仅包括生产过程中的信息技术应用，还包括设计、采购、物流等各个方面的信息技术应用。

6．"东方红一号"卫星

20世纪50年代，我国工业基础薄弱，科技落后，但我国科学家在艰难条件下，自力更生，使我国成功研制出"东方红一号"卫星，成为世界上第5个独立发射人造卫星的国家，展现了科学家的智慧和毅力。

"东方红一号"卫星得以成功发射主要包括以下几个原因。

（1）技术的突破和创新

"东方红一号"卫星的成功发射和在轨运行，得益于我国在运载火箭、卫星平台（含载荷）、上升段和在轨运行段等多方面的技术突破。例如，"东方红一号"卫星的总重量达到了173千克，超过了前4个国家发射的第一颗卫星的总重量之和。其轨道设计为近地点441千米、远地点2368千米的椭圆轨道，以地球引力为向心力，使得卫星能够在太空中稳定飞行。

（2）精密的设计和制造

"东方红一号"卫星的设计非常精密，采用了铝合金材料的外壳。该材料轻而强，耐腐蚀。内部结构经过精心设计加固，电子设备也经过了严格的抗辐射处理。这些设计确保了卫星在太空环境中能够稳定运行。

（3）轨道设计的巧妙

"东方红一号"卫星被发射到一个高轨道上，大气阻力小到可以忽略不

计。在这样的轨道高度上,大气密度仅为海平面大气密度的几万亿分之一左右,这使得卫星能够长时间稳定运行。

"东方红一号"卫星研制与发射是一项系统工程,包括研制运载火箭、建设发射场、研制卫星本体和卫星携带的科学仪器、建立地面观测网等。"东方红一号"卫星在科学家攻克了结构系统、热控系统、能源系统、乐音装置及短波遥测系统、跟踪系统、天线系统、科学探测系统等一系列技术难关的基础上研制成功。"东方红一号"卫星成功升空运行为中国航天事业的发展奠定了扎实的基础并提供了宝贵的经验。

7. 鲁布革水电站

鲁布革水电站建设项目是我国在 20 世纪 80 年代初期实施的,是具有里程碑意义的基本建设管理体制改革的试点工程。鲁布革水电站建设项目利用世界银行贷款,对部分工程实行国际竞争性招标,在我国率先实行项目管理,对我国建筑行业产生了巨大影响。

鲁布革水电站建设项目虽然以发电为单一功能目标,但同时承担了为我国基本建设管理体制改革摸索经验的重要任务。在世界银行对鲁布革水电站建设项目的评估报告中,明确地把引进先进的管理和技术、引进工程咨询、培养人才作为项目要完成的重要目标。鲁布革水电站建设项目的成功在很大程度上取决于很好地实现了这些"软"目标。

1980 年 5 月,我国恢复了在世界银行的合法席位,开始享受会员国的合法权利,并履行会员国应尽的义务。从此,我国开始有计划、有步骤地利用世界银行贷款。第一批贷款项目主要用于大学教育,以及山东、河南等省农业盐碱地、沙荒的治理,而且多用于仪器、设备采购及人才培训。鲁布革水电站建设项目是 1982 年国务院批准的向世界银行贷款的第二批备选项目,同时被列为第二批备选项目的还有福建水口水电站建设项目等。

(1) 随世界银行贷款而来的对工程管理体制的冲击

冲击之一:成立现代项目管理机构。作为发放贷款的先决条件,世界银行要求成立一个总管鲁布革水电站建设的现场管理机构。国际承包企业的施工合同和国内施工企业的施工合同都必须纳入该机构的管理。这样,在世界银行贷款的带动下,我国第一个现代管理机构——水利电力部鲁布革工程管理局(以下简称"鲁管局")诞生了。

冲击之二:部分工程实行国际竞争性招标。按世界银行贷款的要求,鲁布革建设项目的引水隧洞土建工程要拿到国际市场上去进行国际竞争性招标。考虑到当时我国的厂商缺乏国际通行的合同管理经验，世界银行还坚持我国的厂商不具备独立投标的资格，如果我国的厂商要投标，那么必须与国外的厂商组成联营体。

（2）随国际竞争性招标和国际承包合同而来的冲击

冲击之一：国内施工企业参加的联营体未能中标。有8家公司提交了投标申请，其中包括两家有中国公司参加的联营体。这两家联营体的报价分别是最低报价的142%和143%，在初评阶段因未进入前三名而被淘汰。

冲击之二：日本承包商的高施工效率。日本承包商只从日本带来了20多名管理人员，工人和工长都是国内施工企业提供的；他们的施工设备也并不比国内的先进，效率却比当时国内施工企业高得多。同样的工人和设备，只是在不同的管理之下，就有如此不同的生产效率。

（3）随项目管理机构的运行而来的管理经验

经验之一：作为总管项目的建设单位，鲁管局承担起了项目整合管理的重任。鲁管局自成立之日起就具备了对项目进行整合管理的政策支持。在当时的情况下，要把"总管"的责任承担起来，对鲁管局来说并不是一件容易的事。鲁管局不仅把施工企业、设计院和电力局紧紧团结在一起，还把所有参与鲁布革水电站建设的各方紧紧团结在一起，同时充分地排解了各种消极因素、调动了积极因素，依靠各方的力量把鲁布革水电站建设项目的事做好。

经验之二：鲁管局内部的机构设置逐步符合项目管理学科的要求。鲁管局成立后，逐渐地从按传统的金字塔加职能部门式来设置内部机构，转变为以项目为核心的矩阵式组织。

经验之三：鲁管局内部形成了一套适合项目管理的工作价值观。曾经是鲁管局成员的每个人都承认鲁管局是一个团结的、高效率的项目团队，并且许多人至今仍为自己在鲁管局的经历感到骄傲和自豪。鲁管局这个项目团队，是鲁布革水电站建设项目管理取得成功的必要条件。

鲁布革水电站建设是我国水电建设发展历程中的重要里程碑。它不仅为当地经济、生态和能源等领域带来了深远的影响，还为我国水电建设的发展奠定了坚实基础，同时对当时我国工程建设的管理体制、劳动生产率、报酬分配等方面产生了重大影响，促进了中国水电建设管理体制改革。

8．2008年北京奥运会

2008年北京奥运会是历史上规模较大、影响力较高的体育盛事。如此大规模的活动顺利进行，需要一个完善且高效的项目管理系统协调和配置各种资源，包括人力资源、物资、时间和预算等。

2008年北京奥运会是一个极其复杂的项目，涉及众多的赛区、场馆和设施。以下是主办方在项目管理方面的主要实践和挑战。

（1）明确项目范围

2008年北京奥运会项目范围广泛，包括体育设施、交通、住宿、安全、环保等方面。为确保项目成功，主办方明确了各阶段的目标和要求，并针对关键环节制订了详细的执行计划。

（2）制定项目时间表

主办方制定了详细的时间表，确保各场馆和设施按计划完成建设和改造。然而，由于项目规模的庞大，时间表的制定人员面临很大的压力。为避免延误风险，主办方加强了进度监控，及时调整了计划。

（3）控制项目预算

为确保项目成功，主办方投入了大量的资金。预算管理面临诸多挑战，如成本超支、资金筹措等。为控制成本，主办方采取了多项措施，如公开招标、严格控制变更等。

（4）加强风险管理

2008年北京奥运会项目面临诸多风险，涉及自然灾害、安全、技术故障等。主办方制订了完善的风险管理计划，通过事先预测和应对措施降低风险的影响。

（5）加强团队协作

2008年北京奥运会项目需要多方协作，包括政府、场馆业主、施工单位、赞助商等。为加强团队协作，主办方建立了高效的信息共享平台和协调机制，确保各方的顺畅沟通和合作。

（6）加强沟通管理

主办方通过多种渠道加强沟通管理，包括会议、报告、在线平台等。这有助于及时解决问题和共享信息，提高项目管理的效率。

奥运会项目是一个规模超大、涉及子项目种类繁多、各子项目间关联密切、项目干系人众多的组合项目。

从规模上看，奥运会涉及的参与人员数量达到数百万以上，包括运动员、技术官员、媒体记者、奥林匹克大家庭成员（国际奥委会、国际单项体育组织、各国家和地区奥委会、合作伙伴和赞助商等）、国际与国内贵宾、奥运会志愿者、奥运会观众等。

从涉及的子项目看，奥运会覆盖体育竞赛、国际联络、场馆建设、场馆管理、环境保护、市场开发、票务、技术系统、互联网、安保、交通、注册、餐饮、住宿、观众服务、医疗服务与兴奋剂控制等运动会服务、开闭幕式与火炬接力、主题文化活动、媒体运行、新闻宣传、教育、人事、财务、采购与物流、法律、保险与风险管理、后勤保障等领域。

从子项目之间的关联度看，几乎每个子项目都与其他子项目有着密切的关系。这里仅针对几个核心点略作描述。

① 体育竞赛：与场馆建设、场馆管理、技术系统、票务、体育器材采购、运动会服务、媒体运行等众多领域有直接关系，与所有领域都有间接关系。

② 场馆管理：赛时，几乎所有领域的人员均要进入场馆，组成场馆团队，与场馆运行领域有直接关系。

③ 市场开发：所有合作伙伴、赞助商、供应商的征集工作与各领域的实际需求紧密结合。

④ 开闭幕式：与体育竞赛、场馆建设、场馆运行、运动会服务、采购与物流等几乎所有领域均有直接关系。

⑤ 保险与风险管理：服务于所有领域，如果涉及风险转移，则以保险方式解决。

从项目干系人看，除奥组委外，国际方面的项目干系人包括国际奥委会、国际单项体育组织、各国家和地区奥委会、国际媒体、国际合作伙伴和赞助商、国际观众等，国内方面的项目干系人包括主办城市政府、中央和国务院相关部委、协办城市政府、国内合作伙伴和赞助商、国内观众等。

2008年北京奥运会项目管理是一个复杂而卓越的实践，为我们提供了很多可借鉴的经验和教训。通过明确的项目范围、合理的时间安排、严格的预算管理、全面的风险管理、高效的团队协作及有效的沟通管理，主办方成功地完成了这一历史性的任务。

9．中国高铁

中国高铁的成功离不开多个关键因素的共同作用，包括政府支持、市场化运作、技术创新、智能制造和绿色技术、庞大的人口和市场需求，以及国

际交流与合作。

（1）政府支持

我国政府对高铁项目的重视程度非常高，提供了大量的资金支持，并制定了一系列政策促进高铁的发展。例如，中央预算内投资专项管理办法明确了各类铁路项目的资本金测算标准和投资安排；政府不仅为高铁项目提供了必要的资金保障，还通过政策引导确保了项目的顺利实施和推进。这种举国体制的优势使得中国高铁能够在短时间内实现跨越式发展。

（2）市场化运作

我国政府确定了"政府主导、市场化运作"的经营方针，为各类资本提供了参与的空间。这种模式不仅吸引了国内民间资本和外资，还提高了项目的效率和竞争力。市场化运作的引入不仅增加了高铁项目的资金来源，还通过市场竞争推动了技术创新和服务提升，进一步提高了中国高铁的国际竞争力。

（3）技术创新

我国通过消化吸收国外技术并再创新，实现了从追赶者到引领者的跨越。例如，中国高铁在轨道技术、车辆设计、列车控制系统等方面取得了重要突破。这种模式不仅缩短了技术革新的时间，还使项目团队通过自主研发提升了自主创新能力，确保了中国高铁技术的独立性和先进性。

（4）智能制造和绿色技术

中国高铁在智能复兴动车组和智能列车控制系统方面取得了显著进展，利用北斗卫星导航技术和 5G 通信技术，形成了空地一体化列车控制系统。智能制造和绿色技术的应用不仅提高了列车运行效率和安全性，还降低了能耗和对环境的不利影响，符合铁路发展的趋势。

（5）庞大的人口和市场需求

高铁的建设和运营不仅有助于提高运输效率，还有助于促进区域经济和对外贸易的发展。例如，高铁可大大缩短城市间的时空距离，促进人员和商品的快速流动。高铁的经济和社会效益显著，不仅有助于提升人们的生活质量，还有助于推动区域经济的均衡发展，增强国家的综合竞争力。

（6）国际交流与合作

中国通过引进国外先进技术，参与国际标准制定，不断提升技术水平。例如，我国首次主持制定了铁路电气化技术领域国际标准。国际交流与合作不仅有助于提升中国高铁的国际影响力，还有助于通过国外技术引进和国际标准制定，推动中国高铁技术的全球化发展。

中国高铁在国际市场上取得了显著成就，如雅万高铁项目等。这些项目不仅展示了中国高铁的技术实力，还促进了国际经贸合作。海外市场的拓展不仅为中国高铁产业经济提供了新的增长点，还通过技术输出和服务模式创新，提升了我国在全球轨道交通领域的话语权。

中国高铁保持竞争优势的策略主要包括技术创新、服务质量提升、加强国际合作、拓展新兴市场等。这些策略的实施，不仅巩固了中国高铁在国内市场的领导地位，还为其在国际市场的竞争提供了有力支持。

10．华为 5G

华为是一家全球知名的科技企业，凭借卓越的科技创新能力和高品质的服务，近年来迅速崛起。然而，华为的成功并非偶然，而是源于其强大的项目管理力量。在快速变化的市场环境中，华为通过高效的项目管理方法和精良的项目管理团队，确保了企业的稳健发展。

华为 5G 项目是全球领先的 5G 技术研发项目之一。华为在该项目中采用了全球化团队合作、创新和开放的项目管理方法，确保了项目的快速推进和成功。华为 5G 项目在全球范围内获得了广泛认可，成为华为的一个招牌项目。

面对 5G 技术的激烈竞争，华为启动了 5G 项目。项目团队通过跨部门协作，整合了全球技术资源，攻克了一系列技术难题。同时，华为采用模块化开发模式，实现了产品的快速迭代和批量生产。这一 5G 项目的成功实施，为华为在 5G 领域的领先地位打下了坚实基础。

（1）跨部门协同合作，打破组织壁垒

华为在项目管理中强调跨部门协同合作，打破组织壁垒。通过构建跨部门协作机制，华为实现了项目资源的有效整合和信息的共享，提高了项目执行效率。这种管理模式对其他企业具有重要的借鉴意义，可以帮助企业更好地应对复杂多变的市场环境。

（2）敏捷开发，快速响应市场需求

华为在项目管理中积极采用敏捷开发方法，以适应快速变化的市场需求。通过不断迭代开发，华为实现了产品的及时优化和改进。这种开发模式有利于华为提高竞争力，赢得市场份额。其他企业可学习华为的敏捷开发经验，以提升自身的市场响应能力和产品竞争力。

（3）模块化开发，提高开发效率与质量

华为在项目管理中采用模块化开发模式，通过将项目分解为多个独立的模块，实现了各模块的并行开发和批量生产。这种开发模式有助于华为提高开发效率与质量，降低成本和风险。其他企业可借鉴华为的模块化开发经验，根据自身业务特点进行合理拆分和整合，实现项目的高效管理。

（4）人才培养与激励，激发项目管理潜能

华为高度重视人才培养与激励机制，通过为项目团队提供广阔的发展空间和良好的激励机制，激发员工的项目管理潜能。同时，华为强调员工的多技能跨界能力，鼓励员工不断学习和创新，打造了一支高素质、复合型的项目管理团队。这种人才培养与激励机制对于其他企业的项目管理具有深远的启示意义。

华为作为全球领先的科技企业，其成功的项目管理力量起到了至关重要的作用。通过跨部门协同合作、敏捷开发、模块化开发和人才培养与激励等最佳实践，华为成功应对了市场的快速变化和竞争挑战，实现了业务的持续发展和创新。

1.3　项目管理标准化及职业化

1.3.1　项目管理组织介绍

1. 国际项目管理组织

国际项目管理组织的兴起可以追溯至 20 世纪 60 年代，当时项目管理在国防和军工项目中得到了广泛应用，尤其是在美国的曼哈顿计划和阿波罗计划中取得了巨大成功。这些项目的成功经验促使人们开始重视项目管理，并逐渐形成了两大项目管理组织，分别是国际项目管理协会和美国项目管理协会。这两大组织逐渐发展成国际上较具代表性和权威性的项目管理组织。此外，英国项目管理协会、澳大利亚项目管理协会、日本项目管理协会（Project Management Association of Japan，PMAJ）等组织也为项目管理的发展提供了一定的推动作用。

（1）国际项目管理协会

国际项目管理协会是一个全球性的非营利性项目管理专业组织，旨在促进项目管理的国际化。

自成立以来，国际项目管理协会已经举办了多届全球项目管理大会，主题涉及项目管理的各个方面，如"网络计划在项目计划中的应用""项目实施与管理"等。

《国际项目管理杂志》是国际项目管理协会的正式会刊，涵盖项目管理各方面的内容，已成为国际上的权威项目管理专业期刊。

国际项目管理协会通过全球网络和会员组织，推动项目管理专业的发展和标准化。国际项目管理协会的项目经理资质认证体系包括4个级别，可涵盖初级项目管理人员到高级项目管理专家，适合不同经验和能力的专业人士。其中，助理项目经理认证（Certified Project Management Associate，IPMA Level D）适用于初级项目管理人员和项目团队成员，项目经理认证（Certified Project Manager，IPMA Level C）适用于有一定项目管理经验的专业人员，高级项目经理认证（Certified Senior Project Manager，IPMA Level B）适用于有丰富项目管理经验的高级项目管理人员，特级项目经理认证（Certified Project Director，IPMA Level A）适用于负责多个项目或项目组合的高层管理人员。

（2）美国项目管理协会

美国项目管理协会是全球范围内规模较大的项目管理专业组织，1976年提出了制定项目管理标准的设想。国际标准化组织以美国项目管理协会发布的《PMBOK指南》为框架，制定了ISO1006标准（已废止）。美国项目管理协会推出的项目管理专业人士认证考试也成为全球唯一通过ISO9001国际质量体系认证的项目管理认证考试。美国项目管理协会因此成为全球性的项目管理知识与智囊中心，以及全球项目管理的权威机构。

美国项目管理协会认证体系包括面向从入门级到高级管理人员的多种认证。其中，项目管理专业人士认证较为著名，适用于有丰富项目管理经验的专业人士。该认证于1984年推出，获得认证的项目经理能向其雇主、客户和同事展现自己具有圆满完成一个项目的项目管理知识、经验和技能。助理项目管理专业人士认证（Certified Associate in Project Management，CAPM）适用于那些刚刚进入项目管理领域的初级项目管理人员。该认证针对的是项目团队成员、入门级项目经理及符合条件的本科生和研究生，对他们在项目团队中的表现进行认证。项目集管理专业人士（Program Management Professional，PgMP）认证适用于负责多个项目和项目组合的高层管理人员，针对的是管理多个项目和确保一个项目最终成功的专业人士。组织项目管理

成熟度模型 OPM3（R）产品套件对能帮助企业或组织从 OPM3（R）产品中获取更大价值的人士提供培训、工具和认证。

在其所有的认证中，美国项目管理协会都使用相同的开发、维护和质量管理体系。

（3）英国项目管理协会

英国项目管理协会成立于 1972 年，是英国极具影响力的项目管理专业组织。

英国项目管理协会提供一系列专业资格认证，包括项目基础资格（Project Fundamentals Qualification，PFQ）、项目管理资格（Project Management Qualification，PMQ）、项目专家资格（Project Professional Qualification，PPQ）和特许项目专家（Chartered Project Professional，ChPP）认证等。其中，项目基础资格认证适用于刚刚进入项目管理领域的初级项目管理人员，项目管理资格认证适用于有一定项目管理经验的专业人士，项目专家资格认证适用于有丰富项目管理经验的高级项目管理人员，特许项目专家认证适用于具备高级项目管理能力和经验的专业人士。

这些认证覆盖了项目管理的各个层次和领域，帮助专业人士提升技能和实现职业发展。此外，英国项目管理协会还通过其出版物、研究报告和各种活动推动项目管理领域的知识共享和发展。英国项目管理协会还发布了项目管理标准，提供项目管理的核心概念、过程和最佳实践。

（4）澳大利亚项目管理协会

澳大利亚项目管理协会成立于 1976 年，总部位于悉尼，是澳大利亚较大的项目管理专业组织。澳大利亚项目管理协会致力于通过研究、教育和认证，提升项目管理的标准和实践水平，在澳大利亚乃至国际范围内拥有广泛的会员，形成了一个强大的项目管理社区。

澳大利亚项目管理协会提供一系列专业认证，包括注册项目经理（Registered Project Manager，RegPM）、注册执业项目总监（Certified Practicing Project Director，CPPD）认证等。其中，注册项目经理认证适用于不同经验和能力的项目管理专业人员，包括初级、中级和高级项目管理人员；注册执业项目总监认证适用于负责多个项目或项目组合的高层管理人员。

澳大利亚项目管理协会通过教育和培训计划，为项目管理从业人员提供了丰富的学习资源和机会。英国项目管理协会的培训课程涵盖了项目管理的各个方面，包括计划与控制、风险管理、领导力等。通过这些培训，项目管理从业人员可以不断提升技能和知识水平，适应快速变化的工作环境。

（5）日本项目管理协会

2005 年，日本项目管理认证中心（Project Management Certification Center，PMCC）与日本本土第一个项目管理组织——日本项目管理论坛（Japan Project Management Forum，JPMF）联合发起成立了日本项目管理协会。该协会全面负责日本项目与项目群管理（Project and Program Management for Enterprise Innovation，P2M）认证考试工作。

日本项目管理协会开展的项目管理认证共分为初级、基础级、实践级和高级 4 个等级，分别为项目管理协调员（Project Management Coordinator，PMC）、项目管理专员（Project Management Specialist，PMS）、注册项目经理（Project Management Registered，PMR）和项目管理师（Project Management Architect，PMA）。

日本项目与项目群管理标准指南认证考试得到了日本政府的大力支持，并在日本得到了广泛的应用。该指南涵盖了项目管理、项目群管理及 11 个子管理类别，通过系统地阐释项目与项目群管理的内容，培养项目管理专业人才。

（6）其他国家的项目管理协会

除了上述主要的项目管理机构，全球还有许多其他重要的项目管理组织，如加拿大项目管理协会（Project Management Association of Canada，PMAC）、南非项目管理协会（Project Management South Africa，PMSA）等。这些协会在各自的地区和领域内发挥着重要作用，为推动国际项目管理现代化发挥了积极的作用。

2. 我国项目管理组织

我国项目管理组织中，中国优选法统筹法与经济数学研究会旗下的项目管理研究委员会较为权威。我国各行业代表也相继成立了项目管理组织，如中国建筑业协会工程项目管理专业委员会、中国国际工程咨询协会项目管理工作委员会、中国宇航学会系统工程与项目管理专业委员会、中国科学学与科技政策研究会科技项目管理专业委员会等。这是我国项目管理得到日益发展与应用的体现。

（1）项目管理研究委员会

项目管理研究委员会的业务范围包括专业研究、学术交流、咨询培训、

宣传出版等，主要有一年一度的"中国项目管理大会暨中国特色与跨文化项目管理国际论坛"和"中国项目管理应用与实践论坛"两个系列活动，为国内外学术界与实践界项目管理专业工作者的交流与合作搭建平台；面向个人和组织的国际项目管理能力认证，为使我国项目管理专业人员及企业的项目管理能力得到国际社会的认可发挥了积极的作用；设立面向项目和个人的年度奖项，包括中国项目管理成就奖、中国项目管理优秀论文奖、国际项目经理大奖等，举办面向青年大学生的全国高等院校项目管理大赛，促进优秀项目管理成果的推广和青年后备人才的培养。

（2）中国建筑业协会工程项目管理专业委员会

中国建筑业协会工程项目管理专业委员会成立于 1992 年，是研究、推广工程项目管理理论和方法、提供政策咨询和项目管理经验交流平台的全国性团体组织。其创办的《工程项目管理研究》会刊成为全国建筑业企业工程项目管理方面的权威性、专业性刊物；其举办的全国建筑业企业优秀项目经理评选活动，为我国建筑业企业培养了一大批复合型、具有开拓性思维能力的项目管理优秀人才；充分发挥社团组织的优势，积极开展国际及地区间的交流与合作，开展多种形式的交流和研讨会，认真总结和推广项目管理先进经验。

（3）中国国际工程咨询协会项目管理工作委员会

中国国际工程咨询协会项目管理工作委员会成立于 2002 年，主要任务是在国家经贸政策和法规指导下，为会员企业提供国际工程项目管理咨询和信息服务，组织会员间的交流和协作，促进我国国际工程项目管理水平与国际接轨，推动国际工程咨询业的繁荣与发展。该工作委员会积极参加和组织国际、国内交流活动，吸收国际上先进的项目管理理论和经验，积极参与项目管理实践，对项目管理的标准、规范和机制加以验证及进行改善，为培养国际工程领域的优秀项目管理人才贡献力量。

（4）中国宇航学会系统工程与项目管理专业委员会

中国宇航学会系统工程与项目管理专业委员会成立于 2006 年，在中国宇航学会的指导下开展工作，其宗旨是致力于推动中国航天系统工程和项目管理理论与技术发展，为大型航天工程提供系统工程与项目管理专业化技术支持，促进系统工程与项目管理技术体系建设，为系统工程与项目管理专业人员培养提供服务，提高航天及相关领域的系统工程技术水平和管理水平。《航天器工程》期刊作为会刊，主要刊载航天工程、航天器总体设计、系统集成、测试与试验、航天应用，以及总体专业技术方面的研究论文、科技评述、发展战略与情报研究综述等。

（5）中国科学学与科技政策研究会科技项目管理专业委员会

中国科学学与科技政策研究会科技项目管理专业委员会是旨在研究和探索科技项目管理，特别是重大科技（工程）项目管理的理论、方法和政策，总结交流和推广科技（工程）项目管理经验的学术型组织，搭建了"高校—政府—企业"产学研用平台，建立了我国科技成果资本化和产业化的桥梁和纽带，实现了创新链条与产业链条的有效对接，促进了科技项目的创新生态体系建设，加强了科技项目管理的国际化，为我国科技重大项目管理决策提供了强有力的支撑和服务。

1.3.2 项目管理标准化发展

1. 项目管理标准化的意义

项目管理标准化是指通过制定和采用一套统一的管理流程、工具和方法，保证项目在各阶段的有序进行，并提高项目的可控性和成功率、降低项目风险。这不仅包括项目的启动、规划、执行、监控和收尾，还涉及风险管理、资源分配、沟通管理等。标准化的目标是提高项目的可控性和成功率，降低项目风险。当每个团队成员都了解并遵循相同的流程和工具时，可以减少沟通误差和重复劳动，从而提高整体工作效率。

项目管理标准化的重要性体现在多个方面。一方面，项目管理标准化可以提高项目的透明度和可预测性；标准化的流程和工具可以为项目的各阶段提供清晰的指导，使项目管理更加公开和可控。另一方面，标准化可以为项目决策提供更好的数据支持。例如，通过统一的管理流程和工具，项目经理可以收集和分析更准确的数据，为项目决策提供更有力的支持。具体体现在以下7个方面。

（1）提高管理效率

标准化管理可以将复杂的问题程序化，模糊的问题具体化，分散的问题集成化，成功的方法重复化，实现工程建设各阶段项目管理工作的有机衔接，整体提高项目管理水平。

（2）规范项目管理

项目管理标准化能够规范项目管理流程和工具，确保项目的各个环节按

照预定的质量、时间和成本目标进行，从而提高项目的可控性和成功率。

（3）节约成本

通过在每个管理模块内制定相对固定、统一的现场管理制度、人员配备标准、现场管理规范和过程控制要求等，可以最大限度地节约管理资源，降低管理成本。

（4）提升竞争力

项目管理标准化是规范工程项目施工现场、改善和升级现有项目管理的重要手段，有助于强化项目管理执行力，全面增强项目管理能力，进而提升效益。

（5）降低风险

推行统一的作业标准和施工工艺，可以有效避免施工过程中的质量通病和安全死角，为建设精品工程和安全工程提供保障。通过对项目管理中的各种制约因素进行预前规划和防控，可以有效降低各种风险。

（6）促进经验分享

通过对项目管理经验的复制和推广，可以搭建起项目管理的资源共享平台，促进企业管理的不断丰富和创新。

（7）提高团队协作效率

统一的沟通和协作规范有助于提高团队成员之间的协作效率，确保项目的各阶段都能有序进行。

要确保项目的各阶段都能有序进行，关键点是确保所有团队成员都能理解并遵循这些标准化的流程和工具。这样可以减少沟通误差，提高工作效率。

2. 项目管理标准化的关键要素

（1）统一的管理流程

统一的管理流程包括项目的启动、规划、执行、监控、收尾等各阶段的详细流程。这些流程应该清晰、简洁，并且易于理解和执行。统一的管理流程可以确保项目在各阶段都能有序进行，从而提高项目的可控性和成功率。

（2）标准化的工具和方法

标准化的工具和方法包括项目管理软件、风险管理工具、资源分配工具、沟通管理工具等。使用标准化的工具和方法可以提高工作效率与沟通效率，减少沟通误差和重复劳动。

（3）明确的角色和职责

每个团队成员都应该清楚自己的角色和职责，确保项目的各阶段都能有序进行。明确的角色和职责可以提高团队的合作效率，减少沟通误差和重复劳动。

（4）持续的培训

持续的培训可以确保团队成员了解并遵循统一的管理流程、工具和方法，从而提高项目的可控性和成功率。

3．项目管理标准化的实施步骤

实施项目管理标准化通常需要按照制定标准化管理流程、选择标准化工具和方法、明确角色和职责、提供持续的培训等步骤进行。

（1）制定标准化管理流程

项目管理团队通过分析现有的管理流程和工具，识别出需要改进的地方，然后制定出一套统一的管理流程。这些流程应该清晰、简洁，并且易于理解和执行。

（2）选择标准化工具和方法

项目管理团队根据项目的需求，选择合适的项目管理软件、风险管理工具、资源分配工具、沟通管理工具等，然后进行统一的培训，确保团队成员能够熟练使用这些工具和方法。

（3）明确角色和职责

项目管理团队通过制定详细的岗位描述和职责说明，明确每个团队成员的角色和职责。

（4）提供持续的培训

项目管理团队通过开设定期的培训课程、工作坊和研讨会等方式，提供持续的培训。

4．实施项目管理标准化的挑战

在实施项目管理标准化时也会遇到一些挑战，如团队成员抵触、管理流程和工具复杂、缺乏持续的培训等。通常可以采取加强沟通、持续优化等方法加以解决。

（1）团队成员的抵触情绪

为了应对这一挑战，可以通过沟通和解释，帮助团队成员理解标准化的益处和重要性；可以通过定期的沟通会议、工作坊和培训课程，进行持续的沟通和解释。

（2）管理流程和工具的复杂性

为了应对这一挑战，可以通过简化和优化管理流程和工具，使其更加清晰、简洁，易于理解和执行。

（3）缺乏持续的培训

为了应对这一挑战，可以制订详细的培训计划，确保团队成员能够持续地接受培训。

5．国外项目管理标准化发展现状

国外项目管理标准化发展得比较成熟，行业组织机构职责明确，推广应用覆盖领域非常广泛。

国际项目管理协会发布的国际项目经理资质认证标准是国际公认的项目管理标准之一。国际项目管理协会编写的标准主要集中于项目管理、项目群和项目组合能力基准、企业项目管理能力、敏捷项目管理能力和卓越项目管理能力等方面。

美国项目管理协会已经形成了一套完整的标准化体系，并得到了广泛的应用和推广。其发布的《PMBOK 指南》在美国本土被一些重要政府部门使用。此外，美国其他政府机构、非政府组织、各大企业等也有自己的项目管理标准和实践，还会开展相关的培训和认证工作。可以说，美国的项目管理标准化工作较为先进。

日本项目管理协会发布的《日本项目与项目群管理标准指南》是日本项目管理领域的指南和标准之一。此外，日本质量管理协会发布的《项目管理实施手册》(Project Management Implementation Manual，PMIM)是一本包含实用方法和案例的项目管理指南。日本项目管理标准化已经得到了日本本土许多企业和组织的重视和应用，如丰田公司、富士通公司等。此外，日本一些大型工程也采用了项目管理标准和方法，以提高项目执行效率和质量。

国际标准化组织下设的项目、项目群及项目组合管理标准化技术委员会（ISO/TC 258）主要制定项目、项目群等相关标准。截至 2022 年 7 月，项目、项目群及项目组合管理标准化技术委员会已经制定 9 项国际标准，包括相关术语、背景和概念、管理和治理指南、增值管理、工作分解结构等。2012 年，该委员会颁布了专门面向项目管理的国际标准——《项目、计划和项目组合管理——背景和概念》（ISO 21500）。此外，国际标准化组织下设的质量管理和质量保证技术委员会质量管理体系分委员会（ISO/TC 176/SC2）制定了《质量管理 项目质量管理指南》（ISO 10006）。《质量管理 项目质量管理指南》对项目管理中的项目执行起着重要作用，涵盖了对达到质量标准有影响的质量体系要素、概念和惯例。

6. 国内项目管理标准化发展现状

受鲁布革水电站建设项目的影响，我国于 20 世纪后期在工程行业推行项目法人责任制、招标投标制、建设监理制、合同管理制（简称"四制"），工程项目管理标准建设也逐步推进。至此，我国项目管理标准化建设拉开了序幕。

虽然我国项目管理标准化工作起步较晚，但是国家一直非常重视标准化工作，为我国项目管理标准化工作建立了良好的发展环境，推动了项目管理标准化工作的快速发展。目前我国具有相对成熟的项目管理标准化体系。

我国组织项目管理国家标准制定修订工作的技术组织是全国项目管理标准化技术委员会（SAC/TC 343），成立于 2008 年，是全国范围内专门负责项目管理领域有关标准的起草、修订、审查等工作的技术性组织。该委员会下设成熟度评估分技术委员会，项目管理专业人员能力评价要求国家标准工作组、项目管理敏捷化指南国家标准工作组、管理咨询服务指南项目管理国家标准工作组。同时，为了借助各领域项目管理专家的智慧和经验，该委员会又成立了全国项目管理标准化技术委员会专家库，依托项目管理专家的力量，为项目管理标准化工作提供技术支撑。

全国项目管理标准化技术委员会已经发布《项目管理 术语》（GB/T 23691—2009）、《项目管理 指南》（GB/T 37507—2019）、《项目后评价实施指南》（GB/T 30339—2013）、《项目、项目群和项目组合管理 项目组合管理指南》（GB/T 37490—2019）、《项目工作分解结构》（GB/T 39903—2021）、《项目和项目群管理中的挣值管理》（GB/T 39888—2021）、《项目、项目群和项目组合管理 项目群管理指南》（GB/T 41246—2022）、《项目、项目群和项目组合管理 治理指南》（GB/T 41245—2022）、《项目管理专业人员能力评价要求》（GB/T 41831—2022）等国家标准。

同时，我国还有其他标准化技术委员会相继开展了分属领域项目管理国家标准的制定和研究工作，主要包括软件与系统工程（SAC/TC28/SC7）、宇

航技术及其应用（SAC/TC425）、质量管理和质量保证（SAC/TC151）、风险管理（SAC/TC310）、航空器（SAC/TC435）、创新方法（SAC/TC542）、知识管理（SAC/TC554）、科技评估（SAC/TC580）、协作业务关系管理（SAC/TC592）等。

除了国家标准，在行业标准中也有项目管理相关标准。截至2022年，国家标准化管理委员会行业标准备案平台的数据显示，在农业、水利、电力、船舶、核工业、能源、林业、气象等行业标准中涉及项目管理的标准有70余项，用于在各行各业中规范指导项目管理与实践。

此外，国家外国专家局于1999年首次引进美国项目管理协会的项目管理专业人士认证，标志着我国项目管理标准化工作开始与国际接轨。项目管理专业人士认证报考人数在中国大陆地区逐年增加。根据官方数据，2023年报考人数为24.4万人。截至2023年，中国大陆地区累计参加考试人数约为120万人次。

项目管理相关标准的制定和发布、项目管理专业人士报考人数的攀升，不仅反映了我国项目管理领域对人才的需求增加，也反映了我国对项目管理标准化工作的重视。我国积极实施国家标准化发展纲要，深化标准化改革，加快建立由政府主导制定的标准与由市场主导制定的标准共同构成的新型标准体系，推进标准化与科技创新、先进制造深度融合。原国家质量监督检验检疫总局、国家标准化管理委员会、工业和信息化部会同有关部门共同编制《装备制造业标准化和质量提升规划》，推动了标准化在装备制造业发挥引领和支撑作用。国家标准化管理委员会和中央军委装备发展部联合组织军民标准通用化重点工程，发布《军民标准通用化工程项目论证指南》，推进了装备制造业领域军用标准和民用标准通用化工作。

项目管理标准化呈现积极、增量的发展态势。按照《装备制造业标准化和质量提升规划》的规定，我国开展了一系列以航空航天装备行业为典型应用领域的项目管理标准化示范工程，包括通用航空、无人机系统、民用直升机、航空研制运营管理等。全国项目管理标准化技术委员会不断推动标准实施，总结标准化实践经验，推荐了首批项目管理标准化试点单位，包括华为技术有限公司、上海核工程研究设计院有限公司、中广核工程有限公司等，打造了华为项目管理标准应用与创新、智慧工地系统项目管理、"华龙一号"国之重器项目管理标准化等一系列试点项目。

我国项目管理标准化工作虽然取得了一些成效，但在持续推进的过程中仍然有一些亟待解决的问题。首先，将国外不同流派的项目管理标准与我国项目管理标准融合是一个难点。需要制定既符合国际高水平又兼顾我国国情的项目管理标准，持续推进我国项目管理标准优化。其次，企业的贯标意识有待加强。贯标是调动企业积极性、提高工作效益和经济效益的重要手段，但是我国企业的贯标意识普遍不强，重视程度普遍不够。最后，国内应用场景的开发有待加快。我国项目管理标准虽然已经渗透至各行各业，但从程度上看，部分行业企业的应用只是浅尝辄止，驱动力和协调力不足，很多场景无法有效应用项目管理标准。

总体来说，我国项目管理标准化工作成就主要包括组织架构构建、标准制定、标准试点、国际化等方面。这几大方面在我国促进管理水平科学化、加快国际化步伐中起到了重要作用。未来，为了适应时代发展、紧跟国际趋势，我国项目管理标准化工作可以从重点培养项目管理标准化领域复合型人才、获得项目管理国际标准的制定权等方面持续发力。

1.3.3　项目经理职业化发展

1. 职业化的内涵及意义

（1）职业化和项目经理职业化的内涵

职业化是一种工作状态的标准化、规范化、制度化，包含在工作中应该遵循的职业行为规范、职业素养和匹配的职业技能。职业化不仅要求工作状态标准化和规范化，还要求员工在知识、技能、观念、思维、态度、心理等方面符合职业规范和标准。职业化是现代企业对员工提出的要求，也是员工提升个人素质的发展方向。在工作中，职业化的行为表现为在专业地完成岗位职责的同时，更好地发挥自己在工作中的作用，具体要求包括专业素养、职业道德、沟通能力和工作效率等方面的高水平。

顾名思义，项目经理职业化就是指项目经理应该具备管理项目的完备知识、丰富经验和能力，并且能够持续改进和优化。项目经理职业化的目标是提升项目经理的专业素养和能力，使其能够更好地规划、执行和管理项目，实现项目的成功交付和客户满意。

（2）项目经理职业化的意义

项目经理职业化发展和认证对项目管理行业具有重要的意义。

一是规范行业发展。项目经理职业化发展和认证可以帮助行业建立统一

的规范和标准，提高项目管理的质量和水平。通过体系认证，优秀的项目经理能够脱颖而出，为企业和组织提供专业、高效的项目管理服务。

二是提升项目管理水平。项目经理职业化发展和认证能够有效提升项目经理的专业素养和能力水平，使其更好地应对在项目管理过程中遇到的挑战和问题。优秀的项目经理能够提高项目的成功率，降低项目风险，推动项目管理行业不断进步。

三是促进个人发展。项目经理职业化发展和认证为项目经理提供了广阔的职业发展空间和多样的机会。通过不断提升自己的能力和知识水平，项目经理能够在职业生涯中不断进阶并取得更大的成就。

2．项目经理职业化的核心要素

随着项目管理制度被广泛应用，项目经理职业化发展已成为行业发展的必然趋势。职业化发展旨在提高项目经理的专业能力，并为其提供更广阔的职业发展空间。项目经理职业化是一个系统性的工作，主要包括以下几个方面：建立专业知识体系、提升个人技能、了解和使用项目管理系统、持续学习和发展、组建专业的项目团队。

（1）建立专业知识体系

项目经理需要熟知项目管理的各项知识，包括但不限于项目的策划、执行、控制和结束等阶段。项目经理只有对这些知识有深入的理解和实践，才能在项目管理过程中做出正确的决策。同时，项目经理还需要掌握风险管理、质量管理、进度管理、成本管理、资源管理等专业知识。这些知识对于项目的顺利进行有着重要的影响。例如，通过风险管理，项目经理可以预见并应对可能出现的问题；通过质量管理，项目经理可以确保项目的成果满足预定的标准；通过进度管理，项目经理可以保证项目按照计划进行。

（2）提升个人技能

项目经理不仅需要掌握专业知识，还需要具备一定的个人技能。这些技能包括但不限于沟通能力、决策能力、领导能力、团队建设能力等。沟通能力是项目经理的基本技能。一名优秀的项目经理需要能够有效地与项目的各个参与方进行沟通，包括项目的发起人、执行人、利益相关者等。通过有效的沟通，项目经理可以了解各方的需求，解决可能出现的问题，推动项目的顺利进行。项目经理需要通过参与实际项目的管理，不断积累实践经验，提高解决问题和应对挑战的能力。

（3）了解和使用项目管理系统

在现代项目管理中，使用项目管理系统是提高工作效率的重要手段。项目管理系统可以帮助项目经理进行项目的策划、执行、控制等工作直到结束，大大提高工作效率。

（4）持续学习和发展

项目管理是一个不断发展的领域，新的理论和方法不断涌现。因此，项目经理需要持续学习，不断提高自己的知识和技能，以适应项目管理行业发展，包括阅读专业的书籍和文章、参加专业的研讨会和培训、获取最新的项目管理知识。

（5）组建专业的项目团队

项目经理还需要懂得构建和管理一个专业的项目团队，包括招聘和选拔团队成员、进行团队建设、推动团队的协作及对团队成员进行培训和发展。通过构建专业的项目团队，提高项目的执行效率，提高项目的成功率。

此外，项目经理还应注重对价值观和职业道德的培养。项目经理需要具备良好的职业道德和价值观，能够在管理过程中遵循职业规范，并以客观、公正的态度处理各类问题。

3. 认证体系

为了提升项目经理的技能，确保其具备足够的项目管理知识和经验，并对其能力和素质进行评估和证明，项目管理领域建立了一系列的认证体系。这些认证体系主要包括以下几类。

（1）国际项目管理专业认证。如前文所述，国际项目管理专业认证是由国际项目管理协会设立的全球性项目管理专业认证。通过国际项目管理专业认证，项目经理能够证明自己具备全面的项目管理知识和经验，为个人职业能力提供国际认证。

（2）专业认证培训课程。除了国际项目管理专业认证，还有很多项目管理专业认证培训课程。这些课程旨在帮助项目经理提升自己的专业能力，并对其在项目管理领域的职业发展起到积极的推动作用。

（3）行业协会认证。许多行业协会也会对项目经理进行认证，如信息技术项目管理认证、建筑项目管理认证等。这些认证旨在针对具体行业的特点和需求，对项目经理的专业能力进行评估和认定。

总体来说，项目经理职业化是一个系统性的工作，需要从多个方面进行。

从业者只有做好以上这些工作，才能做到项目经理职业化，成为一个真正的项目管理专家。

1.4 新技术背景下的项目管理特点

1.4.1 特点

科技的发展便利了人们的交流，尤其是加速了信息传递的速度。信息就像驱动社会的巨大能力，让社会节奏呈现出加速前进的趋势，每个人都被裹挟着前进。更快的节奏、更便利的交流意味着有更多项目要完成，而且要更快地完成。项目管理是确保项目按时、按质、按预算完成的关键学科。在全球经济和技术快速发展的背景下，项目管理的方法和工具也在不断演变。近年来，随着远程工作的兴起、人工智能技术的突破、企业对敏捷管理方法的广泛接受，项目管理领域出现了许多新的趋势。这些趋势不仅将影响项目管理的实践，也将重塑项目管理的特点。

（1）混合式工作环境的普及

混合式工作环境结合了远程工作和传统办公室工作的优点，为员工提供了更强的灵活性和更大的选择权。这种工作模式在全球范围内迅速普及，显示出了无可比拟的优势。在这种模式下，项目管理需要适应异地团队的协作，采用更加灵活和高效的通信及管理工具。这使得项目经理不仅要具备相关技术技能，还要具备能够有效地管理文化跨度大和地理位置分散的团队的能力。

（2）人工智能和自动化技术的整合

人工智能和自动化技术正在改变项目管理的形态。人工智能技术可以帮助项目经理分析大量数据，预测项目风险，优化资源分配，并自动化处理常规的管理任务。例如，人工智能工具可以通过分析过去的项目数据预测项目的风险和成功率，从而在项目开始前就指导项目经理做出更好的决策。同时，自动化工具可以接管项目报告撰写、状态更新等重复性工作，节省项目经理的时间，让他们可以专注于更为战略性的任务。然而，整合人工智能和自动化技术也改变了对项目经理技能的要求，他们需要掌握新的技术、知识并适应新的工作模式。

（3）敏捷管理方法和传统管理方法的融合

敏捷管理方法和传统管理方法各有优缺点，而当前的趋势是两者的融合——一种混合型项目管理方法。这种方法结合了敏捷管理方法的灵活性和快速响应变化的能力，以及传统管理方法的结构性和稳定性。例如，许多项目采用了敏捷的冲刺计划来处理项目的某些部分，同时完成整体的和阶段性的审查，以确保项目的整体方向可控。这种融合，意味着项目经理需要在不牺牲项目质量的前提下，灵活调整项目计划和资源配置。

（4）项目管理工具的创新与升级

随着项目越来越复杂，项目管理工具也在不断地创新和升级。新一代项目管理工具不仅提供了基本的项目跟踪功能，还集成了协作、资源管理、时间跟踪、报告功能等。这些工具的升级和创新使得项目管理更加高效，帮助项目经理及时发现和解决问题。同时，许多工具采用开放应用程序编程接口，允许与其他工具的集成，如财务管理和资源管理系统的集成，为项目管理的自动化和信息集成提供了更多可能。

（5）可持续性与社会责任的增强

可持续性已成为企业战略的核心部分，项目管理也不例外。现代项目管理需要考虑环境、社会和经济效益的平衡，努力实现长远的可持续发展。项目经理在规划和执行项目时，需要考虑项目对环境的影响，确保符合环保标准，并尽量减少浪费。同时，履行社会责任也是项目成功的一个重要力量，项目经理应当考虑项目对社区的正面影响，并尽可能地促进社区的参与和发展。

随着技术的进步和市场需求的变化，项目管理正处于一个快速变革的时期。项目管理不仅是技术和工具的应用，更是对人才、流程和战略的全面管理。理解并适应这些特点，有助于项目经理在不确定的未来中把握机会，迎接挑战。

1.4.2 有潜力行业

在全球经济衰退、通货膨胀高涨、各大主要经济体增长放缓的背景下，各个国家结合自身实际情况与发展目标，纷纷在建筑、能源等各大领域发起或重启项目，尽最大可能促进经济增长、减少经济损失。我国正在广泛布局和推进多个领域的重大项目，这也为项目管理从业者带来了机遇。

（1）数字化项目

2023 年，我国提出了数字中国建设，其核心在于建设与夯实数字基础设施和数据资源体系"两大基础"，构建一个全面、协调、可持续的数字化发展格局，目标是在 2035 年实现我国的数字化发展水平位居世界前列。这一重大战略意味着我国将有大量的数字化项目，范围涵盖从农村地区的 5G 技

术升级，到高新技术地区所涉猎的诸多技术领域，如量子计算等。

（2）技术驱动的建筑项目

我国在数字化转型方面的大量投入在非住宅类建筑领域表现得尤为明显，政府在交通基础设施、能源和工业项目上投入了大量资金予以支持。技术驱动的建筑项目意味着越来越多的技术会被应用到项目的各个流程中，如设计和工程项目，以提升工作效率。因此项目管理人员必须有相应的技术和知识储备，尤其是人工智能相关专业知识。此外，为确保上述项目成功交付，还需要项目负责人能够获取精准、实时的数据，以支持项目决策、控制进度和成本、把控项目风险。

（3）清洁能源项目

我国有望提前完成 2030 年可再生能源目标。2025 年，我国风能和太阳能的发电能力较 2023 年大幅增长，国家对可持续发展项目人才的需求巨大。此外，我国政府还对部分大型清洁能源项目的完成时间设定了严格的时间线，这就意味着相关项目管理人员必须时刻保持警觉，同时快速响应和解决项目遇到的问题，以期在有限时间内成功交付项目。

（4）以电动汽车和制药为主的制造业项目

尽管全球产业链、供应链正在经历一场调整与重构，但我国依然是全球的超级工厂。《2022 年国际工业统计年鉴》显示，我国的制造业出口份额仍占全球的 1/3。尤其是电动汽车制造和制药行业仍然保持着强劲的发展势头。我国的电动汽车产量大，已成为全球较大的电动汽车出口国。此外，我国还拥有全球较大的电动汽车电池制造商宁德时代。该公司是特斯拉、蔚来和福特等电动汽车品牌的电池供应商。

我国制药行业的发展得益于全球各大制药巨头加大在我国的生产布局和业务拓展。例如，默克（Merck）、强生（Johnson & Johnson）和拜耳（Bayer）与我国企业合作进行药物研发、许可和制造，辉瑞（Pfizer）也与国药集团（Sinopharm）达成协议，将多种新药引入我国市场。

第二章

项目管理理论

2.1 项目管理理论的重要性

项目管理理论是指在项目管理过程中，引用和运用一系列的知识、理念、工具和技术，以实现项目目标的理论体系。项目管理理论是一种以项目为对象，以完成项目目标为目的，采用一系列管理技术和方法的科学管理方式，主要任务是在预定的时间、预算和资源内，实现或超越项目的预定目标。

现代社会，各种各样的项目层出不穷，项目的复杂性和不确定性也越来越高，这就需要项目管理人员和团队掌握和运用项目管理理论，以应对各种挑战，提高项目的成功率。项目管理理论的重要性体现在其可以提供一套系统的方法和工具，帮助项目经理和团队有效地管理项目，使项目能够按照既定的目标、时间和成本要求顺利完成，提高项目的成功率。

项目管理理论能够帮助项目管理人员准确地识别项目的需求和目标，从而确保项目的方向和目标明确。项目管理理论提供了一套规范的项目管理流程和方法，使项目管理人员能够按照一定的步骤和方法进行项目的规划、执行和控制。项目管理理论强调团队的协作和沟通，使项目团队成员能够更好地合作，提高工作效率和质量。项目管理理论强调风险管理，使项目管理人员能够在项目实施过程中及时识别和应对各种风险，降低项目失败率。

项目管理理论的应用主要体现在项目的实施过程中。通过运用项目管理理论，项目管理人员可以有效地控制项目的进度、成本和质量，提高项目的成功率。例如，通过运用项目管理理论，项目管理人员可以制订出合理的项目计划，提前预见可能出现的问题，制定出有效的应对策略。同时，项目管理理论也可以帮助项目管理人员提高自己的管理能力，提升团队的协作效率。

随着科技的发展和社会的进步，项目管理理论也在不断地发展和完善。从最初的甘特图，到后来的关键路径法，再到现在的敏捷管理，项目管理理论一直在适应和引领项目管理的发展。

2.2 项目管理知识体系

现代项目管理理论的核心以美国项目管理协会的项目管理知识体系为主。这套知识体系可以凝练为项目管理过程组及知识领域。项目管理通过合理运用与整合按逻辑分组的项目管理过程而得以实现，按不同工作过程可以分为五大过程组，按知识领域可以分为 10 类。项目管理过程组及知识领域通常被称为"五大过程组和十大知识领域"。

2.2.1 五大过程组

项目管理的五大过程组包括启动过程组、规划过程组、执行过程组、监控过程组、收尾过程组，如图 2.1 所示。

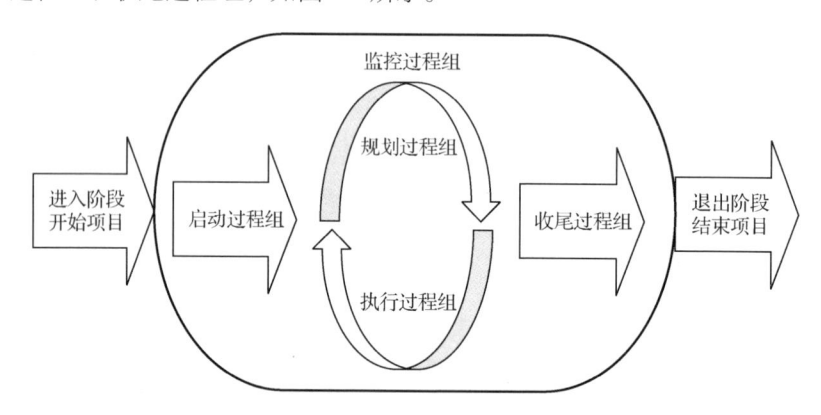

图 2.1　项目管理过程组

启动过程组定义一个新项目或现有项目的一个新阶段，是授权开始该项目或项目阶段的一组过程。

规划过程组明确项目范围、优化目标，是为实现目标而制定行动方案的一组过程。

执行过程组是通过完成项目管理计划中确定的工作，满足项目规范要求的一组过程。

监控过程组是通过跟踪、审查和调整项目进展与绩效，以及识别必要的变更并启动相应变更的一组过程。

收尾过程组是通过完结所有过程组的所有活动，正式结束项目或项目阶段的一组过程。

项目管理各过程之间的交叠和循环关系，形成了项目管理五大过程组之间的交叠和循环关系。任何一个项目管理过程都可以在任何一个项目阶段展开，如图2.2所示。

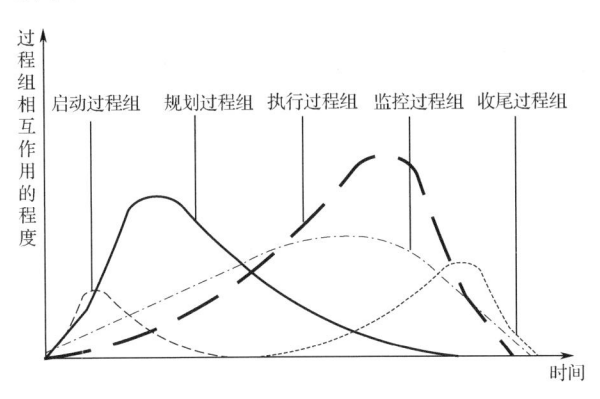

图 2.2　五大过程组之间的关系

项目管理的主要工作在规划过程组和执行过程组之间交互运行。监控过程组贯穿于项目的全过程，影响每个过程组。启动过程组和收尾过程组限定了项目的开始和结束。

项目管理过程组是为了达成项目的特定目标，对项目管理过程进行的逻辑层面的分组，不同于项目阶段。项目阶段是项目从开始到结束所经历的一系列阶段，是一组具有逻辑关系的项目活动的集合，通常以一个或多个可交付成果的完成为结束标志。

一个项目管理过程组的输出通常可成为另一个过程组的输入，或者成为项目或项目阶段的可交付成果。过程组中的各个环节会在每个阶段按需重复开展，直到达到该阶段的完工标准。在适应型和高度适应型生命周期中，各过程组之间相互作用的方式会有所不同。

2.2.2　十大知识领域

知识领域是指按所需知识内容进行定义的项目管理领域，并用其所含过程、实践、输入、输出、工具和技术进行描述。按所属知识领域，项目管理可分为项目范围管理、项目进度管理、项目成本管理、项目质量管理、项目

资源管理、项目沟通管理、项目风险管理、项目采购管理、项目干系人管理、项目整合管理，如图 2.3 所示。项目管理的十大知识领域是不同性质、不同规模、不同行业进行项目管理的通用核心内容，也是建立项目管理制度体系的核心内容。

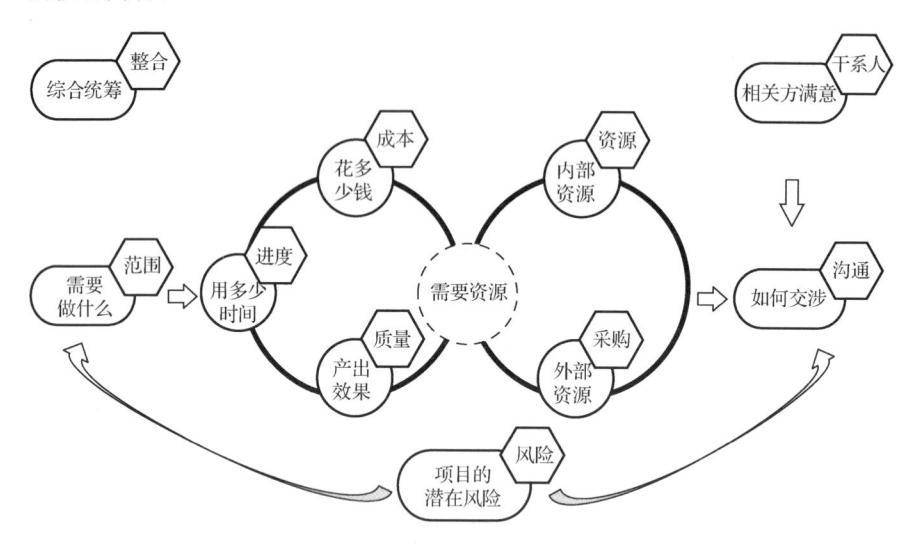

图 2.3　项目管理知识领域

知识领域虽然相互联系，但从项目管理的角度来看，是被分别定义的。

1．项目范围管理

项目范围管理就是要明确需求、勾画边界，是指定义项目的范围，确保项目按照预定的范围进行管理和交付。项目范围管理过程包括规划范围管理、收集需求、定义范围、创建工作分解结构（Work Breakdown Structure，WBS）、确认范围、控制范围等。

（1）规划范围管理

规划范围管理是指为了记录如何定义、确认和控制项目范围及产品范围而创建的范围管理计划。输入包括项目章程、项目管理计划、事业环境因素、组织过程资产。输出包括范围管理计划、需求管理计划。

（2）收集需求

收集需求是指为了实现项目目标，确定、记录并管理项目干系人的需求。输入包括立项管理文件、项目章程、项目管理计划、项目文件、协议、事业环境因素、组织过程资产。输出包括需求文件、需求跟踪矩阵。

（3）定义范围

定义范围是指制定项目和产品的详细描述。输入包括项目章程、项目管理计划、项目文件、事业环境因素、组织过程资产。输出包括项目范围说明书、项目文件（更新）。

（4）创建工作分解结构

创建工作分解结构是指将项目的交付成果和项目工作分解为较小的、更易于管理的组件。输入包括项目管理计划、项目文件、事业环境因素、组织过程资产。输出包括范围基准、项目文件（更新）。

（5）确认范围

确认范围是指正式验收已完成的项目可交付成果。输入包括项目管理计划、项目文件、工作绩效数据、核实的可交付成果。输出包括验收的可交付成果、变更请求、工作绩效信息、项目文件（更新）。

（6）控制范围

控制范围是指监督项目和产品的范围状态，管理范围基准的变更。输入包括项目管理计划、项目文件、工作绩效数据、组织过程资产。输出包括工作绩效信息、变更请求、项目管理计划（更新）、项目文件（更新）。

2. 项目进度管理

项目进度管理就是排出计划、按时交付，是指制订项目进度计划，确保项目按照预定的时间进度进行管理和交付。项目进度管理过程包括规划进度管理、定义活动、排列活动顺序、估算活动持续时间、制订进度计划、控制进度等。

（1）规划进度管理

规划进度管理是指为了规划、编制、管理、执行和控制项目进度，制定政策、程序和文档。输入包括项目章程、项目管理计划、事业环境因素、组织过程资产。输出包括进度管理计划。

（2）定义活动

定义活动是指识别和记录为完成项目可交付成果而需采取的具体活动。输入包括项目管理计划、事业环境因素、组织过程资产。输出包括活动清单、活动属性、里程碑清单、变更请求、项目管理计划（更新）。

（3）排列活动顺序

排列活动顺序是指识别和记录项目活动之间的关系。输入包括项目管理

计划、项目文件、事业环境因素、组织过程资产。输出包括项目进度网络图、项目文件（更新）。

（4）估算活动持续时间

估算活动持续时间是指根据资源估算的结果，估算完成单项活动所需的工作时间段数。输入包括项目管理计划、项目文件、事业环境因素、组织过程资产。输出包括持续时间估算、估算依据、项目文件（更新）。

（5）制订进度计划

制订进度计划是指分析活动顺序、持续时间、资源需求和进度制约因素，创建项目进度模型，落实项目执行和监控情况。输入包括项目管理计划、项目文件、协议、事业环境因素、组织过程资产。输出包括进度基准、项目进度计划、进度数据、项目日历、变更请求、项目管理计划（更新）、项目文件（更新）。

（6）控制进度

控制进度是指监督项目状态，以更新项目进度和管理进度基准的变更。输入包括项目管理计划、项目文件、工作绩效数据、组织过程资产。输出包括工作绩效信息、进度预测、变更请求、项目管理计划（更新）、项目文件（更新）。

3．项目成本管理

项目成本管理就是控制预算、节约成本，是指制定和管理项目的预算和成本，以确保项目能够在预算内完成。项目成本管理过程包括规划成本管理、估算成本、制定预算、控制成本等。

（1）规划成本管理

规划成本管理是指确定估算方法、预算，管理、监督和控制项目成本。输入包括项目章程、项目管理计划、事业环境因素、组织过程资产。输出包括成本管理计划。

（2）估算成本

估算成本是指对完成项目活动所需货币资源进行近似估算。输入包括项目管理计划、项目文件、事业环境因素、组织过程资产。输出包括成本估算、估算依据、项目文件（更新）。

（3）制定预算

制定预算是指汇总所有单个活动及工作包的估算成本，建立一个经批准的成本基准。输入包括项目管理计划、可行性研究文件、项目文件、协议、事业环境因素、组织过程资产。输出包括成本基准、项目资金需求、项目文件（更新）。

（4）控制成本

控制成本是指监督项目状态，以更新项目成本和管理成本基准的变更。输入包括项目管理计划、项目资金需求、项目文件、工作绩效数据、组织过程资产。输出包括工作绩效信息、成本预测、变更请求、项目管理计划（更新）、项目文件（更新）。

4．项目质量管理

项目质量管理就是质量第一、全员把控，是指制订和实施项目的质量管理计划，以确保项目的交付物符合质量要求。项目质量管理过程包括规划质量管理、管理质量、控制质量等。

（1）规划质量管理

规划质量管理是指识别项目及其可交付成果的质量要求、标准，并书面描述项目符合质量要求、标准的证明。输入包括项目章程、项目管理计划、项目文件、事业环境因素、组织过程资产。输出包括质量管理计划、质量测量指标、项目管理计划（更新）、项目文件（更新）。

（2）管理质量

管理质量是指把组织的质量政策用于项目，并将项目管理计划转化为可执行的质量活动。输入包括项目管理计划、项目文件、组织过程资产。输出包括质量报告、测试与评估文件、变更请求、项目管理计划（更新）、项目文件（更新）。

（3）控制质量

控制质量是指为了评估绩效，监督和记录质量管理活动的执行结果，确保项目输出完整、正确，且满足客户需求。输入包括项目管理计划、项目文件、可交付成果、工作绩效数据、批准的变更请求、事业环境因素、组织过程资产。输出包括工作绩效信息、质量控制测量结果、核实的可交付成果、变更请求、项目管理计划（更新）、项目文件（更新）。

5．项目资源管理

项目资源管理就是员工力量、共同协作，是指对人力、物力、财力等资

源的计划、分配、调度、利用、监控，确保项目能够按计划、按质量、按成本、按时间完成，同时确保资源的最大化利用和效率的提升。项目资源管理过程包括规划资源管理、估算活动资源、获取资源、建设团队、管理团队、控制资源等。

（1）规划资源管理

规划资源管理是指定义估算方法，获取、管理和利用事务及团队项目资源。输入包括项目章程、项目管理计划、项目文件、事业环境因素、组织过程资产。输出包括资源管理计划、团队章程、项目文件（更新）。

（2）估算活动资源

估算活动资源是指估算执行项目所需的团队资源，如材料、设备和用品的类型和数量。输入包括项目管理计划、项目文件、事业环境因素、组织过程资产。输出包括资源需求、估算依据、资源分解结构、项目文件（更新）。

（3）获取资源

获取资源是指获取项目所需的团队成员、设施、设备、材料、用品和其他资源。输入包括项目管理计划、项目文件、事业环境因素、组织过程资产。输出包括物质资源分配单、项目团队派工单、资源日历、变更请求、项目管理计划（更新）、项目文件（更新）、事业环境因素（更新）、组织过程资产（更新）。

（4）建设团队

建设团队是指提高团队成员的工作能力，促进团队成员互动，改善团队整体氛围，提高绩效。输入包括项目管理计划、项目文件、事业环境因素、组织过程资产。输出包括团队绩效评价、变更请求、项目管理计划（更新）、项目文件（更新）、事业环境因素（更新）、组织过程资产（更新）。

（5）管理团队

管理团队是指跟踪团队成员的工作表现，提供反馈，解决问题并管理团队变更，以优化项目绩效。输入包括项目管理计划、项目文件、工作绩效报告、团队绩效评价、事业环境因素、组织过程资产。输出包括变更请求、项目管理计划（更新）、项目文件（更新）、事业环境因素（更新）。

（6）控制资源

控制资源是指确保按计划为项目分配实物资源，以及根据资源使用计划监督资源实际使用情况，并采取必要的纠正措施。输入包括项目管理计划、项目文件、工作绩效数据、协议、组织过程资产。输出包括工作绩效信息、变更请求、项目管理计划（更新）、项目文件（更新）。

6．项目沟通管理

项目沟通管理就是信息沟通、有效传递，是指制订和实施项目的沟通计划，确保项目相关方之间的信息沟通和协调。项目沟通管理过程包括规划沟通管理、管理沟通、监督沟通等。

（1）规划沟通管理

规划沟通管理是指基于每个干系人或干系人群体的信息需求、可用的组织资产、具体项目的需求，为项目沟通活动制定恰当的方法和计划。输入包括项目章程、项目管理计划、项目文件、事业环境因素、组织过程资产。输出包括沟通管理计划、项目管理计划（更新）、项目文件（更新）。

（2）管理沟通

管理沟通是指确保项目信息能够被及时且恰当地收集、生成、发布、存储、检索、管理、监督和最终处置。输入包括项目管理计划、项目文件、工作绩效报告、事业环境因素、组织过程资产。输出包括项目沟通记录、项目管理计划（更新）、项目文件（更新）、组织过程资产（更新）。

（3）监督沟通

监督沟通是指确保项目满足项目及其干系人的信息需求。输入包括项目管理计划、项目文件、工作绩效报告、事业环境因素、组织过程资产。输出包括工作绩效信息、变更请求、项目管理计划（更新）、项目文件（更新）。

7．项目风险管理

项目风险管理就是前瞻预判、应对风险，是指制订和实施项目的风险管理计划，以识别、分析和应对项目可能遇到的风险。项目风险管理过程包括规划风险管理、识别风险、实施定性风险分析、实施定量风险分析、规划风险应对计划、实施风险应对计划、监督风险等。

（1）规划风险管理

规划风险管理是指定义如何实施项目风险管理活动。输入包括项目章程、项目管理计划、项目文件、事业环境因素、组织过程资产。输出包括风险管理计划。

（2）识别风险

识别风险是指识别单个项目风险及整体项目风险的来源，并记录风险特

征。输入包括项目管理计划、项目文件、采购文档、协议、事业环境因素、组织过程资产。输出包括风险登记册、风险报告、项目文件（更新）。

（3）实施定性风险分析

实施定性风险分析是指通过评估单个项目风险发生的概率和影响及特征，对风险进行优先级排序，从而为后续分析或行动提供基础。输入包括项目管理计划、项目文件、事业环境因素、组织过程资产。输出包括项目文件（更新）。

（4）实施定量风险分析

实施定量风险分析是指针对已识别的单个项目风险和其他不确定的风险来源，对整体项目目标的总和影响进行定量分析。输入包括项目管理计划、项目文件、事业环境因素、组织过程资产。输出包括项目文件（更新）。

（5）规划风险应对计划

规划风险应对计划是指为处理整体项目风险及应对单个项目风险而制定可选方案、选择应对策略，并商定应对行动。输入包括项目管理计划、项目文件、事业环境因素、组织过程资产。输出包括变更请求、项目管理计划（更新）、项目文件（更新）。

（6）实施风险应对计划

实施风险应对计划是指执行商定的风险应对计划。输入包括项目管理计划、项目文件、组织过程资产。输出包括变更请求、项目文件（更新）。

（7）监督风险

监督风险是指在整个项目期间，监督风险应对计划的实施、跟踪已识别风险、识别和分析新风险，以及评估风险管理的有效性。输入包括项目管理计划、项目文件、工作绩效数据、工作绩效报告、组织过程资产。输出包括工作绩效信息、变更请求、项目管理计划（更新）、项目文件（更新）、组织过程资产（更新）。

8．项目采购管理

项目采购管理就是合理采购、按需购买，是指制订和实施项目的采购管理计划，以确保项目所需的资源和服务能够按时交付和符合质量要求。项目采购管理过程包括规划采购管理、实施采购、控制采购等。

（1）规划采购管理

规划采购管理是指记录项目采购决策、明确采购方法、识别潜在卖方。

输入包括立项管理文件、项目章程、项目管理计划、项目文件、事业环境因素、组织过程资产。输出包括采购管理计划、采购策略、采购工作说明书、招标文件、自制或外购决策、独立成本估算、供方选择标准、变更请求、项目文件（更新）、组织过程资产（更新）。

（2）实施采购

实施采购是指获取卖方应答、选择卖方并授予合同。输入包括项目管理计划、项目文件、采购文档、卖方建议书、事业环境因素、组织过程资产。输出包括选定的卖方、协议、变更请求、项目管理计划（更新）、项目文件（更新）、组织过程资产（更新）。

（3）控制采购

控制采购是指管理采购关系、监督合同绩效、实施必要变更和纠偏、关闭合同。输入包括项目管理计划、项目文件、采购文档、协议、工作绩效数据、批准的变更请求、事业环境因素、组织过程资产。输出包括工作绩效信息、变更请求、项目管理计划（更新）、项目文件（更新）、采购文档（更新）、组织过程资产（更新）。

9. 项目干系人管理

项目干系人管理就是关注需求、满足期望，是指识别、分析和管理项目的所有利益相关方，以最大限度地满足他们的需求和期望，并确保他们对项目的支持。项目干系人管理过程包括识别干系人、规划干系人参与、管理干系人参与、监督干系人参与等。

（1）识别干系人

识别干系人是指定期识别干系人，分析和记录他们的利益、参与度、相互依赖性、影响力和对项目的潜在影响。输入包括立项管理文件、项目章程、项目管理计划、项目文件、协议、事业环境因素、组织过程资产。输出包括干系人登记册、变更请求、项目管理计划（更新）、项目文件（更新）。

（2）规划干系人参与

规划干系人参与是指根据干系人的需求、期望、利益和对项目的潜在影响，制定项目干系人参与项目的方法。输入包括项目章程、项目管理计划、项目文件、协议、事业环境因素、组织过程资产。输出包括干系人参与计划。

（3）管理干系人参与

管理干系人参与是指管理干系人，与干系人进行沟通与协作，以满足其

需求与期望，并处理问题，以促进干系人合理参与。输入包括项目管理计划、项目文件、事业环境因素、组织过程资产。输出包括变更请求、项目管理计划（更新）、项目文件（更新）。

（4）监督干系人参与

监督干系人参与是指监督项目干系人关系，并通过修订参与策略和计划引导干系人合理参与项目。输入包括项目管理计划、项目文件、工作绩效数据、事业环境因素、组织过程资产。输出包括工作绩效信息、变更请求、项目管理计划（更新）、项目文件（更新）。

10．项目整合管理

项目整合管理就是展望大局、统筹全局，是指将各个项目管理过程组相互关联、协调项目管理计划和工作，以确保项目成功完成。项目整合管理过程包括制定项目章程、制订项目管理计划、指导与管理项目工作、管理项目知识、监控项目工作、实施整体变更控制、结束项目或项目阶段等。

（1）制定项目章程

制定项目章程是指编写一份正式批准项目并授权项目管理人员在项目活动中使用组织资源的文件。输入包括立项管理文件、协议、事业环境因素、组织过程资产。输出包括项目章程、假设日志。

（2）制订项目管理计划

制订项目管理计划是指定义、准备和协调项目计划的所有组成部分，并把它们整合为一份综合项目管理计划。输入包括项目章程、其他知识领域规划过程的输出、事业环境因素、组织过程资产。输出包括项目管理计划。

（3）指导与管理项目工作

指导与管理项目工作是指为实现项目目标而领导和执行项目管理计划中所确定的工作，并实施已批准变更。输入包括项目管理计划、项目文件、批准的变更请求、事业环境因素、组织过程资产。输出包括可交付成果、工作绩效数据、问题日志、变更请求、项目管理计划（更新）、项目文件（更新）、组织过程资产（更新）。

（4）管理项目知识

管理项目知识是指使用现有知识并生成新知识，以实现项目目标，帮助组织学习。输入包括项目管理计划、项目文件、可交付成果、事业环境因素、组织过程资产。输出包括经验教训登记册、项目管理计划（更新）、组织过程资产（更新）。

（5）监控项目工作

监控项目工作是指跟踪、审查和报告整体项目进展，以实现项目管理计划中确定的绩效目标。输入包括项目管理计划、项目文件、工作绩效数据、协议、事业环境因素、组织过程资产。输出包括工作绩效报告、变更请求、项目管理计划（更新）、项目文件（更新）。

（6）实施整体变更控制

实施整体变更控制是指审查所有变更请求，批准变更，管理可交付成果、组织过程资产、项目文件和项目管理计划的变更，并对变更处理结果进行沟通。输入包括项目管理计划、项目文件、工作绩效数据、变更请求、事业环境因素、组织过程资产。输出包括批准的变更请求、项目管理计划（更新）、项目文件（更新）。

（7）结束项目或项目阶段

结束项目或项目阶段是指结束项目、项目阶段或合同的所有活动。输入包括项目章程、项目管理计划、项目文件、验收的可交付成果、立项管理文件、协议、采购文档、组织过程资产。输出包括最终产品或服务成果、项目最终报告、项目文件（更新）、组织过程资产（更新）。

2.3 现代项目管理理念与模型

2.3.1 六西格玛原则

六西格玛原则是一种改善企业质量流程管理的技术，是一项以数据为基础，追求几乎完美无瑕的质量管理方法，又称六西格玛准则。20世纪80年代末至90年代初，摩托罗拉通信部门的乔治·费希尔（George Fisher）提出了这种办法，旨在通过识别项目中不起作用的内容来提高质量。

西格玛是统计学里的一个单位，表示与平均值的标准偏差，可以用来衡量一个流程的完美程度，显示每100万次操作中发生多少次失误。西格玛的数值越高，失误率越低。具体来说，每增加1西格玛，失误率将减少为原来的1/10。从计算方面看，六西格玛意味着每100万次操作中只有3.4次失误，几乎达到了零缺陷的目标。

六西格玛原则不仅关注产品质量，还注重过程改进，旨在实现零缺陷生产，降低产品责任风险，提高生产率和市场占有率。通过六西格玛的实施，

企业可以显著提高财务成效和竞争力。作为一个学说，六西格玛原则表示为了成功，持续努力实现稳定和预期的结果是最重要的，其内容中也提到，工作流程可以被完善和改进。从顶层到底层，整个组织都需要维持项目的质量。

实施原则包括以流程为重、主动管理、协力合作、追求完美，但容忍失败。六西格玛强调通过优化流程提升客户价值和竞争优势。企业应设定远大的目标，并不断检讨和改进，促进内部各部门、供应商和客户之间的合作。在追求完美的过程中，企业能够接受失败并从中学习。

六西格玛原则的应用领域非常广泛，适用于各种类型的企业，特别是在制造业和服务业中效果显著。通过六西格玛原则管理，企业可以显著降低缺陷率，提高过程能力和稳定性，从而降低成本、提高效率和客户满意度。六西格玛原则管理的实施主要包括以下步骤和工具。

定义阶段：明确主要问题或流程的关键输出。常用的工具包括柏拉图、直方图。

测量阶段：收集现场数据，并对数据质量、过程能力进行评估。常用的工具包括测量系统分析和过程能力分析。

分析阶段：通过深入的数据挖掘，识别问题的根源。常用的工具包括方差分析和回归分析。

改进阶段：制定并实施具体的改进措施。常用的工具包括试验设计和响应曲面法。

控制阶段：维持改进后的过程稳定。常用的工具包括控制图和标准化作业。

2.3.2　PDCA 循环

PDCA 循环是由美国管理学家威廉·爱德华兹·戴明（William Edwards Deming）首先总结出来的，又称"戴明环"，是全面质量管理的工作步骤。PDCA 循环的含义是将质量管理分为 4 个阶段，即 Plan（计划）、Do（执行）、Check（检查）和 Action（处理）。PDCA 循环就是按计划、执行、检查、处理 4 个阶段循环不止地进行全面质量管理的程序。

其中，计划的含义是确定方针和目标，以及制定活动规划。执行的含义是实地去做，实现计划中的内容。检查的含义是总结执行计划的结果，注重效果，找出问题。处理的含义是对总结检查的结果进行处理，对成功的经验予以肯定，并予以标准化；对失败的教训予以总结，引起重视。对于没有解决的问题，放到下一次 PDCA 循环中去解决。

PDCA 循环的 4 个阶段不是运行一次就完结，而是周而复始地进行。一次 PDCA 循环结束了，解决了一部分问题，可能还有没解决的问题，或者又出现了新的问题，再进行下一次 PDCA 循环，以此类推，实现大环套小环、小环保大环、推动大循环。PDCA 循环不仅适用于项目，也适用于整个企业、企业的部门甚至个人。PDCA 循环不是在同一水平上的循环，而是在不断解决问题的过程中水平逐步上升的过程。

1. PDCA 循环适用的领域

（1）软件开发项目

PDCA 循环在软件开发项目中应用广泛，能帮助团队明确开发目标，规划路径，执行任务，检查成果，并根据反馈调整方案，确保软件质量和功能满足用户需求。

（2）产品设计项目

在产品设计领域，PDCA 循环能协助设计团队明确设计目标，规划路径，执行任务，检查成果，并不断调整设计，以提升产品的市场竞争力。

（3）市场营销项目

在市场营销中，PDCA 循环有助于团队明确营销目标，规划策略，执行活动，检查效果，并调整方案，以提升产品或服务的市场占有率。

（4）工程建设项目

在工程建设项目中，PDCA 循环能帮助团队明确建设目标，规划方案，执行任务，检查进度，并调整方案，确保项目顺利进行和建设质量符合要求。

（5）组织变革项目

在组织变革过程中，PDCA 循环能帮助组织明确变革目标，规划策略，执行行动，检查效果，并调整方案，推动组织变革和发展。

（6）生产制造项目

在制造业中，PDCA 循环可用于改进生产流程、提高产品质量、减少资源浪费、优化供应链等，通过不断迭代优化，实现生产效率的提升和成本的降低。

（7）人力资源管理

PDCA 循环在人力资源管理中的应用包括招聘、培训、绩效评估等环节，帮助企业精准定位需求，持续改善培训内容和方法，提升员工技能。

2. PDCA 循环步骤

（1）分析现状、发现问题

在做计划之前，需要分析现状如何，问题在哪里。可以分析质量问题及效率问题。

（2）分析影响因素

分析各种问题的影响因素时可以用很多方法，如鱼骨图。用这些方法来分析到底有哪些影响因素。

（3）分析主要因素

分析完所有的影响因素后，再分析主要因素。每个问题的产生，都有少数主要因素，如影响这个问题产生的因素有 10 个，按照二八原则，大概有 2 个或 3 个因素是主要因素。找到主要因素才能够彻底解决问题，如果找不到主要因素，那问题是没办法解决的。

（4）采取措施

分析到主要因素后，针对主要因素采取措施。在采取措施的时候，要从原因、对象、地点、时间、人员、方法 6 个方面提出问题进行思考：为什么要做这件事情，这是最重要的，即为什么要制定这个措施；要执行什么目标；实施地点；何时完成；谁负责完成；怎样去执行。

（5）执行

按照措施计划的要求，要求员工去执行。

（6）检查

检查是指把执行结果与要求达到的目标进行对比。检查的目的就是看实施的过程到底有没有效果。例如，一件事情如果要一个月完成，那一定要计划第一周完成到哪里、第二周完成到哪里、第三周完成到哪里；如果没有分段目标，就没办法做检查。因此，计划一定要分段制订。

（7）标准化

标准化是指把成功的经验总结出来，制定相应的标准。

（8）处理遗留问题

处理遗留问题是指把没有解决或新出现的问题转入下一次 PDCA 循环中去解决。每个问题不一定靠一次 PDCA 循环就能够解决，有时一次就能解决，有时要转几次循环。

PDCA 循环作为一种高效的管理工具，其应用领域非常广泛，几乎涵盖所有需要持续改进和优化的场景。通过不断循环计划、执行、检查和处理，可以系统地解决问题，持续提升效率和质量。

2.3.3　6S 管理

6S 管理是一种企业管理方法，起源于日本，最初是 5S 管理，包括整理（Seiri）、整顿（Seiton）、清扫（Seiso）、清洁（Seiketsu）、素养（Shitsuke）5 个项目，旨在通过这些措施提高生产现场的管理水平和工作质量。后来增加了安全（Safety）要素，形成了 6S 管理。6S 管理在日本企业中被广泛应用，并在第二次世界大战后迅速提升了产品质量，为日本成为经济大国奠定了基础。

1．6S 管理的具体内容

（1）整理

整理是指区分必需和非必需物品，清除非必需物品。其目的是腾出空间，活用空间，防止误用、误送，塑造清爽的工作场所。

（2）整顿

整顿是指将必需品按照规定的位置放置，以便于使用。其目的是使工作场所一目了然，工作环境整整齐齐，消除找寻物品的时间，消除过多的积压物品。

（3）清扫

清扫是指清除工作场所的垃圾和灰尘，保持干净整洁。其目的是消除脏物对产品品质的影响，稳定品质，使工作场所干净明亮，创造好的工作环境，减少工业伤害。

（4）清洁

清洁是指保持工作环境的清洁和秩序。其目的是进行整理、整顿、清扫，培养员工良好的工作习惯。

（5）素养

素养是指提高员工的素质和自律性，使其养成良好的工作习惯。其目的是提升员工的个人品质，培养具有好习惯、遵守规则的员工，营造团队精神。

（6）安全

安全是指确保工作场所的安全，预防事故发生。其目的是发现安全隐患并及时消除，争取采取有效的预防措施，保障人身安全，减少经济损失，保证生产正常进行。

2. 6S 管理步骤

（1）成立推行组织

成立推行组织的步骤：成立推行委员会或推行办公室；确认组织负责人；确认委员的主要工作；编组及划分责任区。

（2）制定推行方针及目标

方针的制定要结合企业具体情况，要具有号召力。方针一旦制定，就要广为宣传；先预设期望之目标，作为活动努力方向，以便活动过程中成果的检查；目标的制定也要结合企业具体情况。

（3）制订工作计划及实施方法

制订日程计划，并将其作为推行及控制的依据；制定 6S 活动实施办法、6S 活动评比方法、6S 活动奖惩办法。

（4）教育

对全员进行培训；对新员工开展 6S 培训；让员工了解 6S 能够给自己的工作带来哪些好处，从而激发员工主动地去做的动力。教育形式多样化，开展 6S 学习、观摩、推行活动。

6S 管理在日本企业中广泛应用，并在丰田公司的倡导下逐渐被各国管理界所认识。6S 管理不仅提升了企业形象，保障了安全生产，还推动了标准化和高效的工作环境建设。

2.3.4 质量控制方法

1924 年，美国贝尔电话研究所首次提出质量控制方法；1931 年，该研究所进一步研究发展质量控制方法，最终得以确定。质量控制方法是保证产品质量并使产品质量不断提高的一种质量管理方法，通过分析产品质量数据的分布，揭示质量差异的规律，找出影响质量差异的原因，采取技术组织措施，消除或控制产生次品或不合格品的因素，使产品在生产全过程中的每个环节都能顺利地、理想地进行，最终使产品能够具备人们需要的自然属性和特性，即产品的适用性、可靠性及经济性。质量控制方法有 3 个特点：①运用数量统计方法；②着重于对生产全过程的质量控制；③广泛运用各种质量数据图。

质量控制方法的主要作用如下：可以使设计、制造和检验 3 个方面的人员在质量管理中得到协调和配合；可以使质量管理从单纯的事后检验发展成对生产全过程中产品质量的控制；可以观察记录在管理图上的数据，及时分析生产过程中的质量问题，以便迅速采取措施，消除造成质量问题的隐患，使生产处于稳定状态。

应用质量控制方法的具体步骤和策略如下。

（1）确定质量控制目标和方法

首先，明确质量控制的目标，即要达到的产品质量标准。然后，选择合适的控制方法，如分层法、调查表法、排列图法、因果分析图法、直方图法、控制图法、散点图法等。

（2）实施质量控制计划

制订详细的质量控制计划，包括能力验证、测量审核、实验室内部比对等。计划中应包括判定准则和出现可疑情况时应采取的措施，确保覆盖所有检测技术和方法。

（3）执行质量控制活动

具体内容包括实验室间的比对及能力验证、内部质量控制、标准物质监控、人员比对、方法比对。

① 实验室间的比对及能力验证是指参与或组织实验室间的比对试验，选择相同的检测方法进行比对，确保结果的准确性和可靠性。

② 内部质量控制是指使用不同分析方法或同一型号的不同仪器对同一样品进行对比检测；由两个以上人员或同一检测人员对保留样品进行对比检测；在日常分析检测过程中使用标准溶液配制等。

③ 标准物质监控是指定期或不定期将有证标准物质或内部标准样品作为监控样品，与样品检测以相同的流程和方法同时进行，验证检测结果的准确性。

④ 人员比对是指由实验室内部的检测人员在合理的时间段内，对同一样品使用同一方法，在相同的检测仪器上完成检测任务，比较检测结果的符合程度，判定检测人员操作能力的可比性和稳定性。

⑤ 方法比对是指同一检测人员对同一样品采用不同的检测方法，比较检测结果的符合程度，判定其可比性，验证方法的可靠性。

（4）数据分析与改进

技术负责人对质控资料进行统计和分析，组织对上述活动的可行性和有效性评审。根据分析结果，采取必要的纠正措施，消除或控制产生次品或不合格品的因素，持续改进质量控制过程。

通过以上步骤，可以系统地应用质量控制方法，确保产品质量达到预期标准，并不断改进质量控制过程。

2.3.5　SMART 原则

SMART 原则的起源可以追溯至 20 世纪 50 年代，由管理学家彼得·德鲁克（Peter Drucker）在其著作《管理实践》中提出。SMART 原则是一种目标管理方法，旨在帮助个人或组织设定和实现具体、可衡量、可实现、相关和有时间限制的目标。SMART 原则分别是 Specific（具体性）、Measurable（可衡量性）、Achievable（可实现性）、Relevant（相关性）和 Time-bound（时间限制）。具体性是指目标必须明确具体，避免模糊不清。可衡量性是指目标必须能够被量化，以便于跟踪进度和评估成果。可实现性是指目标必须是现实的，符合个人的能力和资源。相关性是指目标必须与其他目标和整体愿景保持一致，并且对实现最终目标有所贡献。时间限制是指目标必须有明确的完成时间，这有助于提高紧迫感和执行力。

SMART 原则的应用非常广泛，特别是在项目管理中，能够帮助项目经理和团队设定清晰、具体的项目目标和任务，确保项目按计划进行。通过设定具体、可衡量的目标，项目团队可以更好地跟踪和监控进度，确保项目按时完成。此外，SMART 原则也常用于员工绩效考核，提供科学、规范的考核标准和目标，保证考核的公正、公开与公平。SMART 原则不仅适用于企业管理，还广泛应用于个人生活和职业生涯规划中。通过设定符合 SMART 标准的目标，可以更有效地管理项目，提升工作效率，激发团队的潜力，推动创新和成功。

2.3.6　3C 战略三角模型

3C 战略三角模型是由日本战略研究专家大前研一（Kenichi Ohmae）提出的。他强调成功战略有 3 个关键因素，即在制定任何经营战略时，必须考虑顾客（Customer）、竞争者（Competitor）与公司（Corporation）这 3 个因素。在企业项目管理中，3C 战略三角模型被广泛应用于战略规划和决策过程中。通过从顾客、竞争者和公司 3 个角度进行深入分析，企业可以制定出更符合市场需求和自身能力的战略，从而提升竞争力。

在 3C 战略三角模型中，"顾客"强调理解和满足顾客需求，包括对顾客行为、偏好和需求的深入了解。"竞争者"强调对竞争对手的分析，包括竞争对手的优势、弱点及市场定位。"公司"强调对自身公司资源和能力的评估，包括产品或服务的优势、独特性及市场定位。

企业在制定市场定位策略时，通过 3C 战略三角模型可以全面考虑顾客需求、竞争对手和自身的特点，从而更准确地找到合适的市场位置。在开发新产品或服务时，通过 3C 战略三角模型可以确保产品不仅符合顾客需求，还能在竞争激烈的市场中脱颖而出。在制定市场推广策略时，通过对顾客、竞争者和本企业的深入分析，可以更有针对性地进行推广活动，提高市场份额。

企业首先应考虑顾客，如进行市场细分，确定目标市场，并深入了解不同细分市场的顾客需求和特点；进行顾客调研，收集顾客反馈，了解顾客对产品或服务的期望和评价。然后分析竞争对手，如分析竞争对手的市场份额、定价策略、产品特点，了解竞争对手的优势和劣势；通过差异化策略在市场中脱颖而出，吸引更多顾客。最后分析企业整体情况，如评估企业内部资源，包括人力、财力、技术等，确定企业的核心竞争力；根据自身特点，确定最适合的市场定位，确保与顾客需求和竞争对手相匹配。

其中，企业应该重点关注顾客需求变化，确保产品或服务始终满足市场需求；关注竞争对手策略，定期监测竞争对手的动态，随时调整自己的策略，确保在激烈的竞争中保持竞争力；关注自身资源优化，确保公司内部资源的合理利用，避免资源浪费，提高综合竞争力。关注市场定位调整，随时评估市场定位的合理性，根据市场反馈和内部资源变化，调整市场定位。通过关注这些问题，企业可以更好地利用 3C 战略三角模型进行市场分析，制定更符合市场实际情况的战略，提升商业竞争力。

例如，李宁公司成功应用 3C 战略三角模型实施品牌重塑战略。李宁公司从 2000 年开始启动品牌重塑。为此，李宁公司调整了管理层，引进了诸多专业人才，再造了组织结构，设立了专门负责的品牌重塑部门。2002 年，李宁公司对业务优势、产业环境及公司历史的战术成功进行了系统分析，很快明确了发展方向、使命愿景、价值观及业务发展战略。2018 年，李宁公司进入体育用品世界 5 强。公司国际市场业务份额占总体业务的 20% 以上。

2.3.7 麦肯锡 7S 模型

20 世纪 70 年代，麦肯锡管理顾问公司的学者托马斯·彼得斯（Thomas Peters）和罗伯特·沃特曼（Robert Waterman）总结 43 家杰出企业管理秘籍，

共同编写了《追求卓越——美国企业成功的秘诀》一书，提出麦肯锡7S模型。

7S模型指出了企业在发展过程中必须全面地考虑各方面的情况，包括战略（Strategy）、结构（Structure）、制度（System）、风格（Style）、员工（Staff）、技能（Skill）、共同价值观（Shared Value）。也就是说，企业仅具有明确的战略和深思熟虑的行动计划是远远不够的，还可能会在战略执行过程中失误。因此，战略只是其中的一个要素。

在模型中，战略、结构和制度被认为是企业成功的"硬件"，风格、员工、技能和共同的价值观被认为是企业成功的"软件"。麦肯锡7S模型提醒项目经理"软件"和"硬件"同样重要。对此，两位学者指出，各公司长期以来忽略的人性，如非理性、固执、喜欢非正式的组织等，其实都可以加以管理，这与各公司的成败息息相关，绝不能忽略。

（1）战略

战略是企业根据内外环境及可取得资源的情况，为求得企业生存和长期稳定地发展，对企业发展目标、达到目标的途径和手段进行的总体谋划。战略是企业经营思想的集中体现，是一系列战略决策的结果，又是制定企业规划和计划的基础。

（2）结构

结构是指组织结构，即企业的目标、人员、职位、相互关系、信息等组织要素的有效排列组合方式。组织结构是企业的组织意义和组织机制赖以生存的基础，其将企业的目标任务分解到职位，再把职位综合到部门，由众多的部门组成垂直的权力系统和水平分工协作系统的一个有机的整体。

（3）制度

制度是企业发展和战略实施的重要保障。制度体系应与战略思想相一致，防止不配套、不协调的制度出现，避免产生背离战略的制度。

（4）风格

风格是指企业人员具有共同的行为和思想风格。优秀的企业都呈现出既中央集权又地方分权的宽严并济的管理风格，这让生产部门和产品开发部门极端自主，又固执地遵守着陈旧的价值观。

（5）员工

员工是指企业应该雇佣能干的人，并为员工安排适当的工作，以充分发挥其才能。战略实施还需要充分的人力准备，有时战略实施的成败在于有无适合的员工去实施。

（6）技能

技能是指企业员工应该具备和掌握的为实施企业战略所需的技能。在执行企业战略时，需要员工掌握一定的技能，这有赖于严格、系统的培训。

（7）共同的价值观

共同的价值观是指员工拥有共同的指导性价值和使命。由于战略是企业发展的指导思想，只有企业的所有员工都领会了这种思想，并用其指导实际行动，战略才能得到成功的实施。

例如，中国邮储银行成功应用麦肯锡 7S 模型进行全面的组织诊断和战略规划，最终实现了组织结构和运营策略的优化。通过麦肯锡 7S 模型的应用，邮储银行在战略规划和执行、组织结构优化、制度建设、企业文化、人才发展等方面取得了显著成效，有效提升了银行的竞争力和市场地位。

2.3.8 五力模型

五力模型是由迈克尔·波特（Michael Porter）于 20 世纪 80 年代初提出的，用于分析企业的竞争环境。五力模型包括 5 种力量：供应商的议价能力、购买者的议价能力、新进入者的威胁、替代品的威胁、行业内现有竞争者的竞争程度。这 5 种力量共同决定了行业的竞争强度和企业的盈利能力。

五力模型的具体内容如下。

（1）供应商的议价能力

供应商的议价能力指的是供应商提高价格或降低产品和服务质量的能力。这会影响企业的成本和产品质量。

（2）购买者的议价能力

购买者的议价能力指的是客户要求更低价格或更高质量产品的能力。这会影响企业的销售收入和利润。

（3）新进入者的威胁

新进入者可能会带来新的生产能力、争夺市场份额。这会对现有企业的竞争地位产生威胁。

（4）替代品的威胁

替代品是指能够满足相同需求的其他产品或服务。替代品的价格和性能会影响现有产品的需求和市场占有率。

（5）行业内现有竞争者的竞争程度

行业内现有企业之间的竞争，包括价格战、广告战、新产品开发等，会影响整个行业的利润水平。

五力模型广泛应用于企业战略制定和行业分析中。通过对这5种力量的分析，企业可以更好地理解其所处的竞争环境，制定相应的市场策略，优化资源配置，提升竞争力。

例如，麦当劳通过大规模采购和强大的供应链管理，使得供应商的议价能力处于中等水平。麦当劳制定了统一的价格策略，消费者的议价能力较低。由于速食店的经营成本相对较低，新的速食品牌容易进入市场，因此潜在进入者的威胁较高。麦当劳面临路边小吃、餐馆等替代品的威胁，这些替代品能够快速满足消费者的饮食需求。麦当劳在国内面临肯德基和汉堡王等竞争对手的激烈竞争，彼此推出新产品并争夺市场份额。

2.4 项目管理工具与技术

2.4.1 甘特图

甘特图是一种条形图，用于展示项目时间线和进度。甘特图通过横轴表示时间，纵轴表示活动或任务，条形图表示每个任务的开始和结束时间，直观地展示任务的计划进度和实际进度。甘特图不仅可以帮助管理者了解项目的剩余任务，还能评估工作的进展情况，是项目管理中一种非常重要的工具。

甘特图具有直观性、易于理解、灵活性等特点。可通过条形图直观展示任务时间线，如用不同颜色区分计划进度和实际进度。无须专业背景，团队成员可以轻松掌握项目进度，如在开发一个新产品时，通过甘特图可以看出产品设计、原型制作、测试阶段的时间分布。甘特图支持随时更新和调整，适用于项目计划的动态变化，如在策划一个活动时，因场地或资源变更，可及时调整相关任务的时间安排。

甘特图的核心功能包括任务管理、里程碑、任务依赖关系、基线管理、关键路径。

（1）任务管理

甘特图将项目分解为多个任务，每个任务都有明确的开始和结束时间，管理者可以清晰地看到每个任务的进度。

（2）里程碑

甘特图中的里程碑表示项目中的重要阶段或目标，帮助管理者监控项目的关键节点。

（3）任务依赖关系

甘特图可以显示任务之间的依赖关系，确保任务按照正确的顺序进行。

（4）基线管理

基线是项目计划的固定点，甘特图通过基线对比当前进度，帮助管理者及时发现偏差。

（5）关键路径

甘特图会高亮显示项目中的关键路径，即那些影响项目总工期的任务，确保这些任务得到足够的重视。

甘特图在项目管理中可被用于任务分配和进度跟踪、资源规划和管理、风险管理、沟通协作等。例如，通过甘特图，团队能够分配具体任务，设定明确的截止日期。甘特图能够监控资源分配，确保资源合理利用。甘特图可以帮助团队提前识别潜在风险，制定风险预案，规避风险。甘特图为整个项目团队提供了一个清晰的进度视图，使每个人都对自己的任务和整个项目的时间线有清晰的认识。

甘特图被广泛应用于各种需要项目管理的场景，如建筑工程、软件开发、生产制造等。它可以帮助管理者合理安排资源、监控进度、调整计划，确保项目按时完成。

2.4.2 鱼骨图

鱼骨图是由日本管理大师石川馨先生于1953年提出的，最初用于质量管理，因其形状像鱼骨而得名。鱼骨图是一种用以发现问题根本原因的方法，它通过图形化的方式展示问题与其原因之间的关系，帮助人们透过现象看本质，常被划分为问题型、原因型、对策型等几类鱼骨分析技术。

鱼骨图的主要作用如下。

（1）发现问题的根本原因

鱼骨图通过将问题与其潜在原因之间的关系可视化，使团队能够集中于问题的实质内容，而不是问题的表面现象或历史背景。

（2）集中团队智慧

通过头脑风暴等方法，鱼骨图能够使团队集思广益，发挥团队智慧，从

不同角度找出问题的所有原因或构成要素，找到有效的解决方案。

（3）分析问题原因之间的关系

鱼骨图不仅能助力团队辨识导致问题的所有原因，还能助力团队分析这些原因之间的相互关系，从而使团队更全面地理解问题。

（4）采取补救措施

通过鱼骨图，团队可以采取有针对性的补救措施，确保问题得到有效解决。

鱼骨图适用于多种场景，不仅可以应用于质量管理，还可以应用于其他领域，如岗位内容分析、部门间关系描述等，用以抓住主要问题并解决主要矛盾。在生产过程中，鱼骨图可以帮助团队识别产品出现缺陷的根本原因，从而采取措施改进产品质量。在项目执行过程中，鱼骨图可以帮助团队识别项目延误或失败的根本原因，优化项目流程。在组织内部，鱼骨图可以用于分析影响工作效率的因素，并提出改进措施。

使用鱼骨图时，首先应确定问题，明确需要分析的问题。然后绘制鱼骨图，将问题作为"鱼头"，各主要原因作为"大骨"，次要原因作为"小骨"，用箭头连接表示因果关系。组织团队成员进行头脑风暴，从不同角度提出可能导致问题的原因。接下来分析原因，对提出的原因进行分类和整理，形成系统的因果关系图。最后根据分析结果，制定改进措施并实施。通过以上步骤，鱼骨图能够帮助团队系统地分析问题、找出根本原因，并采取有效的解决措施。

2.4.3 直方图

直方图的起源可以追溯至 1891 年，由英国数理统计学家卡尔·皮尔逊（Karl Pearson）提出，他在《对进化数学理论的贡献Ⅱ：均匀物质的偏态变化》文章中首次使用了直方图，用于展示均质材料中的偏差。

直方图是一种统计报告图，用于表示数值数据的分布情况。直方图由一系列高度不等的纵向条纹或线段组成，横轴表示数据类型、数据的范围，纵轴表示分布情况、频数或频率。直方图由一系列矩形组成，每个矩形的面积代表特定区间内数据的频数或频率。直方图是数值数据分布的精确图形表示，通常用于展示连续变量的概率分布。直方图常用于判断生产过程是否稳定，以及比较不同数据集的分布情况。

直方图被广泛应用于建设工程等领域，用于分析数据的分布情况，以及判断生产过程的稳定性。此外，在计算机图形图像学中，直方图也是画图软件中用于指示图像调整方向的工具。

绘制直方图的步骤如下。

（1）收集数据

这些数据可以是任何需要进行分析的信息，如人口统计数据、销售数据等。收集到的数据应该具备一定的规模和代表性。

（2）确定组距

组距是将数据按照一定的范围进行分组的单位大小。根据数据的取值范围和分布特点选择合适的组距可以有效地展示数据的分布情况。

（3）绘制坐标轴

在绘制直方图之前，需要确定坐标轴的范围和刻度，以便合理地显示数据的频次和数值。

（4）绘制柱状图

根据数据的分组和频次，可以绘制直方图的柱状图部分。柱状图的高度表示每个分组中数据的频次，宽度表示组距。

（5）添加辅助线和标签

为了更好地阐明数据的含义，可以在直方图中添加辅助线和标签，如均值线、中位数线、每个柱状图的频次数值等。

（6）美化图表

为了使直方图更加美观和易读，可以添加背景色、调整颜色搭配、调整字体样式等。

直方图作为一种常用的数据可视化工具，在统计学和数据分析领域有着广泛的应用。通过绘制直方图，人们可以直观地了解数据的分布情况，并且从中获取有价值的信息。在实际应用中，直方图可以用于数据分析、数据比较、决策支持、学术研究等。

2.4.4 决策树

决策树的起源可以追溯至 1966 年，但真正让决策树发展成机器学习主流算法的原因是罗斯·昆兰（Ross Quinlan）改进了决策树算法，掀起了决策树研究的热潮。

决策树是数据科学领域中一种直观且广泛应用的监督学习算法，主要用于解决分类和回归问题。其核心思想是通过构建一个树状结构来模拟从数据

特征到目标变量的决策过程,每个内部节点代表一个特征测试,每个分支代表该特征的一个可能取值,叶节点对应着最终的预测结果。决策树因易于理解和解释,对缺失值的容忍度较高,以及能够适应离散数据和连续数据的特点,已成为非专业人士与领域专家都能有效沟通的模型之一。事实上,决策树非常灵活,人们可以使用决策树模板制作各种图表。

决策树是一种决策分析方法,用于在已知各种情况发生概率的基础上,通过构建决策树来求取净现值的期望值,从而评估项目风险和判断其可行性。决策树在机器学习中也是一种预测模型,代表对象属性与对象值之间的映射关系。

决策树由决策节点(树根)、方案节点、状态节点、终点(树叶)及方案枝/概率枝(树枝)组成。每个内部节点代表一个属性测试,每个分支代表一个测试输出,每个叶节点代表一种类别。决策树的生成过程通常从根节点开始,根据属性的不同测试结果分支到不同的内部节点,直到所有可能的测试结果都对应一个叶节点为止。

决策树就是一棵树。一棵决策树包含一个根节点、若干个内部节点和若干个叶节点;叶节点对应于决策结果,其他每个节点则对应于一个属性测试;每个节点包含的样本集合根据属性测试的结果被划分到内部节点中;根节点包含样本全集,从根节点到每个叶节点的路径对应了一个判定测试序列。

决策树的构建是一个递归的过程,主要步骤如下。

(1)选择最优特征

依据某种准则(如信息增益、基尼指数、卡方检验等)从剩余特征中选择最能减少不确定性或增加纯度的特征作为当前节点的分割依据。

(2)划分数据集

根据所选特征及其阈值将数据集划分为若干子集,并递归地在每个子集上重复上述过程,直至达到预定的停止条件,如节点样本数低于某个阈值、没有更多特征可供划分、节点纯度达到设定阈值或达到预设的最大深度。

(3)剪枝处理

为了避免过拟合,可对生成的原始决策树进行剪枝处理,去除部分复杂度高但对泛化能力贡献较小的节点,以提高模型的泛化性能和简洁性。

决策树作为一种经典的机器学习方法,在数据科学实践中具有显著优势。它不仅提供了一种直观的决策流程,便于解释和理解,还能够处理各种类型的数据特征。尽管其易受过拟合影响,但通过合理设置参数、实施剪枝策略及采用集成方法，可以在保持模型解释性的同时，有效提升模型的泛化性能。在实际应用中，决策树广泛应用于金融风险评估、医疗诊断、市场营销、图像识别等多个领域，是数据科学家工具箱中的重要组件。

2.4.5 风险评估矩阵

风险评估矩阵的起源可以追溯至风险管理的发展历史。风险管理是一个古老的概念，最早可以追溯至渔民在出海捕鱼时祈求平安的习俗。渔民深知海洋的不可预测性和危险性，这种对风险的认知逐渐演变成了现代风险管理的理论基础。

风险评估矩阵是一种定性的风险评估分析方法，将危险发生的可能性和伤害的严重程度综合起来评估风险大小。这种方法通过图表形式来可视化风险，帮助决策者更好地理解和管理风险。风险评估矩阵通过将发生风险的概率和影响程度进行量化，用于识别、评估和优先处理项目或活动中的风险，帮助决策者更好地了解和管理风险。风险评估矩阵通常由一个二维矩阵组成，横轴表示发生风险的可能性，纵轴表示风险的影响程度。矩阵中的单元格可以用不同的颜色或数字表示风险的等级，通常颜色越深或数字越大表示风险的等级越高。

矩阵法风险评估的步骤如下。

（1）确定评估范围

需要明确评估的范围包括评估的对象、评估的时间段等。

（2）识别风险

识别风险是指对评估范围内的各项活动、过程、事件进行全面的风险识别，可以借助头脑风暴、经验分享等方法。

（3）评估风险可能性

对每个识别出的风险，需评估其发生的可能性，常用的评估等级有高、中、低等。

（4）评估风险影响程度

对每个识别出的风险，需评估其对项目或组织的影响程度，常用的评估等级有高、中、低等。

（5）绘制风险评估矩阵

需根据评估结果，将风险可能性和影响程度绘制成矩阵，通常将可能性作为横轴，影响程度作为纵轴。

（6）评估风险等级

需根据风险评估矩阵，将每个风险对应的可能性和影响程度组合，得出相应的风险等级，常用的评估等级有高、中、低等。

（7）制定风险应对策略

需根据风险等级，制定相应的风险应对策略，包括风险避免、风险转移、风险减轻等。

（8）监控和更新

需定期监控已评估的风险，及时更新风险评估结果，确保评估的准确性和有效性。

在现代，风险评估矩阵被广泛应用于各个领域，包括企业风险管理、项目管理、安全评估等。在项目规划阶段，通过风险评估矩阵识别潜在的风险，并制定相应的应对措施。在企业运营过程中，定期进行风险评估，确保企业的稳定运行。风险评估矩阵不仅是一种工具，更是一种系统的风险管理方法，帮助组织识别、评估和应对潜在的风险。

2.4.6 工作分解结构

工作分解结构最早由美国国防部提出，作为一种范围管理的工具。20世纪70年代，国外将工作分解结构作为工程项目管理的基本方法。1997年，国际标准化组织将工作分解结构写入《质量管理 项目质量管理指南》（ISO 10006）中。

工作分解结构用于将一个项目按照一定的原则分解成更小的任务和工作包。工作分解结构以可交付成果为导向，对项目要素进行分组，定义和描述项目的整个工作范围。每层级的下降代表对项目工作更详细的定义。工作分解结构是项目管理中非常重要的一种工具，用于制订进度计划、资源需求、成本预算、风险管理计划、采购计划等。

工作分解结构可以分为不同的类型，包括纲要结构和项目族工作分解结构。纲要结构用于指导性和战略性工作分解，通常包括整个系统、重大单元和从属于第二级的单元三级。项目族工作分解结构集成了项目族中各项目的工作分解结构元素，是一种虚拟的工作分解结构。

工作分解结构在项目管理中有多种用途。例如，规划和设计工具帮助项目经理及团队确定与管理项目工作；结构设计工具能够清晰地表示各项目工作之间的联系；计划工具能够展现项目全貌，详细说明必须完成的工作；报告工具能够定义里程碑事件，向管理层和客户报告项目完成情况。

工作分解结构的具体步骤如下。

（1）明确并识别出项目的各主要组成部分

这一步要明确项目的主要可交付成果。一般来讲，项目的主要组成部分包括项目的可交付成果和项目管理的本身。在进行这一步时需要解答的问题是，要实现项目的目标需要完成哪些主要工作。

（2）确定每个可交付成果的详细程度

需确定可交付成品是否已经达到了足以编制恰当的成本估算和历时估算的要求。若是则进入第（4）步，否则进入第（3）步。

（3）确定可交付成果的组成元素

组成元素应当用切实的、可验证的结果来描述，以便进行绩效测量。这一步要解决的问题是完成上述各组成部分、明确有哪些更具体的工作要做。

（4）核实分解的正确性

要确定底层项对项目分解来说是不是必要且充分的，如果不是，则必须修改组成元素；每项的定义是否清晰完整，如果不完整，则需要修改或扩展描述；每项是否都能够恰当地编制进度和预算，是否能够分配到接受职责并能够圆满完成这项工作的具体组织单元，如果不能，需要做必要的修改，以便提供合适的管理控制。

2.4.7 挣值分析

挣值分析起源于1967年，由美国国防部开发并成功应用于国防工程中。挣值分析的核心是将项目在任一时间的计划指标、完成状况和资源耗费综合度量，通过将进度转化为货币、人工时或工程量，来准确描述项目的进展状态，并预测可能发生的工期滞后量和费用超支量，从而及时采取纠正措施。挣值分析是一种综合衡量项目的时间、进度和成本的实施情况的方法，人们通过直接分析进度和成本的变动情况，能够及时洞察项目的健康状况，以便发现问题，及早解决问题。

挣值分析的3个基本参数包括计划值、实际成本、挣值。计划值又叫计划工作量的预算费用，是指在某时间点，计划要完成的工作所需投入的资金或资源。实际成本是已完成工作量的实际费用。挣值是已完成工作或已实现的工作价值的预算成本。

挣值分析的 4 个评价指标包括进度偏差、成本偏差、成本执行指标、进度执行指标。进度偏差是指检查日期已完成工作量的预算费用与计划工作预算费用或计划工程投资额之间的差异。成本偏差是指检查期间已完成工作量的预算费用与已完成工作量的实际费用之间的差异。成本执行指标是指已完成工作的预算成本与实际成本的比率。进度执行指标是指已完成工作的预算时间与实际时间的比率。

挣值分析的步骤主要包括以下关键环节。

（1）建立项目的工作分解结构

这是挣值分析的基础，通过将项目分解为可管理的任务，确保每个任务都有明确的预算和进度要求。

（2）编制切合实际的工作进度计划

需根据工作分解结构，制订详细的工作进度计划，包括每个任务的开始时间和结束时间。

（3）确定人工时和费用的预算

需为每个任务分配预算，包括人力成本和其他相关费用。

（4）建立完整的质量保证程序

需确保项目按照既定的质量标准执行，并在必要时进行调整。

（5）收集数据并进行计算

需收集实际完成的工作量、实际成本和计划工作量等数据，计算关键指标，如计划值、实际成本、挣值等。

（6）分析偏差

需通过计算进度偏差和成本偏差，评估项目是否按计划进行，以及是否存在偏差。

（7）采取纠正措施

需根据分析结果，及时采取纠正措施，调整项目计划，确保项目按预期目标进行。

（8）预测项目完成情况

需根据当前的挣值分析结果，预测项目完成时的总成本和进度，包括完工估算、完工尚需估算。

通过这些步骤，挣值分析能够帮助项目经理全面了解项目的进度和费用情况，及时发现并解决潜在问题，确保项目顺利进行。

2.4.8 关键路径法

关键路径法最初用于协调企业不同业务部门的系统规划，随着时间的推移，逐渐被推广到其他行业，成为项目管理中常用的工具。关键路径法是一种项目管理技术，用于确定项目中的关键路径，即决定项目最早完成日期的活动序列。关键路径法通过分析项目中的各个活动及其持续时间，找出那些对项目总工期影响最大的活动路径。这些活动路径上的任何延误都会导致项目总工期的延长。

关键路径法在实际应用中非常广泛，特别是在工程项目管理和电子设计自动化领域。在工程项目管理中，关键路径法帮助项目经理识别和优先处理关键任务，确保项目按时完成。在电子设计自动化中，关键路径法用于优化电路设计，提高设计效率。关键路径法帮助项目经理识别和控制项目中的关键活动，确保项目按时完成。此外，关键路径法还在诉讼中被用来确定工期延误的责任，成为工期延误索赔中必需的方法。

关键路径法将整个项目分解成一系列的工作任务，将这些任务以流程图的形式展示出来，然后根据每个任务预估的时间框架来计算整个项目的持续时间。它的优势在于能够确定最重要的任务、帮助缩短时间表、比较计划与实际情况。

具体步骤如下：画出网络图，以节点标明事件，由箭头代表活动；标出每项活动的持续时间；计算每项活动的最早结束时间；确定整个项目的完成时间；从右向左计算每项活动的最迟结束时间；确定每项活动的时差；找出时差为零的活动，即关键路径。

关键路径法在项目管理中具有重要意义，主要体现在以下几个方面。

（1）确定关键任务和路径

通过识别项目中的关键任务和路径，帮助项目经理更好地分配资源，优化进度计划，并确保项目按时完成。

（2）优化项目进度

通过计算项目的最短完成时间，帮助项目经理识别潜在的延误风险，并采取相应的措施来避免或降低这些风险。

（3）资源分配和进度控制

在不影响工程进度的情况下，从非关键工序中适当抽调人力物力用于关键工序，以达到缩短工期、合理利用资源的目的。

（4）提高设计速度

在工程设计领域，通过优化关键路径，反复使用直到不可能减少关键路径延时为止，从而提高设计速度。

关键路径法提供了一种系统的方法来估算项目工期和资源需求，能够帮助项目经理识别项目的关键路径，确保项目按时完成。在使用关键路径法时，也应充分考虑其缺点。例如，对项目变化的适应性较差，一旦关键路径上的活动延误，整个项目工期就会延长；没有考虑资源的使用，可能导致资源冲突；对非关键链上的时间控制不够重视，可能导致项目总工期的延长。

综上所述，关键路径法在项目管理中具有重要作用，通过优化关键路径和合理分配资源，能够显著提高项目的执行效率和成功率。

2.4.9　SWOT 分析法

SWOT 分析法的起源可以追溯至 20 世纪 80 年代初，由美国旧金山大学的管理学教授提出。SWOT 分析法是一种常用的战略规划工具，通过对企业自身的优势（Strengths）、劣势（Weaknesses）、机会（Opportunities）和威胁（Threats）进行全面、系统、准确的研究，帮助企业制定相应的发展战略、计划、对策等。这种方法不仅有助于企业深入了解自身状况，还能为企业在市场竞争中提供有力的支撑。

例如，SWOT 分析法可以帮助人们了解企业的优势和劣势，通过分析企业内部的优势和劣势，可以帮助企业发现自身的优势和劣势所在，从而更好地发挥自身优势，改进劣势；发现企业的机会和威胁，通过分析外部环境的机会和威胁，可以帮助企业了解市场趋势、竞争对手、政策环境等因素对企业的影响，从而制定出更加有效的战略决策；制定企业战略，通过综合分析企业的优势、劣势、机会和威胁，可以帮助企业制定出更加有效的战略决策，以适应市场变化和提高企业竞争力；评估战略效果，通过 SWOT 分析，企业可以对自己的战略进行评估，了解战略的优劣，从而及时调整战略，提高战略实施的效果。

SWOT 分析法包括以下 4 个方面。

优势：企业内部的强项，如技术、市场地位、品牌知名度等。

劣势：企业内部的弱点，如资源不足、管理不善等。

机会：外部环境提供的机遇，如市场需求增长、新技术出现等。

威胁：外部环境带来的挑战，如竞争对手的强势进入、政策变化等。

在实际运用时，首先应分析环境因素。利用各种调查研究方法，分析出企业所处的各种环境因素，包括外部环境因素和内部能力因素。在调查分析这些因素时，不仅要考虑企业的历史与现状，还要考虑企业的未来发展。

其次是构造 SWOT 矩阵。将调查得出的各种因素根据轻重缓急或影响程度等进行排序，构造 SWOT 矩阵。在此过程中，将那些对企业发展有直接的、重要的、大量的、迫切的、久远的影响因素优先排列出来，而将那些间接的、次要的、少许的、不急的、短暂的影响因素排列在后面。

再次为制订行动计划。在完成环境因素分析和 SWOT 矩阵的构造后，便可以制订出相应的行动计划。制订计划的基本思路如下：发挥优势因素、克服劣势因素、利用机会因素、化解威胁因素。

最后是考虑过去、立足当前、着眼未来。企业运用系统分析的综合分析方法，将排列与考虑的各种环境因素相互匹配起来加以组合，得出一系列未来发展的可选择对策。

SWOT 分析法广泛应用于企业战略规划、市场分析、项目评估等场景。然而，SWOT 分析法也有一定的局限性，例如，可能过于静态，无法及时反映外部环境的变化；可能过于主观，依赖于分析者的判断和经验；可能忽略一些重要的外部因素等。为了弥补这些局限性，人们引入高级 SWOT 分析法，以更全面和动态地分析企业和市场环境。

2.4.10　5W2H 分析法

5W2H 分析法又称七问分析法，是创立于第二次世界大战期间美国陆军兵器修理部的一种决策分析法。这种方法简单、方便、易于理解，富有启意义，被广泛用于企业管理和技术活动，对于决策和执行性的活动措施也非常有帮助，有助于弥补决策者考虑问题的疏漏。

5W2H 通过全面回答 7 个问题，深入分析问题的各个方面，为制定明智的解决方案提供全面参考。具体内容如下。

What（什么）：强调问题的本质是什么、关键问题是什么，明确问题的核心。

Why（为什么）：探究问题发生的原因，为何其会成为问题，并分析问题的根本成因。

Where（在哪里）：确定问题发生的地点，确定问题在哪个区域、部门或环境中发生。

When（何时）：确定问题发生的时间，有助于分析问题是否具有时效性。

Who（谁）：强调问题的责任方是谁，有助于明确责任。

How（如何）：分析问题的发生过程、问题是如何产生的，有助于理解问题的细节。

How much（多少）：强调问题的规模和影响程度，有助于了解问题的重要性。

通过对这 7 个问题的回答，可以准确界定和清晰表述问题，提高工作效率，有效掌控事件的本质，避免遗漏项目。

在项目启动阶段，使用 5W2H 分析法能够明确项目目标、计划、关键节点等，如确定项目的本质是什么、为什么要开展这个项目、项目发生在哪里、项目什么时候实施、谁是项目的关键责任人、项目的执行过程如何、项目所需的资源和成本有多少等。

在团队协作中，使用 5W2H 分析法可以帮助团队明确决策的目的、原因、执行地点、时间、责任人、方式及决策的规模和影响。这有助于团队制订明确的行动计划，确保决策的执行力和效果。

面对工作和生活中的问题，通过 5W2H 分析法可以深入了解问题的本质，迅速找到解决问题的关键节点，如确定问题的本质是什么、为什么会发生这个问题、问题发生在哪里、问题什么时候发生、谁是问题的责任人、问题的发生过程如何、问题的规模和影响有多大等。

在个人成长中，5W2H 分析法同样有用。个人通过 5W2H 分析法确定自己的目标是什么、为什么追求这个目标、在哪里追求目标、什么时候追求目标、谁是实现目标的关键责任人、实现目标的方式是什么、实现目标需要多少资源和投入等，规划和管理个人成长。

2.5 项目管理软件及公司

2.5.1 软件

项目管理软件旨在帮助团队计划、执行、监控和完成项目。这些软件通过提供一个集中的平台来跟踪任务、分配工作、设置截止日期、管理资源和预算，使项目团队能够更有效地协作和沟通。项目管理软件通常包括任务分配、进度跟踪、文件共享、通信工具和报告功能，增加了项目的透明度和可追踪性。利用项目管理软件，项目团队可以即时查看项目状态，识别潜在的技术瓶颈和项目风险，同时优化资源分配和时间管理。这类软件不仅适用于各种规模的团队和项目，还能够根据特定需求定制，提高项目成功率并确保按时、按预算完成项目。

主流的项目管理软件有 PingCode、Worktile、简道云、进度猫、禅道、Asana、Wrike、Smartsheet、Microsoft Project 和 Airtable 等。

PingCode 是一款为研发团队设计的全流程管理软件，支持软件产品研发全生命周期闭环管理，包括工单、需求、规划、开发、编码、构建、测试、发布、效能、文档、资源、工时等。PingCode 支持敏捷开发、瀑布开发、看板项目管理、混合项目管理，并集成企业管理工具。PingCode 的优势在于其具有简洁统一的界面设计和开箱即用的模板，提供了强大的本地化支持和定制能力，适合有信息技术应用创新、国产系统诉求的国央企及政府机构使用。

Worktile 是一个被广泛使用的企业级协作平台，专注于提升组织的项目管理效率和团队协作。Worktile 提供了包括任务管理、项目跟踪、数据统计和报表、实时协作工具、目标管理等核心功能。Worktile 支持自定义，适用于各类企业和团队，尤其是互联网、科技等领域。其功能全面，操作简单，适合多种项目管理模式。

简道云是一个零代码应用搭建平台，在项目管理方面也有出色的表现。简道云具有高度的灵活性和定制化能力，允许用户通过拖动组件等方式快速搭建个性化的项目管理系统，用户无须专业的编程知识，适用于各类规模的企业和团队，尤其是中小企业和业务变化较快的团队。

进度猫是一款以甘特图为向导的轻量级可视化在线项目管理软件，提供丰富的功能和灵活的操作方式。进度猫通过甘特图直观地展示项目的进度和具体任务清单，支持任务分配、优先级设置、截止日期调整等功能。进度猫适用于简化工作流程，提高项目执行效率，支持多用户协作和实时消息提醒。

禅道是一款国产开源项目管理软件，包括项目集管理、产品管理、质量管理、知识库等功能。禅道适用于敏捷开发和传统项目管理的项目团队，提供全生命周期和一体化的项目管理解决方案。禅道支持私有化部署和 SaaS 云部署，确保数据安全，提供灵活定制。

Asana 是一款流行的项目管理工具，支持任务管理、项目跟踪和团队协作。Asana 提供甘特图和看板视图，帮助团队成员实时更新任务进度和查看

项目状态。Asana 适用于各种规模的企业和团队，特别适合需要高度协作和透明度管理的项目。

Wrike 是一个在线协作平台，提供任务管理、项目跟踪和资源分配等功能。Wrike 支持多种视图模式，如甘特图和看板视图，帮助团队成员协同工作并实时更新任务进度。

Smartsheet 是一个基于云的协作平台，提供工作表和仪表板功能，帮助团队管理和跟踪项目进度。Smartsheet 支持自定义报告和自动化工作流程，适用于需要高度可视化和数据分析的项目。

Microsoft Project 是一款专业的项目管理软件，适用于各种规模和行业的项目。Microsoft Project 提供甘特图和项目管理工具，支持资源分配和进度跟踪，特别适合需要详细计划和资源管理的项目。

Airtable 是一个灵活的数据库工具，支持项目管理、团队协作和数据存储。Airtable 提供自定义视图和报表功能，适用于需要高度定制化和数据管理的项目。

2.5.2 公司

项目管理公司是专门提供项目管理服务的机构，帮助企业规划、执行和控制项目，以确保项目按时、按预算和按要求完成。以下简述 5 个项目管理公司的发展历程，包括贝克特尔（Bechtel）、福陆（Fluor）、埃森哲（Accenture）、麦肯锡（McKinsey）、波士顿咨询集团（Boston Consulting Group）。

贝克特尔成立于 1898 年，总部位于美国旧金山，是全球领先的工程、施工和项目管理公司之一。贝克特尔在全球范围内完成了数千个项目，涵盖了基础设施、能源、政府和商业等多个领域。贝克特尔以其广泛的项目管理经验和全球化的运营能力而著称，其在基础设施、能源、政府和商业领域提供专业的项目管理服务，其卓越的执行能力和创新的管理方法使其在全球范围内备受推崇。贝克特尔通过应用先进的项目管理工具和技术，确保项目的高效交付和高质量控制，如旧金山海湾大桥、阿布扎比国际机场的扩建项目。贝克特尔最初专注于铁路建设，随着时间的推移，逐渐扩展到其他工程领域。贝克特尔的核心业务包括基础设施建设、能源项目、政府项目和商业项目。贝克特尔在这些领域提供全方位的项目管理服务，从项目规划、设计、施工到运营和维护，确保项目按时、按预算、高质量地交付。此外，贝克特尔注重人才培养和团队合作，通过持续的培训和发展计划，确保员工具备最新的项目管理知识和技能。

福陆成立于 1912 年，总部位于美国欧文，是一家全球领先的工程、采购、施工和项目管理公司。福陆在全球范围内提供广泛的服务，涵盖石油和天然气、化工、基础设施、电力、政府和工业等领域。福陆最初是一家建筑公司，后逐渐扩展到工程和项目管理领域。成功案例包括卡塔尔液化天然气项目和澳大利亚铁矿石项目。福陆的核心业务包括工程、采购、施工和项目管理。福陆注重风险管理和质量控制，通过严格的流程和标准，确保项目的安全性和可靠性，为政府和工业领域提供全方位的服务，确保项目按时、按预算、高质量地完成。

埃森哲是一家全球领先的专业服务公司，提供策略、咨询、数字化、技术和运营等一系列服务。埃森哲以高效的项目管理和创新解决方案闻名于世，帮助客户通过技术创新实现业务价值的最大化。埃森哲拥有丰富的行业经验和技术专长，能够在众多领域提供定制化服务，包括金融服务、健康与公共服务、能源、零售等。成功案例包括多家全球顶级银行的数字化转型项目。埃森哲的强大之处在于其对新兴技术的深入研究和应用。埃森哲不断投资于人工智能、云计算、区块链等技术，通过这些技术推动客户的数字化转型。此外，埃森哲还拥有一个庞大的创新网络，包括众多创新中心、研发实验室，以及与全球顶尖学术机构和企业的合作关系，这些都为其项目管理能力提供了强有力的支撑。

麦肯锡是世界上最著名的管理咨询公司之一，以帮助全球领先的企业和机构解决棘手的问题而闻名。麦肯锡的项目管理服务以高标准的专业性和深入的行业洞察力见长。麦肯锡不仅在战略、营销、组织、运营等领域有深厚的积累，而且在数字化转型、企业重组、风险管理等方面也有出色的表现。麦肯锡的强项是其独特的问题解决方法论和严谨的工作态度。麦肯锡致力于为客户提供量身定制的解决方案，帮助客户实现长期可持续的增长。此外，麦肯锡还非常注重知识的积累和分享，拥有庞大的研究资源和专业出版物，这些都极大地支持了其项目管理和咨询服务的质量。

波士顿咨询集团是全球领先的管理咨询公司之一，以创新的思维和策略为企业提供转型服务著称。波士顿咨询集团专注于帮助客户在复杂的商业环境中寻找成长机会，通过创新和数字化转型来提高竞争力。波士顿咨询集团的项目管理服务以高效、创新、客户导向为特点，能够帮助客户在不断变化的市场环境中找到新的增长点。波士顿咨询集团强调战略与执行的结合，通

过其独特的"优势之轮"模型帮助客户实现业务的全面优化。波士顿咨询集团还非常重视数据和分析在决策过程中的作用，拥有先进的数据分析工具和方法论，能够为客户提供基于事实的洞察和解决方案。此外，波士顿咨询集团还建立了一个全球性的知识网络，能够将全球的资源和专家知识集成到每个项目中，为客户提供最佳的项目管理服务。

综上所述，全球领先的项目管理公司在各自领域具有丰富的经验和显著的优势，通过采用先进的项目管理工具和技术，确保项目的高效交付和高质量控制。此外，这些公司注重创新和可持续发展，不断引入新的技术和方法，以提升项目的价值和影响力。

第三章
装备领域项目管理发展及特点

3.1 美军对项目管理发展的促进

3.1.1 美军与项目管理的渊源

美国的项目管理起源于第二次世界大战后，是由以军事和航空航天项目为主的需求推动的，其发展过程主要有以下几个阶段：军事和航空航天项目的推动、项目管理专业机构的形成、信息技术的引入、项目管理理论的完善、项目管理软件的发展。其中，军事和航空航天项目的推动阶段是美国项目管理的起始阶段。

在第二次世界大战期间，美军面临着庞大而复杂的任务，需要有效地组织和管理大规模的项目，以实现战争目标。为了应对这一挑战，美军采用了一种全新的管理方法，即项目管理。军事项目管理的发展对于美国项目管理的形成起到了至关重要的作用。美军为了有效地组织和管理军事项目，采用了一系列管理技术和方法，包括项目计划、资源分配、进度控制、风险管理等。之后，这些军事项目管理的经验和技术逐渐在美国的其他领域得到应用，成为美国项目管理的基础。

第二次世界大战后，美国政府在军事和航空航天方面投入了大量资金。这些项目规模巨大、技术复杂、时间紧迫，传统的管理方式已经无法满足需求，这就催生了项目管理。项目管理以高效、灵活的特点，很好地满足了这些项目的需求，被广泛应用并得到了发展。这一阶段的代表性项目是曼哈顿计划和阿波罗计划。

20世纪50年代，军事项目管理作为正式的管理组织形式，首先在军事和航空航天集团得以应用。第一次正式使用是在负责第一枚洲际弹道导弹研

制的空军西部开发部，以及负责第一枚舰载弹道导弹研制与装配的海军特殊项目办公室。这种方法很快推广到了陆军，陆军将其用于管理战略弹道导弹和反弹道导弹规划方面的非固定性工作。后来一些主要的工业部门、政府也采用军事项目管理方法。这种组织形式被广泛使用，使用范围进一步扩大。

这种管理方法在实践中证明了其有效性，为项目的成功实施提供了重要支持。

3.1.2　组织形式的促进

为了更好地执行并完成项目，提高项目的效率和质量，军工行业开创了两种项目管理组织形式：第一种项目管理组织是一个独立运行、独自解决问题的实体；第二种项目管理组织叠加在垂直的多级管理的职能机构上。无论是哪种组织形式，该管理方法都可以根据开展工作的需要，临时组建灵便的组织，把管理的注意力与权力集中到成果目标上，而不是例行公事上。

美军国防部早期按照项目管理主要职责及权限将管理系统划分为五大职能分系统，分别管理项目的目标确立、资源分配、资源获取、资源利用、评定调整，开创性地运用了系统管理方法，以应对美国军事部门日益庞大、复杂的状况。美军对系统管理的基本贡献在于，不仅阐明了按系统实施管理的概念，还体现了按系统进行组织的做法。

美军确立了上下级指挥和参谋咨询方式，也可以说是对管理理论实践应用的一种尝试。军事指挥员需要听取建议、获得帮助，但是这些建议和帮助既不能从上司那里获取，也不能从下属那里获取，于是，军事参谋应运而生。美军早期出现的参谋人员，起初只是军事将领的私人随从或专门技术顾问。19世纪后期，随着总参谋部的建立，参谋人员的职责发生了显著变化，从充当军事首脑顾问变成负责协调作战行动的主要负责人。这种指挥渠道与参谋机构相结合的组织方式在军队中发挥了重要作用，很多企业也纷纷效仿，用于解决日益复杂的管理问题。

3.1.3　管理方法的促进

美国国防部将系统管理方法引入国防部的科研计划预算编制中，用来帮助采购决策人员分配有利于作战任务的资源。进行系统管理的主要目的是争取最高的效能及最低的费用，包括确定目标和假设、寻求解决方法、研究和比较模型与备用方法、判断和确定最终结果。系统管理方法直接促进了项目

管理的科学发展。

运筹学在项目管理上的应用也起源于军方的战术需求。1940 年，英国聚集各领域科学家并成立小组，帮助军方寻求能够发挥雷达作用的最佳方案。从此，运筹学应运而生。美军于两年后采用了这种方法，并向美国工商界大力推广。运筹学对于项目管理的主要贡献在于，可用来建立一种模型，借以模拟经营情况、预测工作结果，同时分析经营系统管理方法如何适应不同的因素或条件。通过模拟和分析，研究人员可以改进经营方针或程序，制定对系统自身进行调整或优化的理想方案。

美军对管理信息系统的贡献表现在以下两个方面。第一，部队发展了作战指挥与控制系统，其具有查询和模拟的特征，以便预测。这些军用系统为后来工业界中管理信息系统的发展奠定了基础，实现了操作规程和短期决策的自动化。第二，美军率先使用了商用的管理信息系统，用来管理人员和装备。美军还同国家航空与航天局联合研制了一种情报检索系统，用于相关研制工作。美军不但研制了管理信息系统，而且通过实际示范推进了管理信息系统的发展，使之能够适应工业管理的要求。

美军管理检查的起源可追溯至 1777 年美国独立战争起义军中的监察长办公室。直到 1930 年，这种检查理念才被私人企业认可。概括地讲，陆、海、空三军监察长系统，一般通过巡视调查、查阅档案和访问人员等方法从事其检查活动。其他政府部门或民间的管理检查工作，均效仿军事系统。监察工作深入调研的问题包括执行情况的评议、方针政策的分析、人们为实现组织既定的目标所采用的方式/方法等。无论是军方的还是私企的监察活动，其目的都是评估采用的管理手段是否有效，以及投入的资源是否合理。因此，所谓检查管理工作，可能是一项调查工作、一项评价工作或一项为解决具体问题而进行的工作。检查活动的途径可以是司法方面的、财会方面的或安保方面的，但根本目的是评价受查单位的工作效率。

美军一直把培养与培训下级官员视为其管理工作的任务之一。因此，目前每个军种都实行有计划、按步骤的晋升制度。根据这种制度，年轻的军官通常作为专业人员，努力丰富知识，提高能力，以谋晋升。在美军的带动下，政府民用部门制订了职员培训计划。近年来，许多厂商意识到必须保证源源不断地补充合格人员，并着手培养（不是招聘）管理人员。美军培养人才的做法包括培养与熏陶非管理人员、教育和训练各级管理人员、反复考核和选拔管理人员、丰富管理人员的经验、待管理人员获准进修深造时再调离现职。

这些人员培训做法已经被应用到那些组织规模较大、需要正规培养专业管理人员的私企。

3.1.4　技术水平的促进

许多计算机技术的重大改进是在美军推动下发生的，其中包括实时处理、联机操作和时间划分等方面的改进，决策模拟和决策自动化工作也有所发展。这些发展主要是为了满足军事战术或作战的需要，也有一些是为了满足工业界和国防部的私营承包商的需要。总体而言，美军对计算机管理的贡献主要体现在对计算机技术的研制工作上。后来这些研制思路被企业管理人员应用，辅助自己管理企业。

在当代美军对管理工作的所有贡献中，计划协调技术可以说是较为著名的。计划协调技术是制订计划和安排进度所用的方法，首次被应用于管理"北极星"潜艇导弹计划时，以网络的图解形式表示一项计划中的各种重要事件与活动，并附有完成计划的估计时间。网络展示了计划执行过程中的主要步骤和估算的完成每个步骤所需的时间。使用这种网络模型，分析人员能够计算加权平均数、总数和各种统计参数，以便确定关键路径，估算满足计划进度要求的概率。这些计算、分析结果明显反映出哪些方面需要负责人采取补偿措施。正因为有这种管理大型计划的效能，计划协调技术现已成了管理工作中的重要一环。

德尔菲预测法是由科学家根据美国空军的一项合同开创的，实际上是美军力图把预测艺术转化为一门科学而进行的尝试。德尔菲预测法以其预测技术而闻名，并能有效地收集专家对某项事务的意见，以供使用者主观决策。德尔菲预测法通常分为4个阶段。第一阶段是参加者交流情报；第二阶段是调查了解专家小组的观点；第三阶段是分析、研究各种不同的看法及意见分歧的形成原因；第四阶段是综合各种情报，归纳出合理的一致性意见。德尔菲预测法最初用于合理地估算苏联向美国发动核攻击的概率。之后，这种科学方法被广泛应用于工商系统的各种预测工作。

3.2　我国国防科研的发展

3.2.1　发展阶段

我国国防科研事业从起步发展至今，逐步建立起了完整配套的体系架

构，具备了自主研发装备和创新技术的能力，取得了突破性进展。我国国防科研发展主要分为 5 个阶段。

1. 初步创立阶段

1949 年至 1959 年是我国国防工业初步创立阶段。在这个阶段，国防工业基础十分薄弱，军工企业不仅数量较少，还都存在专业门类不全、科技水平低等明显短板。当时军工企业落后的技术水平根本不具备研制和生产现代化装备的条件和能力，只能进行旧式装备的简单维修和小批量生产。

面对这种局面，我国政府高瞻远瞩，意识到国防科技的重要性，强调必须大力发展国防科技。我国积极争取苏联援助，从仿制苏式装备开始，逐步学习苏式理论体系，并应用于科研实践。在这个阶段，我国国防科技整体以苏联为样板，建立了最初的理论体系架构。

首先，确立国防科技的突出地位并规划发展重点。1956 年，党中央发出"向科学进军"的伟大号召，国务院成立了科学规划委员会，制定了《1956—1967 年科学技术发展远景规划纲要》(以下简称《纲要》)。《纲要》确定了重点发展原子能技术、喷气与火箭技术、半导体技术、电子计算机技术、自动控制技术等。《纲要》指明了当时我国国防科技的发展方向，为后续国防科技的发展奠定了坚实的基础。

其次，建立我国国防科技统一管理体系。第二次世界大战以后，世界科学技术发展进入高度专业化且综合化的大科学时代，完成一项重大科研项目往往需要组织各类科研人员进行集智攻关。在这一背景下，中共中央采取国家主导、政府协同、高度计划、专家与行政指挥人员相结合的模式建立国防科研机构。1956 年起我国陆续组建了航空工业委员会、导弹研究院和核武器研究所等科研机构。1958 年，为了加强国防科研的组织领导，更好地发挥各方面的积极作用，中共中央批准成立国防部国防科学技术委员会。从此，我国有了统一管理国防科技发展工作的机构，有利于实现研究、试制、使用的密切结合，也标志着一个配套的国防科技体系初步形成。

最后，通过仿制、改进奠定国防科技自主研发的基础。中共中央在制定《纲要》时明确提出，为了更好地服务于社会主义建设，必须努力使我国科学技术工作逐步走上自立的道路。这确定了国防科技独立自主发展的基点。在自身科研能力尚不成熟的情况下，我国国防科技体系"以苏联为师"起步创建。1950 年 10 月，周恩来在与斯大林会晤商谈关于苏联对中国的武器装

备援助时，提出希望苏方提供陆军轻武器的制造蓝图供中国仿造。1954年，中苏签订了科技合作协定，我国从仿制苏式旧装备转向仿制苏式现役装备，取得了长足进步。经过艰苦努力，到20世纪50年代末，我国已初步具备了仿制生产比较先进的武器装备的能力，使我军的装备实现了制式化，大大缩小了与外军在常规武器装备上的差距。

2．自力更生阶段

1960年苏联停援后，我国国防科技走上独立自主、自力更生的道路。面对国内外诸多不利因素，广大科技人员攻坚克难、不懈探索，使国防尖端技术取得了举世瞩目的重大突破。原子弹、地地导弹、氢弹、人造卫星在10年时间里相继研制成功，奠定了后来我国大国地位的强大根基。我国统筹推进科研与生产协调发展，1967年，国防科研单位被调整改组为18个研究院，使分散的科技力量得到了补充和集中。此后，我国维护科研秩序，明确肯定"科研十四条"的正确性，努力团结和保护广大科技人员，力保科研项目正常进行，整顿科研生产秩序。

3．调整改革阶段

党的十一届三中全会以后，国家工作重心转移到经济建设上来，提出军队要服从国家经济建设大局，军费投入在改革开放初期大幅缩减。随着世界科学技术的迅猛发展，装备技术日趋复杂，研发成本成倍增加，资金短缺成为制约我国军事装备发展的突出问题。在资金投入不足的过渡时期，中共中央明确了"科研先行"方针，着力在国防科技事业的战略设计和体制机制层面实施调整改革，为后续的国防科技跨越式发展积蓄了力量。

为解决国防工业长期存在的规模大、战线长、多头分散、科研与生产相分离等问题，中共中央在1982年决定将中国人民解放军国防科学技术委员会、国务院国防工业办公室、中央军委科学技术装备委员会办公室合并，成立国防科学技术工业委员会（以下简称"国防科工委"），初步实现了对国防科研、生产的集中统一管理。

1982年，新成立的国防科工委将组织国防科学技术的应用研究和预先研究列为主要职责之一。1984年，国防科工委要求各国防工业部委采取措施，把发展战略研究工作与对策研究紧密地结合起来。早期科学研究的扎实开展推动了当时载人航天技术从试验走向应用，重大预研成果成功应用在新一代

战略武器、歼-10飞机、新型坦克等在研的重大型号装备上，为高新技术军事装备发展奠定了技术基础。

改革开放后，我国加强了与西方国家的军事交往，为加强国防科技对外技术交流与合作提供了良好机遇。这一时期，我国通过引进先进军事武器，并积极开展大型风洞、通信设备等技术国际合作，打破了长期以来我国国防科研相对封闭的局面。军工企业没有机械地照搬，而是自主进行改良升级，并实现生产线与西方国家生产线接轨。

4．加速追赶阶段

1991年爆发的海湾战争标志着世界迎来军事变革。中共中央、中央军委审时度势，提出军队建设要由数量规模型向质量效能型、由人力密集型向科技密集型转变；而后，相继提出国防和军队现代化建设"三步走"战略、军队机械化和信息化建设双重历史任务、打赢信息化战争等战略思想，对国防科技发展提出了更高的要求。经过多年的改革开放，我国积累了一定的物质经济基础，为国防科技实现跨越式发展提供了有力支撑。中共中央对国防科技事业的重视和投入达到了前所未有的程度。

1995年12月，中央军委明确提出了科技强军战略。中共中央陆续出台了一系列法规，强力推进《国家重点基础研究发展计划》，瞄准国防基础技术、非对称技术、"撒手锏"装备等重点任务。这一时期，中共中央对国防科技的投入显著增长，国防科技发展得到了很好的经费支持和物质保障，军工科研硕果累累、捷报频传，国防科技进步为军队战斗力提升奠定了重要基础。

党的十四大、十五大接续提出建立社会主义市场经济体制的改革目标。国防科技工业管理按照政企分开，以及精简、统一、效能的原则，由计划经济体制向市场经济体制过渡。1998年，国务院组建了新的国防科工委，并成立了国防科工委科技委作为高级技术顾问班子，更好地对国防科技工业实施集中管理和监督。同年，中央军委决定成立总装备部以集中统一领导全军装备的建设发展，从而优化了装备经费供应渠道，为产研结合奠定了体制基础。中央军委领导下的总装备部和国务院领导下的国防科工委，较好地解决了军政不分、职能交叉给科研管理带来的诸多问题。

5. 创新驱动阶段

我国站在国家安全与发展战略全局的高度，提出科技是核心战斗力的科学论断，要求充分发挥创新驱动发展作用，培育战斗力增长点。我国深入实施创新驱动发展战略、科技强军战略，坚持面向战场、面向部队、面向未来，将国防科技发展的命脉牢牢掌握在自己手中。

我国坚持自主创新战略基点、超前布局。党中央紧紧抓住自主创新这个战略基点，于 2015 年正式启动了《国家重点研发计划》。2016 年，中共中央、国务院制定了《国家创新驱动发展战略纲要》，明确规划了我国科技事业的发展目标，即到 2020 年进入创新型国家行列，到 2030 年跻身创新型国家前列，到 2050 年建成世界科技创新强国。同时，我国建立国防科技创新特区，探索试行一系列新的管理运行机制，不断延伸科技强军的实践触角。回望十年强军路，加快军事智能化发展、加强重大技术研究和新概念研究、提高基于网络信息体系的联合作战能力和全域作战能力等一系列战略部署，共同强调了自主创新。在中共中央创新驱动发展战略的引领下，我国已在载人航天、深空探测、载人深潜、北斗导航等领域形成了独特优势。具有世界先进水平的第五代战斗机、国产航母、东风-17 弹道导弹等一大批高科技武器装备陆续研发成功。新时代，国防科技事业正以崭新姿态飞速发展。

在党中央关于构建一体化国家战略体系和能力的要求与战略部署下，国防科技创新体系和能力正在加快构建：在发展模式上，引入商业化运作模式，健全军品市场准入、退出和监管体系；在资金来源上，建立以国家投入为主、多种投入渠道相结合的投资机制；在力量结构上，建立以国防科研机构为主体，以中国科学院、相关高校为生力军，其他科研生产单位为重要补充的国防科技创新力量体系。随着军工开放发展、协同创新格局逐步形成，国防科技发展已深度植根于国家科技和工业基础，全面融入一体化国家战略下的科技创新体系。

3.2.2 国防大事件

1964 年 10 月 16 日，我国成功爆炸第一颗原子弹，标志着我国跨入核国家行列。

1966 年 10 月 27 日，我国第一颗装有核弹头的地地导弹飞行爆炸成功。

1967 年 6 月 17 日，我国第一颗氢弹空爆试验成功。

1974年8月1日，我国成功研制第一艘核动力潜艇。中央军委发布命令，将我国自行研制的第一艘核潜艇命名为长征一号，正式编入海军战斗序列，并举行了庄严的军旗授予仪式。它的交付使用，标志着我国掌握了核动力技术，使我国成为第5个拥有核潜艇的国家。从此，人民海军进入了拥有核潜艇的阶段。

1975年11月26日，我国成功发射一颗返回式遥感卫星。在西北卫星发射场，我国首次用长征二号运载火箭把返回式遥感卫星送入预定轨道。3天后，卫星按预定计划返回地面，取得了预定地区的探测资料。这颗卫星的成功研制和发射，使我国成为继美国、苏联之后，世界上第3个掌握卫星回收技术的国家。

1980年5月18日，我国向太平洋预定海域发射洲际导弹。我国首次向太平洋预定海域发射自行设计制造的洲际导弹，取得圆满成功。随着中国运载火箭技术的提高，20世纪80年代初，洲际导弹开始装备部队，中国人民解放军第二炮兵部队成为一支具有一定核反击作战能力的战略导弹部队。

1981年9月20日，我国首次用一枚运载火箭成功发射3颗卫星。在西北卫星发射场，我国使用风暴一号运载火箭，成功地发射实践二号、实践二号甲、实践二号乙卫星。这是我国首次用一枚运载火箭发射3颗卫星，也是我国自1970年4月24日发射卫星以来，发射的第9、第10、第11颗人造地球卫星。3颗卫星准确进入预定轨道，各系统工作正常。这次发射成功，使我国成为第4个掌握火箭与卫星分离技术的国家。

1982年10月12日，我国首次潜艇水下发射运载火箭试验成功。中国人民解放军海军当时有73艘舰艇和19架飞机参加发射试验。此次潜艇从水下发射运载火箭的成功，使我国一跃成为世界上第5个拥有水下发射战略导弹能力的国家，标志着我国运载火箭技术达到了一个新的水平，大大提高了中国人民解放军反侵略战争的作战能力。

1983年12月6日，我国第一台"银河-I"亿次巨型计算机研制成功。由国防科技大学同20余家单位协作研制的我国第一台超高速巨型电子计算机，在湖南省长沙市通过技术鉴定。该机具有强大的数值计算能力和数据处理能力，在1秒钟内可进行向量运算1亿次以上。这台巨型计算机是从1978年5月开始研制的，被命名为"银河"，其诞生是我国科技史上的一次重大突破，标志着我国计算机技术进入一个新阶段，对促进国防科学技术的发展

具有重大意义。国家给国防科技大学电子计算机研究所记集体一等功，以表彰他们勇于探索、大胆创新和百折不挠攀登科学高峰的精神。

1984年4月8日，我国成功发射试验通信卫星——东方红二号。该卫星成功地定点于东经125度赤道上空后，仪器设备工作良好，通信、广播和电视传输等试验进展正常。试验通信卫星的发射成功，是我国航天事业取得的重大成就，标志着我国航天技术和卫星通信技术已跨入世界先进行列，对于加速我国社会主义现代化建设进程具有重大意义。

1985年10月15日，我国第一台全数字仿真计算机研制成功。国防科技大学设计研制的我国第一台全数字仿真计算机通过国家鉴定。第一台全数字仿真计算机的成功研制，是继"银河-I"亿次巨型计算机之后取得的又一项具有突破性进展的重大科研成果，使我国较早地进入了世界研制全数字仿真计算机的先进行列，具有重要的国防意义和经济意义。

1986年2月1日，我国成功发射东方红二号实用通信广播卫星。卫星仪器工作正常，通信、广播和电视传输功能均按计划相继投入正常使用。该实用通信广播卫星定点的成功，标志着我国已全面掌握运载火箭研制和发射、测控技术，卫星通信进入实用阶段，航天技术和电子技术取得了新进展。这对加速我国社会主义现代化建设、进一步开拓航天技术具有重要意义。

1988年9月7日，我国成功发射第一颗气象卫星——风云一号。这是我国首次使用太原卫星发射中心和新火箭长征四号发射的太阳同步轨道卫星。这次气象卫星发射成功，填补了我国应用气象卫星的空白，使我国成为第3个拥有极地轨道气象卫星的国家，标志着我国应用气象卫星技术有了新的进步，对促进国民经济和国防建设的发展具有重要的意义。

1990年7月16日，我国第一枚捆绑式大推力运载火箭首发告捷。我国新研制的捆绑式大推力运载火箭长征二号，在西昌卫星发射中心首次发射成功。同时，搭载在这枚火箭上的一颗巴基斯坦小型科学试验卫星也被送入太空预定轨道。这次发射试验成功，表明我国已有发射重型卫星的能力，必将有力地促进我国航天技术的发展，推动我国同世界各国航天技术的交流和合作，鼓舞全国人民进行"四化"建设的信心和决心。

1996年6月8日，我国进行了一次核试验，外交部同日发表声明指出，中国拥有少量核武器完全是为了自卫，不对任何国家构成威胁。中国单方面承诺，在任何时候、任何情况下不首先使用核武器，并承担不对无核武器国家或无核武器区使用或威胁使用核武器的义务。1996年7月29日，我国成

功地进行了一次核试验。同时郑重宣布：从 1996 年 7 月 30 日起中国开始暂停核试验，并向世界各国特别是核武器国家提出 5 条呼吁。

1999 年 6 月 18 日，新的国防科学技术大学成立。中央军委决定，在原国防科技大学的基础上，将长沙地区的 4 所军队院校合并，组建为新的国防科技大学，由中央军委直接领导。这是中央军委为实施科技强军战略，加速高素质人才培养，推进全军质量建设的一项重大举措。

2000 年 7 月 5 日至 9 月 7 日，海军舰艇编队首次通过好望角访问非洲大陆。我国海军舰艇编队在南海舰队参谋长黄江少将的率领下，从湛江启程，前往马来西亚、坦桑尼亚和南非三国进行访问。这次出访亚非三国，是中国人民解放军海军友好交往史上舰艇编队首次穿行三大洋（太平洋、大西洋、印度洋），首次横渡印度洋，首次通过好望角，首次访问非洲大陆，往返航程达 16000 多海里。

2000 年 10 月 16 日，国务院新闻办公室发表《2000 年中国的国防》白皮书。白皮书是一国政府、议会等机构发表的关于政治、经济、国防等重大问题的文件，因封面一般为白色，所以叫白皮书。我国在 1995 年发表《中国的军备控制与裁军》白皮书的基础上，于 2000 年正式发表了国防白皮书。2000 年的国防白皮书包括前言、安全形势、国防政策、国防建设、军队建设、国际安全合作等部分。国防白皮书指出，维护世界和平，促进共同发展，是当今时代的主题和世界各国人民的普遍愿望；中国面临的安全威胁是霸权主义、强权政治在国际政治、经济、安全领域依然存在并有新的发展，中国周边亚太地区安全消极因素有新的发展；台湾海峡局势复杂、严峻；中国的发展与稳定，中国周边地区的和平与繁荣，以及按照和平共处五项原则建立和维护地区安全新秩序，是中国根本利益之所在；中国奉行防御性的国防政策，并对世界庄严承诺永远不称霸。

2003 年 10 月 15 日，我国成功发射神舟五号载人飞船，将航天员杨利伟送入太空。神舟五号是我国具有独立知识产权的空间飞行器，成功发射并绕地球飞行 21 小时 23 分后安全着陆。此次我国首次实现载人航天飞行，表明我国已独立自主并完整掌握载人航天技术，已建立起独立的、基本配套的载人航天工程体系；标志着中国人民在攀登世界科技高峰的征程上又迈出具有重大历史意义的一步，是我国航天高新技术发展的又一个里程碑。

2005 年 10 月 12 日，我国自主研制的神舟六号载人飞船在酒泉卫星发射中心发射升空后，准确进入预定轨道。神舟六号载人飞船的飞行，第一次将

两名航天员同时送上太空。10月17日凌晨，飞船返回舱在内蒙古主着陆场成功着陆。航天员费俊龙、聂海胜状况良好，自主出舱。

2007年10月24日，我国第一颗月球探测卫星嫦娥一号由长征三号甲运载火箭成功发射升空，并准确进入预定轨道；11月5日，嫦娥一号卫星近月制动成功，成为我国首颗月球卫星；11月26日，由嫦娥一号卫星传回的我国首幅月面图片完美亮相，我国首次月球探测工程取得圆满成功。这一成功是继人造地球卫星、载人航天之后我国航天事业发展的第3个里程碑，实现了中华民族的千年奔月梦想，开启了中国人走向深空、探索宇宙奥秘的时代，标志着我国已经进入世界具有深空探测能力国家的行列。

2008年9月25日，我国自行研制的神舟七号载人飞船在酒泉卫星发射中心发射升空。飞船载着航天员翟志刚、刘伯明、景海鹏在太空预定轨道绕地球飞行45圈，飞行时间约68小时，进行了多项空间科学试验，翟志刚出舱进行了太空行走。28日傍晚，航天员飞行乘组圆满完成太空飞行任务后成功返回地面。

2012年9月25日，我国第一艘航空母舰辽宁舰正式交付海军，这是我国军事史上重要的里程碑。辽宁舰的服役，标志着我国彻底结束了没有航母的历史。

2013年1月26日，我国自行研制的大型、多用途运输机运-20首次试飞圆满成功，使我国成为第4个能够研制大型运输机的国家或地区。运-20可在复杂气象条件下执行各种物资和人员的长距离航空运输任务。运-20首飞成功，对于推进我国经济和国防现代化建设，应对抢险救灾、人道主义援助等紧急情况具有重要意义。

2015年11月2日，C919大型客机首架机总装下线。C919大型客机采用的新技术、新材料、新工艺对我国经济和科技发展、基础学科进步具有重要的带动和辐射作用。11月29日，我国自主研制的支线客机ARJ21交付运营。12月12日，我国自主研制的新一代先进涡桨通用支线飞机运-12F获得民航型号合格证。

2016年11月1日，新一代隐身战机歼-20首次公开亮相。歼-20的研制实现了跨代新机、技术发展、创新研发体系、建设卓越团队四大目标，标志着我国在航空技术领域的重大突破，开启了航空主战装备新一轮升级换代的进程。

2018年9月10日，我国第一艘自主建造的极地科学考察破冰船"雪龙

2"号在上海下水，交付后与"雪龙"号组成极地科考船队并肩探极。该船满足无限航区要求，具备全球航行能力、"摸边探底、潜力评估"调查能力、艏艉双向破冰能力，船舶机动能力大幅提升。该船装备国际先进的海洋环境和地球物理调查设备，可承担极地海洋、海冰、大气等环境基础综合调查观测研究任务和极地考察站部分物资运输任务，具备有关气候变化的海洋环境综合观测取样能力，能够在极地冰区海洋开展油气、生物等调查。

2021年4月23日，我国第一艘两栖攻击舰海南舰正式交付海军。作为国产两栖攻击舰首舰，海南舰的交付入列填补了国内该装备领域的多项空白，具有重要的战略意义。

2022年3月25日，我国自主三代核电华龙一号示范工程第二台机组——中核集团福清核电6号机组正式具备商运条件，华龙一号示范工程全面建成投运，标志着我国核电技术水平和综合实力跻身世界第一方阵，有力支撑了我国由核电大国向核电强国的跨越。4月18日，华龙一号全球第四台、海外第二台机组——巴基斯坦卡拉奇K3机组通过临时验收，华龙一号海外首个工程两台机组全面建成投产。我国与"一带一路"国家坚持绿色低碳发展、共同应对气候变化，携手打造核能领域的人类命运共同体。

2023年4月24日，国家航天局和中国科学院联合发布了中国首次火星探测火星全球影像图。天问一号获取的科学探测数据为人类深入认知火星做出了贡献。

这些标志性事件不仅展示了我国在国防科研领域的巨大进步，还提升了我国的国际地位和影响力。

3.3 民为军用发展

3.3.1 发展及内涵

1. 军民一体化发展

随着新技术革命的不断深入，越来越多的高新技术在民用领域应用。利用这些民用科技成果为军事服务，可以大大降低装备的采办成本，促进装备的跨越式发展。许多国家注意到了这一点，纷纷调整装备采办政策，积极推进民为军用、以民促军的采办政策。

1991年冷战结束后，各国国防预算削减，装备科研生产投入减少，国防

科技工业基础减弱，美国等西方国家提出，要把扩大利用民用科技工业基础作为维持国防科技工业能力的一个重要策略，来满足国家安全需求。有研究者将这种装备采办扩大利用民用科技工业基础的做法称为军民一体化。有学者认为军民一体化既是装备采办改革的推动力，又是装备采办改革的产物；军民一体化是把国防科技工业的民用部分和军用部分结合起来，以便能在共同设施的基础上采用商用程序并借鉴商用实践开展民用、军用的科研生产工作。

1994年，美国国会技术评估局在《军民一体化的潜力评估》研究报告中，对军民一体化给出了比较权威的定义，指出军民一体化是把国防科技工业基础同更大的民用科技工业基础结合起来，组成一个统一的国家科技工业基础的过程。也就是说，可在军民一体化的基础上，使用共同的技术、工艺、劳力、设备、材料和设施，同时满足国防和民用两种需要。美国国会技术评估局给出的这一定义，当时在西方国家较大范围内得到了认同。

2. 军民一体化的内涵

军民一体化具有丰富的内涵，主要包括以下内容。

（1）发展军民两用技术

军民两用技术是那些既能满足军事需求，又具有充分商业应用价值，可以支持一个可行的生产基础的技术。发展军民两用技术，可以保持国家技术领先和竞争优势。

（2）加强技术转移

技术转移包括军事技术转民用和民用技术转军用。

（3）在装备采办全过程推进军民一体化

装备采办全过程包括基础研究、预先研究、装备需求形成、立项论证、方案探索、部件开发、工程研制、设计、生产、维修保障等各阶段，可充分考虑军民一体化和利用民用技术、工艺、产品和劳务。

（4）在部门层次上推进军民一体化

在产业层面，实现可共同使用的产品及其加工技术；在企业层面，实现可共同使用的资源；在工厂或研究所层面，实现可共同使用的人员、设备、材料。

（5）在产业链分工层次上推进军民一体化

在最终产品层面，实现可共同使用的产品、技术、设施；在分系统层面，

实现可以共同使用的产品、设施及其价值；在部件层面，实现可共同使用的产品、技术、设施及其价值。

（6）在科研生产活动的各个环节推进军民一体化

这包括提高科研活动、生产活动、维修活动的军民一体化程度，提高行政管理活动的军民一体化程度。

3．军民一体化的优点

军民一体化的优点如下。

（1）降低装备采办费用和开发风险

装备采办部门购买民用产品和劳务可以降低政府的开发风险、缩短开发时间、减少工装和设施费用、减少政府的监督费用。将军民制造和维修过程合为一体，可以实现规模经济，从而降低成本。科研一体化可以最大限度地利用民用产品和工艺，最终促进生产一体化。

（2）更多地采用新技术

推进军民一体化可以扩大技术和信息交流范围，更容易将民用技术、产品及其工艺应用于国防领域，能够在国防开支削减的情况下确保存在一个具有生机活力的国防科技工业基础，又可以更快地将民用技术转用于军事领域。

（3）降低装备的全寿命周期费用

军民一体化可以充分利用民用市场上现有的备用零部件，减少政府对库存的需求，并加强维修部门之间的潜在竞争，从而减少装备的使用和维修费用。

（4）缩短装备采办时间

购买民用产品（无论是最终产品、元器件，还是零部件）和劳务，可以缩短采办周期，加快和平时期的采办速度，并增强危机或战时的动员能力。

（5）扩大可利用的科技工业基础

实行装备采办制度改革，制定有利于军民一体化的政策，既可以增加为军事装备提供产品和劳务的企业数量，强化军品科研生产的竞争基础，又可以扩大战时所需的潜在科技工业基础。

（6）增强国家的经济竞争能力

军民一体化可以更有效地利用国家已有资源，避免重复配置，为增强国家竞争力提供丰富资源。军用技术转民用将推进国防技术迅速商品化，可以

在军民两个方面实现规模经济。推进军民一体化，将民用产品应用于国防产品，有助于那些尚未问世或者刚刚问世的民用产品的发展。将先进的民用技术应用于国防产品，会使这些技术在全球范围内更具有竞争力。

3.3.2 我军

2015 年 3 月，我国召开了十二届全国人大三次会议解放军代表团全体会议。会议指出，要坚持问题牵引，拿出思路举措，以强烈的责任担当推动问题的解决，正确把握和处理经济建设和国防建设的关系，使两者协调发展、平衡发展、兼容发展。

总体来说，我国军民融合发展战略包括 5 个阶段。

新民主主义革命时期，革命斗争是中国共产党一切工作的中心任务。与旧式军队不同，革命军队并不只是打仗，还要担负起组织群众、武装群众、帮助群众建立革命政权、建立共产党的组织等重大任务。在土地革命战争时期，中国共产党领导的革命军队坚持将军事斗争和民众工作结合，通过在乡村推进土地革命，开展反对剥削压迫的武装斗争，进行革命根据地的建设，赢得了广大民众的支持，在革命新道路上探索出新型的军民关系。抗日战争时期，中国共产党始终把民族利益放在首位，制定了全面抗战、统一战线等正确的战略和策略，通过动员和组织人民，实施全面抗战的路线和政策，成为团结全民族抗战的中流砥柱。

中华人民共和国成立后，面对战争创伤和千疮百孔、百废待兴的社会局面，党领导军队积极参与国家建设工作，参与社会与经济建设。1949 年 12 月，中央军委号召全军除作战勤务者外，担负部分生产任务，号召军民联合起来，克服战争创伤，共同为社会主义新中国的建设努力奋斗。1950 年 6 月，朝鲜战争爆发，毛泽东同志指出，帝国主义如果敢发动对我国的侵略战争，那么我们就将全民皆兵，彻底打败侵略者。抗美援朝结束后，我国开始积极探索以国防工业项目带动民用项目，促进地方经济发展的新尝试。在具体措施上，毛泽东同志指出，必须在生产上注意军民两用，既要掌握军用生产技术，也要学会民用生产技术。1956 年，毛泽东同志在听取"二五"计划汇报时，再次强调了军民结合、平战结合的重要性。这一观点体现了毛泽东同志对于国防工业发展的深刻见解，也是社会主义建设过程中面对错综复杂的形势实施军民融合发展的战略选择。

进入改革开放时期，如何有效地平衡军队建设与经济建设之间的关系成

为国家的重大问题。1985年6月，邓小平同志出席中央军委扩大会议并提出了军事力量支持经济建设的理论，提出要全面考虑军队与国家建设之间的关系，以及军队从哪些方面支持和参与国家建设。同时，国家考虑到部队干部战士转业之后的适应性问题，提出了培养军队与地方通用的专业人才的要求。在国防工业的军民融合方面，邓小平同志在1986年做出批示，赞成"军民结合，以民为主"的方针。在邓小平同志的支持和推动下，我国开始重点支持国防和民用科技的结合，在重要的高新技术领域追随世界水平。这充分体现了改革开放时期实施军民融合发展、提升国家科技水平与综合国力的思想。

20世纪末，面对世界形势的深刻变化，在国防和经济建设的关系上，江泽民同志进一步提出必须形成国防建设和经济建设相互促进、协调发展的机制。在进行经济建设的过程中，尤其是推进基础设施建设时，国家应充分考量国防与军队的实际需求，确保在推动经济发展的同时，能有效提升国防实力。在军队建设上，国家做出了"军队必须停止一切经商活动"的重大决定，使军队不与民争利，防范、整治军队的腐败问题，提高军队的战斗力。

进入21世纪，胡锦涛同志提出了"坚持军民结合、寓军于民"的方针，将国防事业和军队现代化建设与经济社会发展相融合，形成国防事业与经济社会发展相互促进、协调发展的军民融合发展道路。在具体措施上，我国构建了军事和民用相结合的武器装备研究体系与生产体系，在军事专业人才的培养和保障体系上实施寓军于民的政策，进一步完善国防动员体制，不断开创军民融合发展的新局面，实现了国防和军队建设与社会经济发展的良性互动。

党的十九大报告指出：坚持富国和强军相统一，强化统一领导、顶层设计、改革创新和重大项目落实，深化国防科技工业改革，形成军民融合深度发展格局，构建一体化的国家战略体系和能力。这是以习近平同志为核心的党中央着眼新时代坚持和发展中国特色社会主义，着眼国家发展和安全全局做出的重大战略部署。我们要坚持以习近平新时代中国特色社会主义思想为指导，全面贯彻习近平强军思想，深入实施军民融合发展战略，在新的起点上开创军民融合发展新局面，为实现中国梦强军梦提供坚强有力支撑。

3.3.3 外军

1. 美国

美国率先推行了军民一体化的做法，并成为各国推进民为军用、以民促军的趋同战略。

第二次世界大战结束之后，虽然美国把以国有企业为基础的国防工业转变成了以私营企业为基础的国防工业，以支持美国取得军事技术优势，但从总体上来看，美国仍然是军民分离的体制，推行"先军后民、以军带民"的政策和军民分离的装备采办制度，逐渐形成了民用和军工几乎完全分离的两个市场。

冷战期间，美国实行"先军后民、以军带民"的政策，高新技术首先在军事领域取得突破，以军事需求促进科技进步，进而推动国民经济的全面发展。在这段时期，美国许多"高、精、尖"的社会化大工程，都采取了"先军后民、以军带民"的政策，军用开发在先，成功后再向民用推广。这一政策虽然使美军取得了军事技术优势，但经济和高新技术竞争力的领先优势却有所下降。

冷战结束后，美国加强经济建设，削减国防投入，国防工业受到冲击。为了能在国防投入减少的情况下仍然保持军事优势和国防工业的活力，美国提出了装备采办改革。

为了推动军民一体化和装备采办改革，美国国会于1992年制定了《国防技术转轨、再投资和过渡法》，推动军用技术转民用，并要求发展军民两用技术。《1993年国防授权法》明确提出了要实行军事和民用工业基础一体化。1994年，美国国会技术评估局在对已开展的军民一体化工作进行考察的基础上，完成了长篇研究报告《军民一体化的潜力评估》，进一步对军民一体化战略进行了国家层次上的总体设计和长远规划。

此后，美国政府不断出台相关发展战略、法律法规及实施计划，推行军民一体化。在这些政策法规的推动下，美国国防部充分发挥主导作用，发布相应的改革指令，推进更深层次的军民一体化。

美国推行军民一体化的主要做法如下。

一是在国家决策与宏观调控层推行军民一体化。美国在国家决策与宏观调控层推行军民一体化的机构主要有国会、总统国家科学技术委员会和总统科技政策局等。这一层次的机构主要通过颁布法律和制定相应发展战略来确

定军民一体化的一些实施措施。例如,《1990年国防授权法》指示国防部发布用以指导民品采购的改革法规,并为民用产品设立和实施一种简单统一的合同;《1991年国防授权法》指示国防部在签订国防部专用产品合同之前,首先确定非研制项目在满足其需求方面的可用性和适用性;《1993年国防授权法》明确提出军民一体化,指示国防部修改其采办政策,以鼓励军事和民用工业基础一体化。《1994年联邦采办改革法》综合了采办法律顾问组提出的许多采办法律改革建议,具体论述了采购民用产品和劳务,为合同签订部门更明确地界定了民用产品和劳务的概念;取消对民用产品的成本和定价资料要求;使政府对于用私人资金开发的产品更难要求技术资料权。

二是在国防部决策与调控层推行军民一体化。美国在国防部决策与调控层推行军民一体化的机构主要有国防部部长、国防部负责采办的副部长办公室和国防研究与工程署等。这一层次的机构主要也制定政策并发布指令。例如,1995年2月,美国国防部负责采办的副部长签发了《两用技术:一种为获得经济上能承受得起的前沿技术的国防战略》。该战略提出,只有当国家安全任务需要的技术和系统无法从商品市场获得或者获取它所需的投资风险大和研制周期长时,国防部才进行专门的开发和研制。又如,1997年5月,美国国防部根据军事、经济和科技的发展及美军作战需求的变化,推出了《国防科学技术战略》,并将其确定为制订联合作战科学技术计划、国防技术领域计划、国防部基础研究计划,以及三军和国防部各业务局各项计划的基础和依据。再如,美国国防部部长在2001年的《国防报告》中指出,美国国防部将日益依靠军民一体化的工业基础。虽然经过10年努力,美国的两个工业基础已基本融为一体,但美国今后仍需继续推进军民一体化。

三是具体负责和管理军民一体化科技计划的实施。落实和支撑这些军民一体化政策的,就是各种军民一体化的科技计划及负责和管理这些计划的机构。美国负责军民一体化科技计划的专职人员和机构主要有国防部负责科学和技术的副部长帮办、国防高级研究计划局、国防部技术转移办公室等,由这些机构负责真正将军民一体化落到实处。其中有代表性的计划有两用科学技术计划、利用民用技术节省使用与保障费用倡议、国防部制造技术计划等。

美国的《1998年国防授权法》制订了两用科学技术计划,由美国国防部技术转移办公室负责管理。两用科学技术计划的目的主要包括:军方同企业联合投资和开发两用技术;使军方与企业的两用技术开发成在军方内部开展

的一项标准业务。利用民用技术节省使用与保障费用倡议由美国国防部技术转移办公室负责指导和监督，旨在利用民用技术提高传统装备系统的作战性能。美国国防部制造技术计划通过采用民用的最佳运作方式或把军用工艺引入民用领域来实现军民一体化。该计划由美国国防部技术转移办公室负责监督，旨在开发和改进制造工艺，以及降低装备系统及其零部件的生产成本。

2．英国

英国政府根据本国军事及民用技术发展实力较强的实际情况，实施了尽可能在防务领域采用现成的民用技术与产品、军民结合发展两用高新技术的发展战略。

冷战结束后，英国政府制定了一系列政策，淡化军民技术之间的界限，促进军民技术的融合，并建立一种国家基础上的创新体系。

英国议会科学技术办公室于1991年发表题为《军用与民用技术之间关系》的报告，强调要优先对军转民潜力大的军用项目加大投资力度。1992年，欧洲委员会制定了军工发展战略后，英国也积极贯彻落实，大力研究开发军民两用关键技术，研究能够实现军民结合的制造技术和工艺。

1993年，英国政府发表题为《运用我们的潜力：科学、工程和技术战略》的科技白皮书，强调英国科技创新战略的重要内容之一就是要促使军工技术转向民用，要保证国防科研成果更加广泛地用于民用目的。该科技白皮书指出，内容广泛的技术（如声音识别、水污染治理、航空电子、飞机制造所用的先进材料等）都可以转为民用。英国挖掘国防科研成果的商业潜力，鼓励军用技术向民用技术转移，同时将民用技术用于军事领域。此外，该科技白皮书还强调，为了降低军品成本，军事科研部门要尽量采用工业界、其他政府部门和高校现有的可供国防科研使用的技术、设备、产品和其他服务。

1998年，英国负责国防事务的国务大臣在提交的《国防多种经营：充分利用国防技术》绿皮书中，对国防科技成果在国民经济中推广应用的国防发展战略进行了进一步阐述，指出加速国防科技成果在国民经济中的推广应用，将有助于巩固国家的技术基础和制造业基础，从而更好地服务于未来的装备发展，并丰富制造业的产出，增加就业机会。

2001年，英国国防部颁布了面向21世纪的国防科技和创新战略，对基础研究、民用科研机构的作用、两用技术等方面有了新规划，构建军民

一体化的国防科技创新体系在当时成为提高英国的科技水平和国际竞争力，为武装部队提供经济上可承受的、质量和性能优于潜在对手的装备的重要手段。

为了提高科研、训练和保障领域的效益，英国国防部将装备的科研、训练和保障逐步推向市场，充分吸引私营企业参与采办的各项工作。这主要体现在国防部的"公私合作"和"私营资金倡议"两项计划上。

"公私合作"的核心原则是，英国国防部的投资要以效益最大化为目标，摒弃以往过分依赖公共部门的做法，大量吸引具有先进技术和管理经验的私营部门的投资。"公私合作"的典型例子是英国国防部对国防鉴定与研究局的私有化改革。2001年7月，通过向私营部门出售股份，英国国防部保留国防鉴定与研究局1/4的力量组建国防科学与技术研究院，将其作为国防部主管科研的业务局，同时将其3/4的力量改组为奎奈蒂克公司，并在2002年对该公司实现完全私有化。

"私营资金倡议"采用与私营部门签订合同的形式，由签订单位提供相关的服务。"私营资金倡议"合理地界定了各自的职责，由英国国防部根据私营部门提供服务的数量和质量，履行相应的合同支付条款。这样，英国国防部不仅可以节约投资成本，还可以通过签订合同向私营部门转移风险。

国防科技的发展依赖坚实的技术研究基础。英国国防部根据军事上运用程度的差异，将国防科研分为国防专用技术、军民两用技术和可用于国防领域的民用技术三大类。国防专用技术全部由英国国防部投资的内部科研机构进行开发；军民两用技术的开发主要通过与民用研究机构的合作进行；可用于国防领域的民用技术属于基础科研领域，主要由高等教育机构承担，基础科研的经费也主要由科研委员会和高等教育基金委员会承担。英国国防部的基础科研工作主要依靠这些国家科学基础，避免重复建设造成资源浪费。

1992年，英国国防部实施"探索者计划"，加强军队与军外研究力量的信息交流，通过更好地交流政府、英军、工业界和学术界的科技信息，提高国防预研经费开支的综合效益。具体办法是，国防鉴定与研究局每年举办一次"探索者情况通报会"，通报英国国防部对军事需求的看法，提供制备新兴的科学技术和制作武器系统方案的机会，这为工业界向该局提出国防科研和装备发展建议提供了一种正式途径。1996年，英国国防部实行"灯塔计划"，旨在推动国防鉴定与研究局、工业界和学术界之间在国防预研领域的合作。

为了及时掌握和利用基础研究的科研成果，英国国防部还通过科学出版物、政府网站、国防鉴定与研究局科学研究方面的数据库等多种途径，及时了解国内外基础研究的最新发展。英国国防部还参加了涉及科学、技术、装备和工业许多部门的小组或工作委员会，以及政府部门的首席科学顾问委员会，加强其与政府其他部门基础性研究的交流与合作。此外，英国国防部还和工程与物理科学研究委员会、基本粒子物理与天文学研究委员会、医学研究委员会等基础研究机构建立了正式的交流与合作机制。

近年来，随着以信息技术为核心的高科技的发展，一些从事高新技术开发的民用部门的技术水平已领先于传统的国防科研部门，这种形势给发展高新技术装备带来了机遇和挑战，从客观上要求装备加快更新步伐。从国防科技的长远发展来看，必须吸引世界范围内技术先进的民用部门参与英国国防科研的开发。为此，英国国防部于 1999 年在国防鉴定与研究局下设国防技术转化局，主要从事先进民用技术转化为国防用途的工作，后转到国防部司令部门，继续从事原来的工作，通过增加与民用科研机构的国防科研合同数量和合同金额，鼓励技术先进的民用科研机构开发军用技术，提高其在国防科研中的地位，同时开放国防科研政策，引入直接竞争机制，为民用科研机构创造更多的机会。

3．德国

德国国防部没有下辖独立的军工企业，装备的研制和生产均由地方企业承包。在德国的一些大企业里，军品和民品的生产结合得较好，如著名的奔驰集团，除了生产飞机、导弹等军品，还生产包括新式交通工具、太阳能设备等在内的各种民品。德国工业界也缺少美国、英国、法国等军工联合会或协会之类的组织，仅在德国国防部中设立军工经济工作组，作为工业界和德军合作交流的场所，针对从事军品生产的重要企业在军工经济工作组内派驻企业代表。

德国国防部委托民间机构进行国防科研，针对不同机构采取不同的管理形式。德国政府认为，民间科研机构承担国防科研工作可以防止国防科研工作的孤立封闭状态，有利于军用技术与民用技术的相互转化。因此，为了保持科研机构的活力和灵活性，德国国防部系统基本上不设科研机构。

德国的国防科研工作主要由私营国防科研机构、高校和工业界科研机构承担。私营国防科研机构一般是采取注册协会形式进行登记的民间科研机

构，主要从事基础应用研究，是国防科研的骨干力量。德国国防部对这类科研机构的管理形式主要包括提供基本资助、确定科研机构的总目标和任务、在科研院所的监督机构中派驻代表、对研究成果进行检查和鉴定等。

对于高校和工业界科研机构，德国国防部一般不提供资助，只是通过合同对承担项目的研究机构进行合同管理。高校承担的预研项目大多属于基础研究，一般不涉及保密问题，因此不另外进行专门的监督管理；对于那些由德国国防部资助的研究所承担的预研项目，成立专家委员会对其研究工作进行评议，专家委员会通常由外单位专家组成；工业界科研机构承担的预研任务大多涉及工程领域，接近型号研制工作，通常委托地位超脱的专家对其研究工作的进展和结果进行检查和评定，这些专家在遵守保密规定的前提下可以随时了解工作情况，并向主管人员报告。

为避免国防技术方面的基础研究和应用研究课题与民用技术的有关课题交叉重复，德国装备部门经常与民用科研管理部门进行协调，甚至共同规划预研工作。若课题有重复，则通常将民用科研课题纳入国防部的预研工作。同时，为了避免重复，德国建立了统一的研究课题数据库，以便检索查找。

在国防费用不断削减、武器造价日益高昂的情况下，为了解决发展装备资金需求大与财政不足的矛盾，德国国防部不得不调整装备采办工作的指导思想，把降低和节约费用放到首要地位进行考虑，不再过多强调装备的先进性，不再追求某些先进的技术指标。德国装备部门现已普遍认识到，不应追求技术上的最佳方案，以及发展最好、最先进的武器，而应发展经济上可承受、技术上可行的武器，这才是最佳选择。德国使用部门和装备采办部门都应朝着一个共同目标努力，即以最少的费用达到最佳的效果。为了降低研制风险，在装备采办工作中应尽可能采用购买现成产品、改进原有装备等办法，将新研制装备和部件放到第二位，特别是一些可以从民用市场上买到的装备，如通信技术设备、大型运输设备等，就不必专门研制，以便节约有限的研制费用。为了降低费用和风险，在装备研制工作中，德国尽可能采用现有的部件和元器件，甚至更多地采用民用部件和元器件，只有在十分必要时才采用新研制部件，同时在武器研制和生产过程中尽量采用已有的成熟工艺技术，仅在可降低成本的条件下采用新技术。

4．日本

日本发展高度集中的军民一体化一元管理体制，是同其政、军、民相结

合的决策机制相辅相成的。民间防卫企业界不仅是具体装备和技术研制生产的实体，还对日本国防建设和武器发展的方针政策有重要作用。例如，在发展决策过程中，作为民间防卫产业界代表的防卫生产委员会等民间组织，通过恳谈会、联谊会等形式与日本政府和决策人员进行协商，并以建议书等各种方式向日本政府提出决策咨询意见。这些意见连同政府部门的意见，以及由防卫厅长官所代表的日军意见，在内阁会议上被进一步协调，最终正式提交到安全保障会议进行审议和决策。经过这种自下而上的协调活动而最终通过的计划和决议往往能得到政、军、民三方的一致赞同，并能够协调一致地采取行动。

日本防卫当局指出，发展军民两用技术能够减少国家投资的风险、降低装备的成本并有利于军工企业自身的稳定发展。日本国防采购主要将国防采购合同作为手段，促进先进技术特别是具有民用或两用前景的先进技术的发展。军工企业发展军民两用技术和相关产品，能够在获得国家经费支持的情况下增加民品技术含量及种类，从长远的角度看有利于军工企业的稳定和发展。

在发展高科技的同时，日本重视基础工业的发展，并十分注重提高军工技术，如重视培育民间基础工业的军事潜力、扶持民间企业的军品生产。为保护重点民间企业的军品生产和主要的军品生产线，日本政府将军品产值占企业总产值 10% 以上的企业列为重点军工企业，如三菱重工业公司、川崎重工业公司等，并从经费、政策、管理等方面实行政策倾斜。日本政府还对那些难以实现大规模生产的军品科研项目提供大量补贴，以确保其技术的领先优势。此外，为提高日本军工企业的竞争力，日本政府还积极推动相关军工企业进行优化组合，鼓励其进行联合研制和生产。例如，在日本政府的努力推动下，2000 年，日本石川岛播磨重工业公司和住友重工业公司将双方的海军舰艇和武器设计业务合并，联合生产先进的水面舰艇。对于可生产军品的中小型民间企业，日本政府也出台了许多优惠政策，并适当提供财政补贴，以激励这些企业积极承担和拓展军品科研生产项目，避免其因国家削减装备采购费而陷入困境。

3.4 装备领域项目管理特点

3.4.1 军方采购特点

军方采购是我国财政支出管理体制改革的重要方向。党的十八大以来，

为适应我国经济体制改革和对外开放的需要，我国对军方采购的法律法规、采购内容、采购方式等进行了一系列变革。军方采购的品类也由办公用品、家具、设备等常规物品，扩展至信息系统项目、技术服务等多种门类。

随着我国信息技术的不断发展，信息系统在社会建设的进程中得到广泛应用，信息系统的研发是决定其是否能够得到有效合理应用的关键。为充分保障信息系统应用的高效性和合理性，信息系统的研发研制项目管理越来越重要。实践表明，运用科学技术手段及现代化管理理念合理监督及管理信息系统的研发研制全过程，是确保军方采购类信息系统研发研制项目顺利落地的关键。

基于军方采购类信息系统研发研制项目管理特点，我国梳理此类项目常规流程，解析此类项目管理中各方的职责及关键节点的工作，旨在为此类项目的管理者提供借鉴和参考。

军方采购类项目具有合法性、公开性、程序性、政策性、宏观调控性、广泛性和复杂性等特点。

合法性是指现代国家一般都制定了系统的军方采购法律和条例，并且都建立了完善的军方采购规章制度。任何军方采购项目活动都必须依法开展，并且在严格的法律和管理规定与监督之下进行。与之相比，企业或私人的采购项目限制会相对较少。

公开性是指军方采购的有关法律和程序规定军方采购项目一般是公开的，规模过小或需要保密的除外。军方采购项目过程一般是在完全公开的情况下进行的，任何军方采购项目活动都要公开，任何军方采购项目信息都要公开。而在企业或私营领域，许多采购项目是不公开的，尤其是货物采购。

程序性是指国际上军方采购的经验表明，任何军方采购项目无论采取什么方式、涉及多少资金，都必须按照军方规定的采购程序去实施和管理。一个军方采购项目的完整程序包括确定采购需求、预测采购风险、选择采购方式、供应方的资格审查、签订采购合同、履行采购合同、验收与结算、采购效益评估等。

政策性是指军方采购项目承担着执行国家政策的使命。公共支出管理是国家管理经济的一个重要手段和方面，军方采购又是公共支出管理的主要对象和内容，所以军方采购项目具有很强的政策性。军方可以将军方采购项目作为保护本国企业和产品的手段，或者作为对外交流的筹码，而企业或私人采购就无此必要了。

宏观调控性是指军方始终是各国国内市场最大的采购者，以及最大的货物和服务的消费用户。军方采购对宏观经济调控的作用是其他采购主体不可替代的，已经成为各国军方经常使用的一种宏观经济调控的基本手段。

广泛性和复杂性是指军方采购项目所涉及的对象从汽车、家具、办公用品到武器、航天飞机，从普通货物到工程建设合同和各类服务，涉及了各个领域。在这方面没有一个企业或私营组织的采购能力可以与军方采购能力相比。同时，军方采购项目的程序和手续十分复杂，远非一般企业或私营部门的采购项目所能比拟的。

综合上述军方采购特点，军方在执行采购监管时通常涉及采购流程监管、价格审核监管、项目执行监管等职能。

3.4.2 装备全寿命管理

1. 装备全寿命管理的起源及内涵

装备全寿命管理是美国国防部根据系统工程概念和理论，于20世纪60年代首次提出的一种管理理念，并作为一种管理方法应用于实践。由于当时装备技术日益复杂、研制周期长、耗资巨大，人们越来越深刻地认识到，装备发展是一个复杂的系统工程。前期阶段的工作对后期阶段的工作有着巨大影响，而后期阶段的工作对前期阶段的工作也起到很大的制约作用。例如，需求论证不充分或者战术技术指标不合理，导致研制出来的装备不能正常使用，就会浪费巨大的人力、物力、财力和时间。在设计阶段，如果一味追求技术性能的先进性而忽视可生产性，以及装备部队后的可保障性与经济可承受性，即使设计完成，产品也很难生产出来，或者可靠性和可保障性低，难以维修和保养。

当时，美国国防部在装备建设中遇到了两个难题：一是装备建设过程中重设计、研制，轻使用、保障的观念盛行；二是随着装备高新技术程度的不断提高，装备的使用保障费用急剧上升，出现了"买得起，用不起"的不利局面。美国国防部组织专家深入研究分析后得出结论：装备的全寿命费用是由研制生产费用和使用保障费用两部分组成的。而全寿命费用是在装备的论证、设计和研制阶段决定的，不是在使用保障阶段决定的。在装备的论证、设计阶段，就已经确定了装备的配套关系、保障方式，以及装备本身的可靠性、维修性和保障性。在设计定型阶段完成时，装备全寿命费用的95%以上

已经确定了。原先美军和研制方都没有认识到这一点，美军只考虑和控制装备的研制生产费用，研制方只重视如何按照装备的性能要求把装备设计、生产出来，却没考虑装备部队的使用保障问题，如可靠性、维修性和保障性，导致使用保障费用急剧增长。为此，美国国防部相继提出了项目办公室、一揽子采购、全寿命费用采购、固定费用设计等一系列全寿命管理办法。

1978年以后，美国国防部开展综合后勤保障工程，形成了完整的全寿命管理体系。2000年，美国国防部根据军事变革的需要，又进行了装备采办管理的革命，将装备采办管理过程由过去的6个管理阶段合并为4个管理阶段，以加快新技术转化为装备的进程，保持和扩大其军事技术优势。

以形成战斗力为标准，装备的全寿命管理是指运用系统理论和系统工程方法，对装备全过程，如研制和生产，以及前期的需求分析、后期的使用保障、退役处置，即从摇篮到坟墓的整个发展过程，进行统一的筹划和控制。

装备的全寿命管理是指对装备采办过程实施完整的科学管理。"完整"是指统一的管理目标、统一的评审标准、统一的工作程序，以及灵活有效的协调手段，把追求装备的战术技术性能、全寿命费用、研制进度、综合保障的最佳方案，以及装备各分系统、部件之间的协调发展，作为贯穿全寿命管理的目标和要求，并分解和贯穿到装备全寿命周期的各管理阶段中，使之形成一个整体。

2. 装备全寿命管理的发展历史

全寿命管理是美军于20世纪70年代中后期在装备采办中使用的管理思想和管理原则。这一管理思想自出现以来，在西方一些国家的装备采办中得到了广泛传播，其具体方法也在多年的实践中不断得到改进和完善。目前，全寿命管理已经成为西方一些国家进行装备采办管理的基本原则。其发展经历了以下4个有所交叉的阶段。

（1）系统管理阶段

系统管理阶段是20世纪60年代中期至70年代初期。这一阶段的特点是强调装备建设的集中统一领导；根据军事需求制定中长期规划，推行规划、计划与预算一体化制度，重视立项论证和费效分析。

（2）寿命管理阶段

寿命管理阶段是20世纪60年代末期至70年代中期。这一阶段的特点是强调项目办公室对重大装备全过程的管理，控制全寿命费用，推行固定费

用设计和价值工程，着重关注装备的可靠性与维修性。

（3）综合保障工程阶段

综合保障工程阶段是 20 世纪 70 年代末期至 80 年代中期。其突出特点是着眼于装备的作战能力，强调综合保障是使装备保持和发挥战斗力的关键；提出装备的综合保障必须从装备研制过程的初期抓起，推行综合保障工程，关注装备的战备完好率和持续作战能力，把装备的保障性要求与可靠性、维修性放在同等重要的地位。

（4）信息化管理阶段

信息化管理阶段是 20 世纪 80 年代初期至今。其突出特点是强调实现从科学技术到产品的快速、有效的转移，以及装备采办向战场部署的快速、有效的转移；在装备采办和使用保障管理中，充分利用计算机和信息技术的快速性和资源共享性，进行敏捷管理；大力推行计算机辅助设计、计算机辅助制造、柔性制造系统、并行工程、虚拟样机技术、管理信息系统、基于仿真的采办等一系列基于信息技术的先进装备设计、制造和管理手段，目的是缩短科学技术转化为装备产品的时间，以及装备转化为部队现实战斗力的时间，力图以最短的周期、最好的性能和最少的费用研制和部署新型装备，满足国家安全和建立军事技术优势的需要。

3．装备全寿命管理的特点

从全寿命费用和国外全寿命管理实践来看，全寿命管理不仅是将装备采办的研制费、采购费和维护使用费统一管理，还有以下 4 个基本特点。

（1）全寿命管理是系统工程管理

全寿命管理要求决策和管理人员从全局的角度综合考虑各方面问题，而不是单纯追求性能、进度、可保障性，也不是单纯节省研制费或采购费。

（2）全寿命管理是并行工程管理

全寿命管理要求在采办过程中尤其是项目初期阶段，同步考虑后期阶段的问题，如设计工艺、生产制造、使用维护等。

（3）全寿命管理的核心是目标管理

全寿命管理要求在武器生产计划一开始就提出性能、进度、可保障性、采购数量和全寿命费用等控制目标，再在采办过程中逐步修订和具体明确各阶段的费用、性能、可保障性和进度目标，最终通过计划目标与实际结果的比较评审各阶段工作的绩效。

（4）全寿命管理的先决条件是技术分析和全寿命费用分析

技术分析和全寿命费用分析是合理确定各阶段费用、性能、可保障性和进度目标的依据，也是阶段评审的手段。据美国统计，装备方案拟定阶段所花费的费用约占全寿命费用的 1%，对全寿命费用的影响高达 70%；方案拟定和演示验证两阶段所花费的费用约占全寿命费用的 3%，对全寿命费用的影响达到 85%。可见，早期技术分析和全寿命费用分析对项目成败和最终费用影响甚大。这要求装备采办部门有很强的技术和费用分析能力，有费用数据库，研究会计成本。

4．装备全寿命管理的实施条件

实施装备全寿命管理需要具备以下条件。

（1）战略正确

要制定正确的军事战略和装备发展战略，做好需求分析和审议，明确对具体装备的作战要求。如果要采办的装备的合理性和在整个装备体系中的作用不明确，或对该装备的作战要求不明确，全寿命管理就违背了提高国防资源利用效率的前提和目标。

（2）责任人明确

要有实行统一管理的权威机构和最高责任人。在各方有不同考虑和不同利益的情况下，缺少这样的机构和责任人既不可能搞好顶层设计，也不可能开展统筹实施；遇到有冲突和扯皮的事情，没有权威决策者和负责人。

（3）政策及程序规范

要有一套实施全寿命管理的法规、政策，以及与之配套的一系列指南、标准、规范和手册，并统一有关术语；有科学严格的分阶段评审和决策程序、方法和执行机构，规范提交评审的各种文件、评审报告、决策文件。

（4）数据库翔实

要建立较为完整、翔实、拥有最新资料和信息的各类技术和费用数据库，并有高水平的技术和费用分析、评估力量。

（5）人员素质高

要有一支高水平、高素质的采办队伍，专门从事国防科技和装备的规划、计划、预算，以及项目管理、合同管理、质量保证、鉴定验收等工作。每个重要武器系统要有专门的管理班子和责任人，使其能专心、统筹考虑项目采办和研制、生产、使用的各种问题，并对工作结果负责。

（6）监督机制合理

要有一套合理可行的监督机制：一方面监督承包商依法执行合同，为此要有严格的费用、性能、进度跟踪报告和反馈制度；另一方面监督采办人员不贪污、不受贿。

5．装备全寿命管理的基本实施流程

实施全寿命管理的基本流程如下。

（1）构建组织体制

应构建实行全寿命管理的基本组织体制。装备采办需要有统一的管理机构和专管采办工作的最高负责人，实行统一的管理，能对装备的发展进行顶层设计，并做到统一政策法规、统一采办方法、统一决策、统一分配资源。

在决策管理部门做出决策后，项目办公室全面负责项目具体实施工作，包括做技术和费用分析、制订具体计划、与承包商签订合同、实施系统过程/并行过程管理等。在阶段决策点前，项目办公室要与承包商合作，提交用于阶段评审的项目进展资料。项目办公室的一些专业工作可在有关业务机构的配合下进行。项目办公室在装备采办全寿命周期内都参与，人员从采办实施机构各部门抽调。

（2）制定政策等

应制定一套能支撑全寿命管理的法规、政策和指令。例如，有分解项目工作结构的标准，有要求承包商报告费用和进度的标准，有国防合同成本会计准则，有要求实施全寿命管理的各种指令，等等。可以说，采办法规、政策和指令都贯彻了全寿命管理原则。

（3）设计决策机制

应按全寿命管理原则设计科学的决策机制和分阶段决策制度。以美国重要武器计划为例，其采办决策者是国防采办执行官。支撑他做出决策的是几类既相互制约又密切配合的委员会，分别是国防采办委员会和信息技术采办委员会、联合需求监督委员会、高级领导评审小组等。这几类委员会共同构成美国国防采办工作的三大决策支持系统，其通过有序互动，在高层领导做相关的采办决策时，互通信息，统筹安排，从而有效地利用有限的资源，其中采办较需要的是装备系统。

美国将重要装备采办过程划分为 5 个阶段，进入每个阶段都要做正式的阶段审查和决策，并将决策内容写入备忘录，其目的是逐步明确各阶段的费

用、性能、进度目标和采办策略，审查已完成工作的效果，协调采办工作与需求、资源的关系，控制风险和费用。每次先由联合需求监督委员会做需求审查，再由费用分析改进小组做费用审查，由国防采办委员会和信息技术采办委员会专业委员会做技术审查，最终由高级领导评审小组正式审定，由国防采办执行官做出决策。

6. 装备全寿命管理的改革趋势

20世纪90年代中期以来，随着以信息技术为核心的高新技术的飞速发展和世界经济一体化进程的加快，大量对军事至关重要的高新技术成为计算机、集成电路、通信、先进材料和先进制造等技术的主要推动力，许多民用技术和产品性能先进、价格低廉、更新速度快。而现代高新技术装备，特别是大型武器系统，由于技术复杂、研制周期长、耗资巨大，与现代高新技术的发展很不适应，也不能满足现代高新技术战争的需要。如何及时地把不断涌现的高新技术用于军事领域，以较低的费用在较短的时间内获得高性能、高质量的装备，是世界各国面临的共同问题。为解决这一问题，世界各主要军事国家都在进行采办改革，例如，1997年，美国国防部推出"国防改革倡议"，提出了缩短采办周期，减少后勤响应时间，降低总拥有费用等改革目标；1998年，英国国防部实施"精明采办"改革，以期通过更加有效的采办管理，更快、更省、更好地采购装备和提供保障，增强国防整体能力。从世界各国特别是美国采办改革的情况来看，在装备的全寿命管理过程中主要有以下关键路径。

（1）灵活裁剪采办程序

① 简化采办程序，缩短采办周期。尽可能简化采办程序，缩短采办周期，是各国比较普遍的做法。例如，美国国防部于2001年将采办过程中的里程碑决策点由4个简化为3个，并规定采办项目根据其方案和技术的成熟程度，可以从不同的决策点进入采办程序。当技术尚不成熟时，需要探索多种方案，从第一个决策点进入采办程序；当已经有了成熟的技术，并选定了备选方案时，可直接从第二个决策点进入采办程序；当已经有了现成产品，如采用国际上已有的成熟装备，可直接从第三个决策点进入采办程序。美国国防部鼓励优先采用成熟的技术或产品，直接从后面两个决策点进入采办程序，这有利于加快采办进程，缩短采办周期。里程碑决策当局可依据特定阶段的准入标准和法定要求，批准在任何一个决策点进入采办系统，整个采办

进程取决于能否获得足够的支持继续下一个阶段的研制工作。

② 一些战略性重大项目采用特殊的采办程序。在总结以往重大项目管理经验的基础上，针对某些战略性重大项目的特点和规律，采用特殊的采办程序，并采用以能力为基础的需求牵引模式。例如，美军对导弹防御系统采用由发展阶段、过渡阶段、采购与使用阶段构成的特殊采办程序，强调技术随着能力和威胁的变化不断改进的思路，更加重视技术演示验证、样机试验鉴定、模拟仿真等，并通过实行国防部更高层次的监督与管理，提高采办效率。

③ 采用作战部队快速采办程序。为满足作战部队紧急需要，美国空军于 1999 年提出了作战部队快速采办程序。该程序涉及采办、作战、财务管理、后勤、试验评估等环节，要求在作战任务需求书被批准后的 60 天内将武器系统部署到位。此后，这种采办程序迅速推广到其他军种，据报道，"9·11"事件后，美国空军采用这种程序加快了关键武器系统的部署进程，较好地满足了反恐军事行动的紧急需要。

（2）加速科技成果转化

加速科技成果转化，尽快吸纳最新科学技术，大幅提高装备性能，缩短装备采办周期和降低费用，是近年来各国采办改革的核心内容之一。目前，各国军队都在采取各种措施，积极开发新技术，特别是引入先进的民用技术和民用产品，加速科技成果在军事上的应用。为此，美国和许多其他国家的军队积极采用商业惯例，进行民品采购，并用商业标准或民用标准取代大部分军用标准，同时引入"先期概念技术演示验证"，将已经开发的军用和民用技术根据一定的军事需求加以集成，并在真实或模拟环境下进行演示验证，及时了解技术进展情况，估量其军事价值，并为技术开发指明下一步的工作方向，为可能引入的新技术或新装备及早制定或修改作战理论和使用原则，从而加速将科技成果转化为战斗力。2003 年，美军还强调了采办策略的灵活性和采办程序的多样性，提出"新的采办项目可以从不同的决策点进入采办程序"，使一些成熟的新技术和新产品省去研制环节和审批程序，将其直接纳入采办程序，缩短采办周期，加速科技成果转化。为了加速科技成果转化，采办文件采用"渐进式采办策略"，即将采办项目分为若干批，第一批根据已经验证的成熟技术、预计的威胁评估和现有的制造能力，确定研制、生产和部署一种初始作战能力，并对后续批次的研制、生产和部署做出规划；后续批次在前一批作战能力的基础上不断升级提高，直至获得完全的作战能

力。这种采办策略有助于更快地将现有成熟的先进技术转化为作战能力，不断提高战备水平。

（3）努力降低总拥有费用

随着现代装备成本和作战保障费用急剧增长，经济可承受性问题日益突出。为解决这一问题，美国等国家除了继续加强经费管理和成本控制，还提出了要更加全面地考虑与装备有关的各种费用因素，努力降低总拥有费用。总拥有费用是美军继提出全寿命费用后提出的一个新概念，是由研究、研制、采购、使用和处置武器系统及保障武器系统正常发挥作战效能的所有费用组合，不仅包括与系统有关的各种直接费用和间接费用，还包括非直接相关的基础设施费用。从项目管理的角度看，总拥有费用与全寿命费用是一致的，但从使用角度看，总拥有费用还包括与武器系统非直接相关的基础设施投资，即在拥有和使用武器系统的全寿命周期内需要投入的资金总和。为降低总拥有费用，美军优化后的采办程序强调优先采用商用产品、技术和服务；提倡采用模块化的开放式设计；强调在武器系统、分系统和零部件采办全寿命管理的各个阶段最大限度地引入竞争机制；在采办全过程中，加强建模与仿真技术的应用；要求切实把费用作为一个独立变量纳入采办基线，在每个阶段决策点都要对全寿命费用或总拥有费用进行评估。

（4）重视装备的互操作性

高新技术局部战争经验表明，联合作战已成为当下和未来战争的主要作战方式。加强各军种与盟国军队之间装备的互操作性是进行联合作战必不可少的条件，受到各国的普遍重视。美军于2001年把实现装备的互操作性列为五大政策和原则之首。所谓互操作性，是指武器系统、部队或军兵种之间，互相提供和接收数据、信息、装备和服务，并利用这些交换的数据、信息、装备和服务有效地进行联合作战的能力。

（5）重视装备的后勤保障

在现代高新技术战争中，装备的后勤保障起着越来越重要的作用。近几年，美国国防部把装备的后勤保障作为采办工作的重要组成部分，从装备全系统、全寿命管理的层面进行改革；强调装备的全系统持续保障能力，并把后勤保障作为采办过程的重要组成部分，建立了一体化的装备采办与后勤保障程序。美国国防部要求在采办过程的早期阶段，就通盘考虑全系统的保障问题，其中包括后勤保障规划、人力、人员和训练、环境因素和安全性、职业保健、适应能力、生存能力、持续作战能力、保密、频谱管理、作战电磁

环境等，确保向用户交付性能可靠、经济有效的装备。美国国防部还提出了继续推进后勤改革的措施：精简后勤基础设施；缩短后勤响应时间；供应体系实行军民结合，把重点放在对用户的服务和保持武器系统的战备完好率上；利用竞争开辟供应来源，从政府、工业界或公、私合作伙伴中选择最有效的后勤保障者；保持长期竞争，营造理想的保障环境；通过技术创新和其他措施不断提高武器系统的可靠性、可维修性和可保障性，为用户提供全面的后勤保障。

3.4.3 采办项目管理

1. 我军流程

我国装备采购是广义概念，通常也被理解为装备采办。我国现行的装备采办程序主要分为计划制订、合同签订、审价定价、产品检验、部队接装及相关技术服务。

装备采办的项目管理是指在项目管理者的统筹安排下，利用项目管理的方法，在时间、费用的约束下，从装备需求的提出，到规划计划、研制、生产、购置、使用与维修保障、退役与报废整个过程的管理与监督，形成满足军事需求的武器装备与保障能力，减少潜在的风险，实现军事效益的最大化。

为了让项目管理在武器装备采办过程中发挥作用，首先，要建立起装备采办项目管理的组织体制。项目管理的组织大致可分为 3 类：职能型、项目型和矩阵型。从应用范围来看，目前应用较广泛的是矩阵型的项目管理动态组织，因为这种组织结构兼具前两者的优点，也适用于我国的装备采办项目管理。

该组织体制的构成如下。

① 型号办公室：统筹管理整个装备采办过程，掌握着项目的所有信息资源，并且可以从宏观上对整个装备采办项目进行进度、费用、质量、风险等的控制。

② 财务部门与人力资源部门：统筹保障整个项目的经费与人力资源问题，避免资源的重复利用与浪费。

③ 科研部门：主要负责装备的研制、测试与定型，可根据装备型号设立系统工程、电子工程、软件、机械等子部门。

④ 生产部门：主要负责装备的生产与自检。

⑤ 保障部门：主要负责装备的转运、人员的培训及装备使用过程中的维修保障，还与科研部门合作对武器进行退役报废处理。

⑥ 子项目部门：主要负责所处子项目部门的宏观管理工作，并做好子项目间与职能部门间的沟通协调工作，确保项目正常运行。可以根据装备系统的复杂程度，设立项目群主任，项目群下再设立相应子项目，由子项目主管负责。

将项目管理的方法引入装备采办的全寿命过程后，其相应的采办程序也会发生改变，整个采办过程会更完善；采办要求会更高；采办人员的责权更明晰。第一，由装备部门根据国家安全战略要求、装备使用情况，提出装备需求，根据需求建立装备办公室，即项目管理的组织体制结构；第二，装备办公室主任制订采办计划；第三，科研部门根据需求研制或改进装备，使其达到新的作战要求；第四，在装备通过各项测试的基础上进行生产装配；第五，将通过最终审核的装备交付使用；第六，完成装备的退役报废处理。至此，一个装备的全系统全寿命项目管理过程结束。

值得注意的是，在整个项目管理过程中有许多管理内容是贯穿项目始终的，并不需要负责人根据里程碑来确定下一步是否开始。

（1）质量审查

在目前的装备采购工作中，人们大多将质量审查放在出厂前的产品检验过程中，这种质量审查过程很有可能由于出厂时间紧迫、对产品生产过程不熟悉、有利益关系等，无法及时发现质量问题。因此，将质量审查融入整个采办过程中，利用现代质量管理的方法，会更好地保障产品质量。

（2）合同签订

装备采办的项目管理组织体制中既包含需求方和使用方，又包含研制方和生产方，这样的组织决定了在项目初期通过签订合同实现法律约束是远远不够的。因此，要结合各阶段里程碑的确定来签订阶段合同，以保障项目的正常运转。

（3）人员管理

项目管理的组织应该是充分为每名项目成员的发展考虑的，同时考虑新鲜血液注入对项目的积极作用，因此，在项目组织稳定的前提下，时刻保持人员的动态调整也是很有必要的。

（4）装备使用保障人才培养

为了缩短装备形成战斗力的时间，重要的一个环节就是装备使用保障人

才的培养，让整个培养过程伴随着采办的整个项目过程。这样可以大大缩短使用方接装时间，快速形成战斗力，也可以为后期的装备维修保障提供人才支持。

2. 美军流程

美国国防采办大学发布的《国防采办缩略词和术语表》对采办的定义如下：为保障军队任务或满足军队任务使用需求，而进行的一系列装备及其他系统的概念化、设计、开发、试验、承包、生产、部署、后勤保障、变更和处置活动，以及为满足国防部需求的服务和保障活动。

美军装备采办体系大致可分为3个层级：一是决策层，即总统和国会负责审批国防预算，制定国家安全目标，下达防务决策指示；二是统帅层，即国防部作为国家行政机构，依据国会核准的预算和总统下达的指示，统一领导全军国防采办工作，并负责和其他政府部门协作；三是实施层，即各军种部及其所属采办计划执行机构，在国防部领导下，负责按照批准的采办计划组织装备采办实施。主要装备的采办均采用项目管理模式，自上而下建立由国防采办执行官、军种部采办执行官、计划执行官、项目办主任组成的4级指挥线，对装备采办实行项目管理。

（1）决策层：总统和国会

美军装备采办的大政方针、资源分配和重要计划都由国家最高领导层决定或调控。国会参众两院武装部队委员会负责为采办计划授权，参众两院拨款委员会负责为采办计划拨款，参众两院预算委员会负责确定国防预算限额。

（2）统帅层：国防部

国防部属国家行政机构，其装备采办的领导决策职能主要由联合需求监督委员会、国防规划与资源委员会、国防采办委员会等三大委员会行使，负责审查军种部提交的装备需求、国防规划与预算等工作，并为国防采办执行官提供装备采办建议。此外，国防部还下辖陆海空军部，以及合同管理、合同审计等业务局。

（3）实施层：军种部及其所属采办计划执行机构

陆海空军部在国防部是独立部门，分别负责各自军种的训练、组建和装备工作，均单独设置一名军种助理部长级别的军种采办执行官，专职负责制定本军种的采办政策，管理本军种的采办体系。

以海军装备的采办实施层为例，海军采办执行官是海军装备采办工作的最高领导人，由总统直接任命，由负责研究、发展与采办的助理海军部长担任，负责全面领导海军的装备采办工作，包括制定海军采办政策、组建采办管理机构、审批重要武器装备采办计划、审查重要问题等。海军采办执行官接受双重领导，既向国防采办执行官报告装备采办事务，又向海军部长报告行政管理及海军武器装备发展情况。美国海军部拥有若干名计划执行官。

美军的装备水平常年处于世界领先地位，原因是多方面的，其中美军拥有一套高效合理的装备采办制度是不可忽视的重要原因之一。为了能高效获得精良的武器装备，克服装备采办中的"拖""降""涨"难题，美军装备采办制度多年来经过数次改革与调整，才形成了目前以项目管理为核心的采办组织体系和运营流程，值得其他国家参考和借鉴。

3.4.4 预先研究项目管理

1. 预先研究项目的定义

国防科研中的预先研究项目是指新武器系统研制计划正式开始之前的一般技术准备活动，其基本范围包括基础研究、应用研究和先期技术发展3个方面。美国国防部的科学技术计划，实质上就是美军的预先研究计划，是美军整个科研计划的前沿部分。

预先研究的基础研究是认识基本物理过程的性质，扩大知识范围，为新原理、新概念和新方法等在日后军事上的应用寻求科学依据。这类研究项目一般为远期项目，不要求直接解决当前和近期的特定军事应用问题，研究成果一般为科技论文或论著。一些理学及工学研究学科都可以纳入研究的学科范畴，如大气与空间学、生物与医学、化学、认知与神经学、计算机学、电子学、材料学、数学、机械学、海洋学、物理学等。

预先研究的应用研究探索科学研究成果（如新原理、新方法等）在军事上应用的可能性和技术可行性。这类研究项目大多为重点项目，带有明确的解决某个军事问题的目标，但研究对象一般不涉及特性系统，通用性较强，除有书面成果外，还有试验用的元部件等实物样品。应用技术领域包括航空航天推进与动力、航空器与航天器、作战空间环境、生物医学、控制与通信、制造科学与技术、计算机与软件、建模与仿真等。

预先研究的先期技术是供试验用的新技术项目，多为部件或分系统，并

通过实物试验或演示，验证新技术项目在武器系统研制中的可行性和经济性。这类研究一般属于近期项目或可能具有型号研制背景的项目，且尚未进入正式研制阶段，是从技术基础通向武器型号研制的桥梁。先期技术演示是先期技术发展阶段的核心任务，其目的是验证预研成果的成熟性与实用性，保证向武器研制部门输送合格的产品。

2．预先研究项目的特点

预先研究项目具有如下特点。

（1）内容广泛

预先研究工作涉及的科技领域相当广泛，从探索基本自然现象到论证科学原理的军事应用在技术上的可行性，乃至演示具体技术项目在武器系统中的使用性，几乎覆盖了大部分学科。新的自然现象、新的研究领域、新兴交叉学科、世界各地科技界出现的新生事物或重大进展，都可以成为预先研究关注的热点、涵盖的对象。

（2）周期较长

预先研究项目，尤其是基础研究，属于开创性、探索性活动，从开始到取得成果再到实际应用，往往要经历很长的时间，如10年、20年甚至更长的时间。因此，要求预先研究项目投资立竿见影是不科学的，也是不现实的。预先研究项目虽然不像产品开发那样成效快，但是其所蕴藏的潜力是无穷的。

（3）兼具技术风险和应用潜力

预先研究项目大多是高新技术项目，不确定因素较多，技术风险较大，很难保证达到预期结果，但是一旦成功，其影响非同小可。尖端技术上的突破往往直接影响装备的换代和作战方式的变革。例如，原子核裂变的研究产生了威力巨大的原子弹，激光技术的诞生让部队拥有了激光武器。

（4）成果通用性强

预先研究项目面向广泛的技术基础或一般的技术储备，不像型号产品那样带有明显的军兵种属性。预先研究项目成果大多为部件或分系统，只是武器系统的结构材料有很强的通用性。事实说明，某个军种开发的技术成果常常为其他军种所应用；国防科研单位搞的新产品、新方法，也往往为民用市场所采纳。现代科技发展揭示，高新技术成果越来越被人们所共享，这是军种联手、军民结合搞科研的动力之一。在预先研究项目中，越是前期的成果，其通用性越强，如基础研究成果比应用研究和技术开发成果具有更广的应用

范围。

3．预先研究项目的意义

预先研究项目的意义可以归纳为以下 4 个方面。

（1）促进军事技术的发展，保持技术领先地位

预先研究项目的主要目的是开发先进军事技术，确保以技术优势抵消敌人的武器数量优势。原子弹、导弹、军用卫星等先进装备的问世和改进，无一不是军事科研的结晶、技术突破的产物。

（2）增加技术储备，缩短研制周期，保障研制计划顺利进行

型号上马，预研开道，这是科研发展自身规律的要求。预研工作的根本任务就是按照武器发展的要求提前做好技术储备，为日后武器型号上马扫清技术障碍，使研制工作顺利进行。20 世纪 60 年代末，美国国防部对当时 20 种武器系统研制工作所用的各项技术追本溯源，发现其中有 95%直接或间接来源于美国国防部的技术基础计划。实践证明，预研工作充分，武器型号进展则顺利。例如，美国"民兵"导弹于 1958 年正式开始研制，1961 年首次发射成功，其研制周期短的主要原因之一，就是在正式研制前 3 年美国就已组织力量对几项关键技术进行可行性研究，并在型号上马前基本得到解决。反之亦然，预研不充分，研制工作就会走弯路。例如，20 世纪 50 年代末，美国为了应对苏联的导弹优势，急需一套卫星预警系统，于是在技术条件不成熟的情况下仓促上马，搞了四五年后发现仍有一些重大技术难题尚未解决。因此不得不走回头路，再花几年时间去解决技术难题。这证明扎实的预研基础可加速武器开发进程。

（3）开发先进技术，降低武器系统的费用

美国国防科学委员会的研究报告再三强调科学技术基础的目标是以尽可能低的成本，为武器系统提供最佳作战能力。作为美军科技计划一部分的制造工艺计划，主旨就是研究与开发新工艺和新材料，以降低生产成本。美国许多科技基础项目，如超高速集成电路、自适应可靠系统软件技术、材料加工计划等，不仅要求降低系统研制成本，还要求通过提高可靠性和减少维修次数来降低武器系统的全寿命费用。例如微电子技术的发展促使电子计算机的价格大幅下降，碳纤维增强塑料在飞机部件上的使用节省了飞机采购费用。

（4）通过军事研究成果的转移，推动民用技术的发展

美国国防部认为，国防部研究计划的主要目的是适应国家的军事需要，然而，通过正式的和非正式的契约，研究计划的影响已远远超出其原定的军事范畴。从第二次世界大战开始，美国军用研究计划就对全国非军事领域产生了重大影响，如军方支持研究的雷达、人造橡胶和激光技术等，都具有极大的民用价值。美国所搞的军民共享的技术成果不胜枚举。

4．预先研究项目的实施流程

（1）编制预研计划

预先研究项目计划（以下简称"预研计划"）是汇集各军种和业务局上报的计划后统一制订的。军种的预研计划是在国防部和本军种总部的有关文件指导下，根据需要由部队的武器研制部门和作战部门密切配合，经过反复酝酿、评议和审定而成的。

① 提出预研计划项目的依据。提出预研计划项目的依据包括以下两个方面。

一是未来军事需求，这涉及敌方潜在威胁、本身装备缺陷、对付威胁所需新武器的技术基础、兵力结构与战略战术变化等因素。依据这些因素提出的新项目可称为需求牵引的产物。

二是当前科技进展，特别是指高新技术的飞跃式发展，以及新概念、新材料的突破，显示出未来军事应用的前景，由此引出的项目可称为技术推动的产物。若项目的出现，既基于未来武器发展的需要，又基于当前研究所显露出的军用苗头，则属于上述两个方面混合作用的产物。

产生新课题的机遇是多方面的，如研究工作创新与突破所产生的新的启示，通过学术会议、专业期刊和同行交流对科技活动进行跟踪、监视所发现的线索，科技人员和学术团体所提出的新颖的看法、大胆的设想，以及在分析、评定国外相关资料时觉察到的新的苗头和趋势，等等。一旦遇到了新的机会，科研管理部门就要以战略眼光和开拓精神尽量加以把握和利用。

② 提出研究建议的途径。提出研究建议主要通过以下 3 条途径：由军内科研单位逐级上报的（这占绝大部分）；由国防部部长办公厅有关部门和军种各级司令部自上而下布置的；由军外单位向军方预研管理部门或研究所主动推荐的。

③ 确定预研计划的制订程序。对以各种方式提出的研究项目，军种有

关部门按一定的程序和标准进行评议、筛选，将其列入计划，编制预算。

以美国陆军为例，陆军的预研计划主要由武器研制主管部门陆军装备司令部和作战分析部门陆军训练与条令司令部合作制订。预研计划的制订程序大体分为以下3个步骤。

首先分析需求，列出重点。根据以作战构思为基础提出军事需求的原则，由陆军训练与条令司令部所属的学校和综合研究中心对各主要作战领域未来战场环境和作战原则进行分析，提出未来作战设想和相应的装备需求，明确现有装备缺陷，经过筛选排序列出重点问题，在此基础上制定陆军统一的作战需求规划和各个主要作战领域的发展规划。

然后提出项目，征求意见。研究所根据作战需求规划分别提出主管业务范围内的未来新武器所需的技术基础项目，经逐级审定，并汇编成预研计划草案，送有关部门征求意见。

最后审定计划，纳入预算。举行审定会，与会者（包括负责作战和研制事务的高级代表）根据各方面的意见审定预研计划，确定其投资战略，并指导预算编制工作。

④ 采用规划—计划—预算系统方法。预研计划是整个科研计划的一部分，其制订过程要纳入全军科研计划制订过程，并采用规划—计划—预算系统方法。

规划—计划—预算系统方法共分为以下3个步骤。

首先发布规划指导文件。以美军为例，国防部部长每年发布的《国防规划指南》为美军各部门编写《计划目标备忘录》提供指导方针。主管美军科技活动的国防研究与工程署有时还发布更详细的指导文件，供各部门编写《计划目标备忘录》中的科技计划部分时使用。

然后编写《计划目标备忘录》。各部门根据国防部的指导方针编写《计划目标备忘录》，其中有关科技计划的内容主要由各军种和国防部业务局的科研单位编写。国防研究与工程署署长在国防技术委员会的帮助下审查各部门拟订的科技计划，确保科技计划反映上述指导方针，符合既定科技战略，避免不必要的重复，并使经费适中、项目能体现科技计划的目标。经审查并进行必要调整后，由国防研究与工程署草拟《科学与技术问题书》，经负责采办的美国国防部副部长同意，呈送国防部规划与资源委员会审定，将审定结果写入《计划决定备忘录》，作为编制项目预算的依据。

最后提交预算草案。美国国防部各部门依据《计划决定备忘录》所确定

的科技计划项目编制预算提案。有关科技计划项目的预算提案由国防研究与工程署署长审查，以保证各部门项目预算的平衡与协调，并满足重点项目的实际需要。对预算提案（包括《计划目标备忘录》和《计划决定备忘录》未能包含的新补项目预算）进行审查、调整后，国防研究与工程署提出《计划预算决定书》，并经负责研究与工程的国防部副部长和国防部审计长认可后，报送国防部主管该项工作的常务副部长审定。

至此，编制预研计划的3个步骤完成，接下来便是按核准的计划预算实施项目。

（2）实施预研计划

制订完预研计划后，同时依靠以下三方力量具体实施：一是运用自如、具有专业特长的军内科研单位；二是人才齐全、学术气氛浓厚的高校；三是实力雄厚、竞争意识强烈的工业界科研机构。三方密切配合，相互补充，构成军事科研的三大支柱。

① 军内科研单位。各军种的研究单位一般是按专业或任务范围组建的，每个研究单位就是军内系统各自专业技术方面的中心，也是联系地方相同专业及有关科研部门的桥梁。军内科研单位的主要任务是承担应用研究工作，探索将新原理、新技术和新材料应用于装备的可行性，同时承担部分基础研究和先期技术发展工作。

为加强对军内研究单位的指导，主管预研工作的部门经常深入各研究单位，指导它们拟订规划与计划，以便提高军内研究工作的效益。为增强军内科研单位的活力，还需制定一些政策及有关管理措施，如定期检查和评价组织体制、成果质量与数量、人力/物力的使用、科技人员的培训等情况，保证管理人员有职权，能在大政方针指导下实施灵活管理。

军内科研单位的一个共同点是科技队伍比较稳定，项目执行期间，人员总数、科学家与工程师总数、科技人员学位与薪级等情况均无明显变化，整个科研队伍的素质总体来说是好的，能适应发展要求；但受全国人才供求趋势的影响，也存在科技人手短缺和优秀人员流失的问题。

军内科研单位的成就是非常显著的，其在军事预研和武器采办过程中的独特作用也是得到普遍认可的。但就军内是否有必要保留一支独立的科研队伍问题，美国在20世纪80年代曾做过调研，结论是肯定的，那就是为了保持美国技术基础力量，必须拥有一批规模适当、技术实力雄厚的军内科研单位。

② 高校。高校不仅为军事科研生产输送了大批技术人才，还发挥了相当大的技术优势，直接承担了许多军事研究项目，对增强技术基础和保持技术优势发挥了相当大的作用。

高校学者如云，人才齐全，知识交流广泛，研究方法多样。科研与教育相结合，费用较低。研究项目一般具有长期性、多样性和首创性。这些特点对探索新的概念、开拓尖端技术领域极为有利。例如，美军早就同高校建立了密切联系。第二次世界大战以来，许多高校在国防部的资助下积极从事与军事有关的科研活动，有的高校还建立了应用研究机构，如麻省理工学院林肯实验室、约翰斯·霍普金斯大学应用物理研究所等。高校科研军事化倾向较为明显，许多高校竞相参加国防部的高新技术计划项目。预先研究项目主要依靠高校完成以下 4 个方面的工作：从事基本的科学与工程研究，保障军事技术需求；培养技术人才，充实军工界和国防部的科研力量；提出对与国防有关的技术问题的建议；帮助推广新技术，用于工业界的军品与民品生产。

为了更好地发挥高校在军事科研特别是预研工作中的积极作用，可以采取一系列扶持措施。例如，通过签订科研合同，资助高校开展科研项目；为高校添置科研设备，改善科研工作条件；实施科技教育计划，培养国防科技人才；促进军工企业与高校的合作，加速科研成果商品化。

培育人才是高校的主要任务之一。军方资助高校搞科研，既是为了获取科研成果，又是为了造就研究人才。军方除了要求自身密切同高校联系，还要求国防承包商加强与高校的合作，将一部分研究项目转包给高校，双方联合研究，共享科研设备，促进科技人员交流。对与高校合作得好的厂商，美军不仅给予奖励，还支持组建高校与企业科研联合体或建设科技园区，发展高新技术。这些措施，对加速科研成果的实际应用起到了很大的作用。

美军对高校的资助分两大类：一类是研究项目，包括个人项目、小组项目和研究中心项目；另一类是基本的研究保障，包括专门培训需求、重大设备/设施和高校一般性研究保障。这两类资助方式相比，现在越来越侧重于研究项目资助，其中个人项目资助所占比例较大。

③ 工业界科研机构。与国防科研、军工生产有关的企业，大多数拥有先进的科研生产设备和一流的工程技术人员，其不仅是军工生产的主要支柱，还是军事科研的重要力量。就军事科研而言，工业界科研机构不但在军品开发试制方面是强大的主力军，而且在军用技术开拓应用方面是积极的参与者。当然，其科研对象一般以武器型号项目为主。

以美军为例，在发展高新技术方面，其不仅重视发挥大中型企业的作用，还注重充分发挥小型企业的创新潜力。美军从 1983 年起，每年均制订小型企业革新研究计划，邀请在科学与工程领域具有研究和开发能力的小型企业，按计划规定的范围和要求提出研究建议，择优签订研究合同，并为之提供资助。美军的小企业革新研究计划颇有生机，主要原因是有管理机构和政策规定方面的保障，从国防部到基层武器采办部门均有专职人员负责支持小型企业的科研、生产活动，并将其产出的技术与产品引入军事领域。

工业界科研机构除按国防合同承担军事科研任务外，还按自身发展的需要主动选择一些技术课题，从事独立的研究与开发。这种合同之外的科研活动涉及基础研究、应用研究、技术开发、系统研制等，基本属于预研工作。虽然独立研究与开发项目并未纳入特定项目合同，但是为之投资的厂商可以通过日后的国防科研项目收回成本。针对独立研究与开发费用，国防部规定了具体的补偿办法。

总之，预研项目数量庞大，几乎涉及所有的科技领域，需要充分利用军内外多方力量，光靠一方力量是绝对不能胜任的。事实上，军内科研单位、高校和工业界科研机构这 3 支力量各有所长，互为补充。军内科研单位由军方直接管理，能满足特殊军事需求，保障中远期预研项目的实施，不受或少受市场机制的影响，是实施预研计划的可靠力量。高校是基础研究的主要阵地，也是培育国防科技人才的摇篮。工业界科研机构实力雄厚，不仅能开发先进的技术，还能将其开发的技术迅速应用于新武器的研制与生产，从而有利于预研与型号研制、研制与生产的自然过渡。项目负责人应根据预研项目的不同阶段和性质，选择不同的实施部门。

（3）签订预研合同

预研项目以合同形式交给高校和工业界科研机构。军方预研管理部门，如美国海军研究局、高级研究计划局等，负责预研合同的签订和管理事务。军内科研单位也可直接与地方科研单位签订合同，并协助预研管理部门对合同事务进行监督和管理。

预研合同的签订通过招标或谈判进行。技术规范明确、成本与技术风险不大的项目（如武器系统研制与生产项目）适合采用招标法。谈判法则多用于无法通过正式招标而进行竞争的、带有实验性或研究性的、国家急需的或不宜公开的项目。预研项目因技术要求不明确、不确定因素较多和竞争性不强等，一般采用谈判法。谈判法的主要步骤是军方拟定技术建议征求书，提

出预研项目的技术性能、进度和成本等基本要求，发给预先选定的单位，收集具体的建议，再根据评审标准评定各单位的建议，按各项综合得分择优选出一家单位签订合同。

科研合同可以分为定价合同和成本补偿合同两大类。比较成熟的研制项目和生产项目适用定价合同；预研项目因其不确定因素较多，一般适用成本补偿合同。

不同的合同形式，意味着合同双方需要承担不同程度的风险和提出不同程度的管理要求。合同形式是否适当，与费用多少和质量优劣关系很大。因此，项目负责人在选择合同类型时，一般都广泛征求合同管理部门、承包单位的意见，商定对双方都有利的合同形式。

3.4.5 研制项目管理

1. 我军概况

研制项目是装备科研项目的一种类型，包括常规装备研制项目、战略装备研制项目、卫星研制项目等。

常规装备研制项目一般划分为论证阶段、方案阶段、工程研制阶段、设计定型阶段、生产定型阶段等。改型、仿型或小型装备研制项目，经批准可对研制阶段进行剪裁，对随主装备批准立项的配套装备研制，只报批总要求。每个阶段的工作按规定的要求完成并经评审后，方可转入下一个阶段。

战略装备研制项目一般划分为论证阶段、方案阶段、工程研制阶段和定型阶段。

卫星研制项目一般划分为论证阶段、方案阶段、初样研制阶段、正样研制阶段和使用改进阶段。

研制项目不同，其研制阶段的表示方法也不尽相同，管理模式、方法差异较大，更重要的是质量要求完全不一样。各研制阶段是根据研制产品的迭代实施技术状态控制的。因此，承制方和使用方更关注产品在某阶段的技术状态，只有在某阶段达到了规定的功能和技术指标，才能进入下一个阶段或状态。

承制方必须保证产品的设计及其制造工艺的质量符合研制总要求和合同的要求。研制总要求和合同的要求是开展研制工作及其质量管理的目标和依据，能准确、全面地反映使用单位的各种需求，包括产品的性能、寿命、

可靠性、维修性、安全性、研制周期、研制费用、质量保证要求等。当研制总要求和合同需要更改时，承制方和使用方必须进行充分论证、协商，按规定报经主管部门批准；当技术协议书需要更改时，承制方和使用方必须进行充分论证，在与军方代表协商一致后，可以补充协议书或完善技术协议书的内容。

分阶段控制是指结合产品的特点，在质量管理手册中明确划分产品的研制阶段，制定具体的研制程序和网络图，并严格组织实施。应在每个阶段中设立质量控制点，分阶段进行控制，若前一个阶段的工作没有达到要求，不能转入下一个阶段。

分层控制是指新技术、新器材必须经过充分论证、试验和鉴定，方可引入新产品设计。重要零部件和新设备必须经检测、试验、鉴定合格后，方能进行整机试验。

按产品层次控制是指制定并执行新产品研制程序，明确规定产品层次各阶段的研制内容和工作要求，并按产品层次制定和实施分阶段质量控制办法。产品层次为系统、分系统、设备、组件、部件和零件。

军方对装备研制项目的监督管理反映在决策层、管理层和执行层：决策层决定做什么、怎么做、按什么标准做；管理层代表国家和军队制定文件、提出要求、编制实施办法；执行层通过国家赋予的权利，依据法规、标准等实施质量监督，即用程序来解决做到什么程度的问题。其中较重要的是质量监督。质量监督包括订货合同管理监督、研制过程质量监督、成品监督、生产过程的产品质量监督、质量管理体系监督、技术服务监督、成本监督等。

2. 外军概况

外军装备研制阶段的开始，通常以方案精选阶段的开始为标志。在进入这一阶段前，通常要进行一次立项决策。立项决策通过标志着对该项目的方案研究工作开始，但并不代表项目已经启动。例如，美国的立项决策是方案决策，主要是对联合能力一体化与开发系统形成的第一份能力需求文件（初始能力文件）进行确认和批准；英国的立项决策是概念决策，是批准应用研究计划和高层作战分析计划后被称为概念研究的方案精选阶段；法国的立项决策是项目设计决策，是批准项目准备阶段确认的初步军事需求计划后被称为项目设计的方案精选阶段；德国的立项决策是设计决策，是批准基于军事能力需求分析形成的阶段性文件《最终功能要求》后的设计阶段。

外军装备研制在方案精选阶段的主要任务是分析和研究各种备选方案、考虑可能的技术解决途径，包括采用盟国研制的武器系统和寻求合作机会，以及利用全球的工业基础获得自己所需的技术。外军方案精选阶段的活动一般由多项相互竞争的、并行的短期方案研究组成。这些方案研究的焦点是确定和评价各种备选方案的可行性，并为评估这些方案的相对指标提供基础，如优缺点、风险大小等。方案精选阶段要对各种备选方案进行分析、研究，比较其可行性。

为了获得最佳的能力解决途径，外军在方案精选阶段把工作重点放在创新和竞争上，鼓励各种企业参与方案竞争，不管是小型企业还是大型企业、是传统企业还是新兴企业、是国内企业还是国外企业。美军的做法是，先从私营部门征集备选的能力设计方案，再向军内的机构、国际上的技术和设备公司、联邦政府的实验室、由联邦政府资助的研究与开发中心、教育机构及其他非营利机构征集能力设计方案。

外军方案精选阶段的经费通常被用于方案研究。例如，美军方案精选阶段的方案研究工作以初始能力文件为指引，在方案研究经费的支持下，基于实现能力目标的武器系统方案的互用性、安全保密与隐蔽性、战场生存性、使用的连续性、技术支持、作战保障、基础设施等方面问题提出可行的解决途径，并制定总的研制策略和试验与鉴定方案，包括工程研制的试验与鉴定、作战使用的试验与鉴定、实弹试验与鉴定。

在主管部门批准立项采办用于形成或提升某种作战能力的装备之后，需要进行不同研制方案的可行性论证，从中选取最适当的研制路径。这种论证要对各个方案提出的装备的战术技术指标、使用要求、技术途径进行多方比较和充分论证，初步确定战术技术指标和有关要求。

技术储备是进行战术技术指标论证的重要前提。过去有些装备的研制周期长，出现定型时间推迟或研制出来的装备达不到批准的战术技术指标和使用要求、中途夭折等情况，型号上马前缺乏技术储备是重要原因。因此，型号拟采用的高新技术应有预先研究成果，对于复杂的武器系统所涉及的主要关键技术，应在应用、基础研究计划中提前安排，取得预先研究成果。这样，装备的论证和研制才有良好的技术基础。

装备战术技术指标和总体方案设置正确与否，对整个装备研制质量、经费和研制周期的影响极大。外军在论证时强调要充分了解国内外情况，根据国情、军情、未来作战需求，实事求是地制定出科学的、合理的战术技术指标和使用要求，不仅要考虑单项指标在一定时间内能达到，还要考虑武器系统的整体作战效能提高，避免顾此失彼或制定不切实际的指标。科学技术发展很快，外军强调要充分了解国内外科学技术发展趋势，科学地预见技术进步的可能性，优先研制周期内能够在工程应用上取得成果的新技术，在可靠的技术指标基础上制定先进的总体方案，有利于从总体上最大限度地提高装备的作战效能。此外，费用分析要清楚，综合衡量，使确定的指标和选取的总体方案正确而有远见。有的装备还要考虑科学技术发展带来的新技术迭代的可能性，为定型后的技术改进留有余地，以及在基本型号基础上派生出其他型号，形成系列。

在论证装备战术技术指标时，要对所需的重要的保障条件进行初步论证，如设备/设施等，并编制方案精选阶段的科研经费预算，为进入下一步工作做好准备。

在进行可行性论证时，要考虑是否有能力为系统和设备的采办、使用、保障提供足够的资金，这就是经济可承受能力问题。判断可承受能力的依据是项目在其使用寿命周期的总费用估算，即全寿命费用估计。为了行之有效，全寿命费用估算在方案设计初期就要开始，并在整个采办过程中持续进行。

第四章
信息系统项目管理理论

4.1 信息及信息系统内涵

4.1.1 信息与信息化

1. 信息的定义及特性

在我国，信息一词最早可追溯为消息，表示人们之间传递的事件描述。在其他语言体系中，如英语、法语、德语、西班牙语，信息均为 information，其英文释义为 a message received and understood，即收到并理解的消息。

1928 年，拉尔夫·文顿·里昂·哈特利（Ralph Vinton Lyon Hartley）发表了《信息传输》一文，这是信息作为科学术语首次出现，奠定了信息论的基础。20 世纪 40 年代，信息论的奠基人克劳德·艾尔伍德·香农（Claude Elwood Shannon）给出了信息的明确定义，此后许多研究者从各自的研究领域出发，给出了不同的定义。具有代表意义的表述如下。

克劳德·艾尔伍德·香农认为信息是用来消除随机不确定性的东西。这一定义被人们视为经典性定义并加以引用。

控制论创始人诺伯特·维纳（Norbert Wiener）认为信息是人们在适应外部世界，并使这种适应反作用于外部世界的过程中，同外部世界进行交换的内容。这也被人们视为经典性定义并加以引用。

经济管理学家认为信息是用于决策的有效数据。

我国著名的信息学专家钟义信教授认为信息是事物存在方式或运动状态，以及对这种存在方式或运动状态直接或间接的表述。

总体来说，科学的信息概念可以概括为如下内容：信息是对客观世界中

各种事物的运动状态和变化的反映,是客观事物之间相互联系和相互作用的表征,表现的是客观事物的运动状态和变化的实质内容。

为了定量描述信息,克劳德·艾尔伍德·香农将热力学中的熵引入了信息论。在热力学中,熵是对系统无序程度的度量,而信息正好与熵相反。信息发生的概率越大,信息量越小;信息发生的概率越小,信息量就越大。可见,信息量和信息发生的概率是反比关系。

信息是对系统有序程度的度量,表现为负熵,计算公式如下:

$$H = -\sum_{i=1}^{n} P(x_i) \log_2 P(x_i)$$

式中,x_i 表示 n 个状态中的第 i 个状态;$P(x_i)$ 表示出现第 i 个状态的概率;H 表示消除系统不确定性所需的信息量,即以比特为单位的负熵。

克劳德·艾尔伍德·香农关于信息的定义和量化揭示了信息的本质,同时有助于人们分析出信息的特性,如客观性、普遍性、无限性、动态性、相对性、依附性、变换性、传递性、层次性、系统性、转化性等。

信息可以通过各种方式被迅速传递,打破时间和空间的限制。信息可以被多人分享,发挥较大效用。信息可以作为分析过去和现在的数据,辅助人们预测未来的趋势。信息的价值大小是相对的,取决于接收者的需求及对信息的理解、认识和利用的能力。信息经过人的分析和处理,往往会产生新的信息,使信息增值,即人们可以对信息进行整理、归纳、去粗取精、去伪存真,从而获得更有价值的信息。信息必须依附于一定的载体加以存储,便于长期保存和查阅。

2. 信息化的内涵及发展

信息化的概念起源于 20 世纪 60 年代的日本,是由日本学者梅棹忠夫(Tadao Umesao)提出来的,后来被译成英文传播到西方国家。20 世纪 70 年代后期,西方国家普遍使用信息社会、信息化的概念。1963 年,梅棹忠夫在题为《论信息产业》的文章中,提出信息化是通信现代化、计算机化和行为合理化的总称。其中,通信现代化是指在现代通信技术基础上进行的社会活动中的信息交流过程;计算机化是社会组织之间信息的产生、存储、处理(或控制)、传递等广泛采用先进计算机技术和设备的过程;行为合理化是指人类按公认的合理准则与规范进行社会活动。

1997 年,我国召开首届全国信息化工作会议,给出了信息化和国家信息

化的定义。信息化是指培育、发展以智能化工具为代表的新的生产力并使之造福于社会的历史过程。国家信息化是指在国家统一规划和组织下，在农业、工业、科学技术、国防及社会生活各个方面应用现代信息技术，深入开发、广泛利用信息资源，加速实现国家现代化进程。

总体来说，与工业化、现代化一样，信息化是一个动态变化的过程。其核心是通过全体社会成员的共同努力，在经济和社会各个领域充分应用基于信息技术的先进社会生产工具，即各种信息系统或软硬件产品，提高信息时代的社会生产力。

我国的信息化建设始于20世纪80年代。

1982—1993年是准备阶段。这一时期以推动电子信息技术，特别是大规模集成电路与计算机技术的应用为主线，从过去的以研制计算机硬件设备为中心，转向以普遍应用为重点，带动研发、生产、销售、应用、服务等全生产链发展，为国家信息化建设做好了思想与认识准备、技术与产业准备。

1993—1997年是启动阶段。这一时期以金桥工程、金卡工程、金关工程的启动为标志，正式拉开了国民经济信息化的序幕，国家随即确立了"推动信息化工程实施，以信息化带动产业发展"的指导思想，各领域、各地区、各部门形成了推进信息化发展的浪潮。

1997—2000年是展开阶段。这一时期以首次召开全国信息化工作会议为标志，界定了国家信息化的含义和国家信息化体系六要素，提出了符合我国国情的信息化发展总体思路，丰富了我国信息化建设的内涵。会议通过的《国家信息化"九五"规划和2010年远景目标》成为我国信息化建设的里程碑。我国信息化工作从解决应急性的热点问题，步入有组织、有计划地为国民经济发展和社会进步服务的轨道。

2000—2005年是发展阶段。这一时期以《中共中央关于制定国民经济和社会发展第十个五年计划的建议》为标志，提出以信息化带动工业化，走新型工业化道路的战略举措。这成为引领我国工业化、信息化、现代化建设的基本方针。为了贯彻这一方针，原国家发展计划委编制了《国民经济和社会发展第十个五年计划信息化重点专项规划》。这是我国第一个国家信息化规划，是规划和指导全国信息化建设的纲领性文件，全面分析了当时信息化面临的国内外形势，回顾和总结了我国信息化建设的成就和问题，提出了"十五"推进信息化建设的发展方针、发展目标、主要任务和政策措施。

2016年7月，中共中央办公厅、国务院办公厅印发《国家信息化发展战略纲要》，强调了国家信息化发展战略总目标分3步走。第一步为2017—2020年，围绕全面建成小康社会的奋斗目标，服务重大战略布局，促使信息化成为驱动现代化建设的先导力量，网信事业在践行新发展理念上先行一步。第二步为2021—2025年，紧紧围绕网络强国建设目标，实现技术先进、产业发达、应用领先、网络安全坚不可摧的战略目标。第三步为2026年到21世纪中叶，信息化全面支撑富强、民主、文明、和谐的社会主义现代化建设，网络强国地位日益巩固，在引领全球信息化发展方面有更大作为。

2021年12月，中央网络安全和信息化委员会印发《"十四五"国家信息化规划》，提出到2025年，数字中国建设取得决定性进展，信息化发展水平大幅跃升。数字基础设施体系更加完备，数字技术创新体系基本形成，数字经济发展质量效益达到世界领先水平，数字社会建设稳步推进，数字政府建设水平全面提升，数字民生保障能力显著增强，数字化发展环境日臻完善。

2024年9月，国家互联网信息办公室针对2023年我国各地区、各部门信息化发展情况，开展信息化发展水平监测评估，编制了《国家信息化发展报告（2023年）》，指出2023年各地区、各部门要深入贯彻落实党中央、国务院决策部署，强化顶层设计、统筹协调、整体推进、督促落实，推动信息化关键能力建设取得新突破，网络信息技术创新步伐不断加快，新一代信息基础设施持续完善，数据资源开发利用水平明显提升；信息化驱动引领经济社会发展取得新成效，数字经济赋能高质量发展，信息化赋能高品质生活，电子政务赋能高效能治理；信息化发展环境建设迈上新台阶，全国信息化发展整体水平得到新提升，为强国建设、民族复兴伟业注入新动能。

4.1.2 信息系统

1. 信息系统的定义

信息系统是指利用计算机、网络、数据库等现代信息技术处理组织中的数据、业务、管理、决策等问题，并为组织目标服务的综合系统。信息系统由计算机硬件、网络和通信设备、计算机软件、信息资源、信息用户和规章制度组成，是一个以处理信息流为目的的人机一体化系统。简单地说，信息系统就是用户输入数据后，通过加工处理产生信息的系统。

信息系统是大部分组织都有的子系统，是为生产和管理服务的。对从事物质生产及具体工作的部门来说，信息系统是管理或控制系统中的一部分。信息系统有别于其他子系统。它像人的神经系统一样，能够渗透到组织的多个部门。信息系统的作用与其他系统有些不同，它不从事具体的事务性工作，而是负责全局的协调一致。因而组织越大，改进信息系统所带来的经济效益也就越高。信息系统的运转情况与整个组织的效率密切相关。

2. 信息系统的发展道路

1979 年，美国管理信息系统专家理查德·诺兰（Richard Nolan）通过对 200 多个公司或部门应用信息系统的实践经验进行总结，提出了著名的信息系统发展的阶段模型，即诺兰模型。理查德·诺兰将信息系统的发展道路划分为 6 个阶段，分别是初始阶段、传播阶段、控制阶段、集成阶段、数据管理阶段和成熟阶段。

理查德·诺兰认为，任何组织由手工信息系统向以计算机为基础的信息系统发展时，都存在一条客观的发展道路和规律。数据处理的发展涉及技术的进步、应用的拓展、计划和控制策略的变化、用户的状况等。这种阶段的划分对任何组织任何类型的信息系统均适用，即任何组织在实现以计算机为基础的信息系统时都必须从一个阶段发展到下一个阶段，不能跳跃式发展。

诺兰模型的每个阶段都有其特征和重要性，如前 3 个阶段具有计算机时代的特征、后 3 个阶段具有信息时代的特征，其转折点是进行信息资源规划。诺兰模型被国际上许多企业的计算机应用发展情况所证实。

（1）初始阶段

初始阶段以安装第一台计算机为标志。在这个阶段，人们对计算机还不是很了解，信息系统的初步应用使人们感受到了计算机的便利，带动了计算机在企业中的应用。例如，组织引入了管理应收账款和工资的数据处理系统，各个职能部门（如财务）致力于发展自己的系统。然而，人们对数据处理费用缺乏控制，建立信息系统时往往不注重经济效益，用户对信息系统也是抱着敬而远之的态度。

（2）传播阶段

由于第一台计算机取得了良好的应用效果，人们决定增加计算机数量，扩大应用范围。在这一阶段，应用集中在解决业务中的局部问题方面，数据

处理能力有了提高。信息技术应用开始扩展，数据处理专家在组织内部宣传自动化的作用，组织管理者开始关注信息系统带来的经济效益。

（3）控制阶段

扩展的结果是计算机越来越多，许多简易的信息系统被重复开发。由于缺乏标准化机制、信息不能共享，使用时出现了混乱的现象，人们开始对信息系统的数量进行控制。根据数据处理费用的控制需要，组织管理者召集来自不同部门的用户组成委员会，以共同规划信息系统的发展。信息系统管理成为一个正式部门的职责，控制组织内部活动，启动项目管理计划和系统发展方法。信息系统应用走上正轨，并为后面的信息系统发展打下基础。

（4）集成阶段

随着人们的应用经验逐步丰富，应用项目不断积累，用户逐渐产生了集成需求，从全局出发，由分散到一体化。这是一个非常重要的阶段。这时，组织从管理计算机转向管理信息资源，实现了一个质的飞跃。组织开始使用数据库和远程通信技术，努力整合现有的独立的信息系统。

（5）数据管理阶段

信息系统一体化的结果是有了一个统一的标准化数据库，使各子系统之间形成了一个有机的整体，互相共享数据。信息系统的功能更加完善，对管理活动的支持更加全面。信息系统开始从支持单项应用发展到支持基于逻辑数据库的综合应用。组织开始全面考察和评估信息系统建设的成本和经济效益，全面分析和解决信息系统投资中的平衡与协调问题。

（6）成熟阶段

此时数据处理趋于成熟，信息成为资源，各部门在共享信息的基础上支持组织的目标。信息系统在助力组织产生巨大的经济与社会效益方面有较大的作用。组织管理者认识到，管理信息系统是组织不可缺少的基础，于是正式将信息资源计划和控制系统投入使用，以确保管理信息系统支持业务计划。至此，信息资源管理的效用充分体现出来。

从概念上讲，信息系统在计算机问世之前就已经存在了，但其加速发展和日益为人瞩目却在计算机和网络广泛应用之后。自 20 世纪初科学管理理论被创立以来，管理科学与方法技术得到迅速发展。在与统计理论和方法、计算机技术、通信技术等相互渗透、相互促进的发展过程中，信息系统作为一个专门的领域迅速形成。

3. 信息系统的基本功能

信息系统包括输入、存储、处理、输出和控制5个基本功能。信息系统的输入功能决定于系统所要达到的目的、系统的能力、信息环境的许可。存储功能指的是系统存储各种信息资料和数据的能力。处理功能是指基于数据仓库技术的联机分析处理和数据挖掘技术。这些功能都是为了保证实现最佳的输出而设置的。控制功能是指对构成系统的各种信息处理设备进行控制和管理，通过各种程序对整个信息加工、处理、传输、输出等环节进行控制。

4. 信息系统发展时期

20世纪50年代，计算机在信息处理领域得到了广泛的应用，其快速的处理速度、极强的存储能力和广阔的应用领域向人们展示了其强大的生命力。一时间，以电子计算机为基本处理工具的信息处理技术和信息系统风靡整个西方世界。各企业纷纷购买计算机，并抽出大量人力、财力建立信息处理系统，以取代日常的人工信息系统，并进行数据处理、信息分析、管理决策工作，以期为企业带来巨大的经济效益。

总体来看，按照时间顺序，信息系统经历了以下发展时期。

（1）电子数据处理系统

作为用计算机处理信息的人机系统的信息系统，电子数据处理系统（Electronic Data Processing System，EDPS）曾得到迅猛发展。电子数据处理系统是利用计算机代替以往人工进行事务性数据处理的系统，又称事务处理系统（Transaction Processing System，TPS），20世纪50年代初，从商界第一次利用计算机处理工资单、财务报表和账单等开始发展。电子数据处理系统当时有一些缺陷，受限于计算机的处理能力和人们对计算机的认知，只能完全模拟人工信息系统，数据收集速度慢且容易出错。

电子数据处理系统是较早的信息系统，功能包括利用计算机完成各类数据的存储、加工处理、输出和数据交换。电子数据处理系统主要利用了计算机能够高速处理、具有巨大存储量、能够快速及准确地通信等特点，解决了传统的人工数据处理中工作量大、不精确等问题。其具体的应用系统有数据统计系统、数据更新系统、数据查询系统、数据分析系统等。分散孤立的电子数据处理系统可通过通信网络相互连接起来，彼此协调工作，形成功能更为强大的信息处理系统。

电子数据处理系统的出现标志着信息系统的产生，将计算机应用推向了一个高潮，使计算机的应用从单纯的数值运算扩大到数据处理的广阔领域。

（2）管理信息系统

管理信息系统（Management Information System，MIS）是在电子数据处理系统基础上发展起来的第二代信息系统。电子数据处理系统用于处理和获取数据，仅涉及一个部门内的操作性活动；管理信息系统为管理者提供信息，是一个部门的管理工具，强调管理方法和技术的应用，强调把信息处理的速度和质量扩大到组织机构的所有部门，从而增强组织机构中各职能部门的管理效率和能力。

管理信息是用于管理的、需要使用一定的方法进行整理、保存以方便人们使用的数据。与一般的信息不同，管理信息具有一定的数据规模、相对稳定的数据结构和较固定的数据处理模式，并需要保存相当长的时间。人事档案数据、调查统计数据、库房管理数据、企业管理数据、金融财产数据等都属于管理信息。

管理信息系统是在电子数据处理系统的基础之上发展起来的，扫清了电子数据处理系统在管理领域的一些弊端，在处理的方法、手段、技术方面都有了长足的进步。

与电子数据处理系统相比，管理信息系统强调定量化的管理模型和系统的优化处理，强调系统对处理对象和处理过程的预测和控制作用，强调系统对数据的深层次开发，强调系统化的开发方法。

（3）决策支持系统

决策支持系统（Decision Support System，DSS）的概念是美国学者斯科特·莫顿（Scott Morton）于20世纪70年代首次明确提出的。它是辅助决策工作的一种信息系统，重点在支持而非决策工作的自动化。

当时，管理信息系统经历了一个迅速发展的时期，但随着时间的推移，管理信息系统逐渐暴露出来很多问题，如早期的管理信息系统缺乏对社会组织机构和不同阶层管理人员决策行为的深入研究，忽视了人在管理决策过程中的不可替代作用。因而在实际工作中，特别是在辅助高层的管理决策工作中，管理信息系统达不到预期的效果。

20世纪70年代初，哈佛大学归纳了早期管理信息系统失败的教训，提出了管理信息系统的7个问题，在学术界掀起了一场关于管理信息系统为何会失败的讨论，有学者提出了决策支持系统的概念，把管理信息系统

的研究又推到了一个更新的阶段。经过不断丰富和发展，形成了决策支持系统。

相比于管理信息系统，决策支持系统是面向决策者的，以解决具有不确定性、没有固定处理模式的管理决策问题为主，强调决策过程中人的主要作用。决策支持系统针对决策者，体现了人在决策过程中的作用。

（4）办公自动化系统

办公自动化系统（Office Automation System，OAS）和多媒体信息系统（Multimedia Information System，MMIS）是电子数据处理系统、管理信息系统、决策支持系统等信息系统的一种综合应用，不能简单地称之为新型的信息系统。由于办公自动化系统在20世纪80年代的广泛应用，以及多媒体信息系统在20世纪90年代的蓬勃发展，信息系统这一领域更加引起人们注意，多媒体信息系统本身也成为各类信息系统应用的方向。

办公自动化系统结构包括基础设施层、资源管理层、业务逻辑层、应用表现层。基础设施层由支持计算机信息系统运行的硬件、系统软件和网络组成。资源管理层包括各类结构化、半结构化和非结构化的数据信息，以及实现信息采集、存储、传输、存取和管理的各种资源管理系统，主要有数据库管理系统、目录服务系统、内容管理系统等。业务逻辑层由实现业务功能、流程、规则、策略等各种应用业务的一组信息处理代码构成。应用表现层通过人机交互等方式，将业务逻辑和资源紧密结合在一起，并以多媒体等丰富的形式向用户展现信息处理的结果。

信息技术的不断发展促进了信息系统的持续更新。无论哪个时期，信息系统都具有一些基本功能，如收集原始数据和信息，进行信息输入，将收集到的数据存储在系统中，对数据进行加工和处理（提取有用信息），将处理后的信息以报告、图表等形式展示给用户进行输出，并对系统的运行进行监控和管理。这些功能决定了信息系统具有信息性、综合性、集成性、多样性、发展性等特点。其中，信息性是指信息系统主要处理和传递信息，能够帮助组织进行决策和管理；综合性是指信息系统涉及多个方面的信息处理，包括数据的收集、存储、处理和输出；集成性是指信息系统通常与其他系统集成，形成一个整体，共同完成信息处理任务；多样性是指信息系统可以处理各种类型的信息，包括文本、图像、视频等；发展性是指随着技术的发展，信息系统的功能和性能不断提升，以适应不断变化的需求。

5. 信息系统生命周期

信息系统生命周期随着技术的发展和管理需求的变化而不断演变。早期的信息系统只包含简单的数据处理功能，现代信息系统非常复杂，涉及多层次的数据处理、决策支持、业务优化等。随着技术的进步，信息系统生命周期管理也变得更加精细和复杂，涵盖了更多的管理和维护工作。信息系统生命周期是指信息系统在使用过程中，随着环境的变化，经历的不同阶段。按照不同的方法，信息系统生命周期的阶段划分主要有 3 种方式。

（1）按照项目管理需求划分

按照项目管理需求，信息系统生命周期分为启动、计划、执行、收尾 4 个阶段。

（2）按照开发和管理的一般流程划分

按照开发和管理的一般流程，信息系统生命周期分为系统规划、系统分析、系统设计、系统实施、系统运行与维护 5 个阶段。

（3）按照运行状态划分

按照运行状态，信息系统生命周期分为立项、开发、运维、消亡 4 个阶段。其中，立项阶段对应系统规划阶段，开发阶段对应系统分析、系统设计、系统实施阶段，运维、消亡阶段对应系统运行与维护阶段。

立项阶段的主要任务是进行项目立项和可行性研究，确定信息系统的建设方案。人们需要考虑企业发展战略与信息化流程是否匹配，制定信息系统管理、业务和技术规范。

开发阶段的系统分析阶段详细描述业务活动和用户需求，建立目标系统的逻辑模型；系统设计阶段建立信息系统的物理模型；系统实施阶段包括编程和测试、设备安装和调试、人员培训等。

运维阶段是指系统投入运行后的阶段，需要人们维护和评价、记录运行情况。人们根据标准对系统进行必要的修改，评价系统的工作质量和经济效益。

消亡阶段是指当信息系统失去使用价值后的阶段，需要进行系统的报废处理，包括数据迁移和设备处理。

划分信息系统生命周期的意义在于对每个阶段的目的、任务、采用技术、参加人员、阶段性成果，以及与前后阶段的联系进行深入具体的研究，以便人们更好地实施开发工程，开发出一个更好的系统或更好地运用系统，最终

取得更好的效益。值得一提的是，为了便于信息系统的安全管理，信息系统生命周期不同阶段的安全等级保护措施总体目标一致，方法略有不同。

6. 信息系统建设实例

（1）信息化"金字工程"

信息化"金字工程"以"三金工程"为主。"三金工程"是指金桥工程、金卡工程和金关工程。"三金工程"的目标是建设中国的"信息准高速国道"。这是国家逐步实施的重大电子信息工程。除了"三金工程"，其他信息化"金字工程"还包括金智工程、金企工程、金税工程、金通工程、金农工程、金图工程和金卫工程。

金桥工程首先建立国家公用经济信息网。具体目标是建立一个覆盖全国并与国务院各部委专用网连接的国家公用经济信息网。金桥工程通过建设国家公用经济信息通信网，促进了科技成果的转化和应用，增强了宏观经济调控和决策的科学性，推动了信息服务业的发展。金桥工程以经济建设为中心，推动了科技与经济的结合。

金卡工程是以推广使用信息卡和现金卡为目标的货币电子化工程。金卡工程通过推广电子货币和金融交易卡，实现了支付手段的革命性变化，推动了金融交易的电子化进程。

金关工程是对国家外贸企业的信息系统实现联网，推广电子数据交换技术，实行无纸贸易的外贸信息管理工程。金关工程通过推广电子数据交换技术，实现了货物通关自动化和国际贸易无纸化，提高了贸易效率；不仅实现了海关联网，还以网络交换信息取代磁介质信息，推动了国际贸易的信息化进程。

金智工程是与教育科研有关的网络工程，主体部分是"中国教育和科研计算机网示范工程"，实现世界范围内的资源共享、科学计算、学术交流和科技合作。

金企工程是由原国家经贸委所属的经济信息中心规划的"全国工业生产与流通信息系统"的简称。

金税工程是与税务信息系统有关的信息网络工程。

金通工程是与交通信息系统有关的信息网络工程。

金农工程是与农业信息系统有关的信息网络工程。

金图工程是中国图书馆计算机网络工程。

金卫工程是中国医疗和卫生保健信息网络工程。

信息化"金字工程"是我国信息化建设重大战略举措的一项重要内容，不仅实现了货物通关自动化、电子数据交换推广、支付手段的革命性变化，还推动了科技成果转化。这些工程的建设不仅提升了我国的信息化水平，还对推动社会经济和科技的发展起到了重要作用。

（2）联想的企业信息化

联想于 1998 年 11 月 9 日正式启动企业资源计划项目。联想的企业资源计划项目采用的是国际知名的思爱普的产品。联想的企业资源计划项目组与思爱普的咨询顾问、德勤的咨询顾问共同组成咨询组，从"摸着石头过河"到"铺路架桥、让大部队、正规军、重武器通过"，在联想全体员工的参与下，化解了对项目实施规律与关键要素认识不清、公司的现实需要与未来发展目标的矛盾，解决了团队建设、员工归属感与价值认同等一系列尖锐复杂的问题，达到成功。2000 年 1 月，联想企业资源计划正式上线，与原有系统并行。同年 5 月，企业资源计划项目再造成功，联想企业资源计划项目正式实施成功。

联想认为，实施企业资源计划项目，大大提升了企业的核心竞争力：第一，通过企业资源计划项目的实施，培养了一批具有典型着想精神的人；第二，从企业经营管理的角度看，对市场的反应速度加快，增强了企业的动态应变能力；第三，企业运作成本降低，业务流程得到优化和集成，减少了因环节重复而造成的损耗；第四，对风险的控制能力加强；第五，为联想战略的制定提供了服务。

更为重要的是，通过企业资源计划项目的实施，联想搭建了一个符合企业长远发展要求的信息化平台。

作为企业管理思想，企业资源计划是一种管理模式；作为一种管理工具，企业资源计划又是一套先进的计算机管理系统，为许许多多的企业带来了丰厚的收益。企业资源计划项目的实施难度非常大，在国际上，成功率不到 20%，对企业的管理基础、领导能力和文化都是一场深刻而严峻的考验。综上所述，技术只是一个工具，企业资源计划项目成功与否，经验与教训主要来自管理方面，关键在于管理者的主导因素。

联想的信息化建设是从 1991 年开始的，持续的信息化应用给联想带来了巨大的经济效益。2000 年，仅企业资源计划上线的前一个季度，联想的净利润就比 1999 年同期增长了 136%；平均交货时间从 1996 年的 11 天缩短为 5.7 天……

联想的信息化建设并不是一蹴而就的，而是一个循序渐进、从基础到高端的发展过程。

联想通过多年的实践，理解到企业信息化的实质：通过对先进的管理思想的消化，学习参照最佳行业实践，梳理、优化、再造业务流程，并应用 IT 技术，规范、集成、共享信息，从而达到提高效率、降低成本、提升客户满意度和企业运作管理水平的目的。联想成功的经验为其他企业树立了榜样。

（3）海尔的企业信息化

海尔创立于 1984 年，如今已成为在国内外享有较高美誉的大型国际化集团。

海尔的企业信息化建设作为管理体系的支撑，在海尔的发展过程中起到了非常重要的作用。业务流程再造后，海尔的管理模式由原先各产品事业部相对独立、自成一体的管理方式，转向集中式网状管理结构，信息技术框架、海尔信息系统成为新流程的两大基础平台，实行的市场链流程体系打破了原有的直线职能式的金字塔形结构，这是实施企业信息化的基础。市场链流程通过信息化手段使企业与市场以最短的流程联结在一起，使流程不被割裂，并使组织简化，向零管理层努力。流程的一头连着全球的供应链网络，另一头则连着全球的用户网络，中间是物流、商流和制造系统，这是主流程。原来的职能部门不再具有职能的功能，而变成了支持流程。海尔的流程再造关键是观念的再造，流程再造的基础是海尔文化，以及计算机信息系统。

市场链流程最大的优势在于，传统的劳动分工理论把企业内部流程割裂开，形成许多孤立的、局部的流程，整合后的流程变成了 3 条线，最上面的叫订单信息流，以订单信息流为中心，带动了物流、资金流的运作。

海尔提出企业信息化并不是简单地把企业内部的所有数据都用计算机来处理，而是一个系统工程，是将企业和市场紧紧联系在一起的信息系统工程。

海尔有一个关于企业发展的斜坡球体论，即把企业看成放在斜坡上的一个球，这个球随时都会滑下来，作为一家企业，这个球应该是越做越大，在斜坡上的位置越来越高。企业信息化的系统工程也可以用斜坡球体论来表示。一个很小的球体（企业）在很低的位置上，使它的位置提高，必须有多个力。海尔认为这些力包括以下 4 个方面。

第一方面是基础。要使这个球不滑下来就需要一个制动力，也就是基础。这个基础，海尔称之为组织流程再造，是整个系统中最重要的点。

第二方面是手段（计算机信息网络）。先有基础，再有手段。如果基础不变，那么这个计算机信息网络充其量只是一些打字机，就是把人工操作的部分改为计算机来操作。只有在改变组织流程的前提下，计算机信息网络的手段才能有用。

第三方面是中心（订单信息流）。一个企业所有的工作都是为了获取订单，或者说是为了获取有价值的订单。如果企业所有的生产和工作都有了订单，根据订单进行制造、采购，那么这个企业就是有活力的。如果没有订单，就变成了为库存采购、为库存制造。因此，订单信息流是整个系统工程的中心。

第四方面是动力。这个动力应该是速度和创新，也可以说是一个压力。国际上对企业在不同阶段的主题的定义：20 世纪 80 年代的主题是质量，就是全面质量管理；90 年代的主题是流程再造；21 世纪初的主题是速度（因为有了计算机信息网络）。计算机信息网络可以作为企业发展的手段，同时对企业提出了新的挑战——速度快，快到电子商务所要求的速度。当用户通过网络提出需求时，谁能够最快地满足需求，谁就是赢家，否则就不可能获得市场订单。

基于这 4 个方面，海尔引入信息化系统的最终目的是创世界名牌。如果企业不能创世界名牌，不具备国际化的竞争力，信息化工程也就失去了方向和意义。

信息化工作取得的良好效果，坚定了海尔继续加快信息化步伐的信心，同时加快了海尔国际化的步伐，使海尔在日益激烈的国际一体化经济竞争中保持良好的战斗力。

海尔于 1992 年制定了企业信息化的发展规划，同年建设了电冰箱计算机辅助设计系统，1996 年建设了海尔网站及网络通信系统，1997 年建设了企业内联网和外联网，实现了信息资源共享。海尔通过与企业内部资源计划紧密集成的采购平台，实现了供应商之间的协同商务，企业与供应商之间形成以采购订单为中心的战略合作伙伴关系，实现信息互动沟通，达到双赢的目标。

（4）北京大兴国际机场智慧机场信息系统

随着中国民航业的快速发展，中国民航的安全水平、运输规模、保障能

力和治理效能迈上新台阶，但亟须解决运输规模扩大与保障资源有限之间的矛盾，此时，发展新质生产力、建设智慧民航成为破局的关键。然而，智慧民航建设面临数据共享不畅、技术应用不均、标准化程度不足、创新机制有待加强等多重挑战。民航局先后发布了《智慧民航建设路线图》及落实数字中国的行业指导意见等，北京大兴国际机场将数字信息化理念与技术融入机场运营，取得了显著成效，成为行业标杆。

北京大兴国际机场信息化建设以机场核心业务为出发点，以筑牢数字基础、释放数据价值为发力点，以培育关键能力为关键点，实现数智驱动的高质量发展。

① 赋能机场核心业务方面，实现了数字技术与民航业务深度融合。北京大兴国际机场搭建航班协同决策系统，与空管、航空公司等相关单位通过接口实现系统互联，实现了航班保障全流程监控与多方协同调度；通过自动分配机位等核心保障资源与智能分析优化滑行线路，提升运行效率；在旅客服务业务中，广泛应用自助设备及基于射频识别的行李追踪技术，成为我国首个实现 17 个出行节点无纸化与全流程行李追踪的机场，极大地优化了旅客体验。

② 数字基础设施与数据价值释放方面，构建了云计算、大数据平台。北京大兴国际机场通过部署了数以万计的物联网设备，每天生产和交换上亿条数据，实现全面物联与数据高效流转；通过建组织、定标准、搭平台等方式，开展数据治理，提升数据质量；构建数据模型，助力精准决策，通过实时分析和预测客流趋势及潜在运行瓶颈，实现车辆动态调配，避免运力断流。

③ 培育关键能力方面，积极参与行业关键数字技术攻关。2023 年，北京大兴国际机场开展 6 个产学研用项目，形成行业合力，力促应用创新；成立 9 个创新工作室，率先设立博士后工作站，培养跨学科、高层次创新人才，强化核心竞争力。

北京大兴国际机场信息化建设对机场核心业务的支撑作用明显，2023 年放行正常率高达 91.11%，靠桥率位居全国国际枢纽机场榜首，行李服务差错率远低于行业标准，民航信息化能力稳居全国千万级以上机场榜首；经济、社会效益显著，通过优化滑行路径，日均降低碳排放量约 10 吨，每年减少行李赔付费约 1500 万元，大数据助力商户增收千万余元，国际机场协会满意度评价结果连续多年保持满分。

（5）自然资源部自然资源信息系统

自然资源部通过推进国土空间基础信息平台建设，打造自然资源三维立体"一张图"数据管理的总枢纽、数据资源和工具组件开放共享的总通道、数字化应用场景的总门户，持续提升数据汇聚、治理与融合、多端场景敏捷构建等基础支撑和智能化应用能力，不断夯实数字中国时空底座。

① 统筹规划，推动自然资源全面数字化转型。自然资源部编制印发《自然资源部数字化治理能力提升总体方案》，确立以安全保障和制度标准两个体系为保障，以自然资源"一张网"、自然资源"一张图"和一个国土空间基础信息平台"3个一"为基础支撑，构建底线守护、格局优化、绿色发展、权益维护四大主题应用场景的"234"自然资源数字化总体架构，构建美丽中国数字化国土空间治理体系。

② 通过推进数据汇聚、治理与融合，构建全国统一的底图、底数、底线。自然资源部形成以三维实景测绘成果为基底、以高分辨率遥感影像为背景、以自然资源调查监测成果为反映的自然资源现实状况统一底图、底数，以耕地和永久基本农田、生态保护红线、城镇开发边界3条控制线、国土空间规划等，为控制国土空间开发利用行为的统一底线持续补充完善用地、用矿、用海、人口等数据，形成覆盖地上与地下、陆海统筹、三维立体、时空连续的自然资源"一张图"数据要素体系。

③ 深化应用，打造智能化国土空间基础信息平台。该平台从数据支撑平台向智能化、协同化运行平台全面升级，探索构建智能化工具，建成道路交通项目智能选址、数据云质检等智能工具模块，推进自然资源行业大模型建设，初步建成耕地保护、历史文化保护、国土空间规划实施监测网络、不动产登记与房地产市场等数字化应用场景，形成纵向对下统筹管理自然资源"一张图"数据，以及对上支撑业务场景应用，横向推动各地各单位共建、共享自然资源"一张图"，共同使用算法、模型、知识、工具、场景等资源的良好数字生态。

通过近些年的建设，自然资源部不断完善全域、全周期数据资源体系，建成从山顶到海洋，覆盖山、水、林、田、湖、草、沙全要素的自然资源"一张图"，全面真实地反映我国的自然资源现实状况和国土空间格局。随着新型智慧城市、数字中国等建设应用的开展，国土空间基础信息平台作为数字中国时空底座的作用日益显现。

4.2 信息技术发展

4.2.1 概述

1. 定义

信息技术是人们在进行生产实践、进行科学实验、认识自然、改造自然的过程中积累的获取信息、传递信息、存储信息、处理信息，以及使信息标准化的经验、知识、技能，并体现使这些经验、知识、技能的劳动资料有目的地结合的过程，能延长或扩展人的信息能力的技术。

信息技术（Information Technology，IT）是指利用计算机、网络、广播电视、媒体等各种硬件设备及软件工具与科学方法，对文、图、声、像信息进行获取、加工、存储、传输与使用的技术之和。信息技术是工程学的一个分支，研究如何利用计算机和通信技术来检索、存储和传输信息。

从工程伦理层面，信息技术是利用计算机、网络、广播电视、媒体等各种硬件设备及软件工具，结合科学方法，对文、图、声、像信息进行获取、加工、存储、传输与使用的技术之和。

从企业管理层面，信息技术是以现代计算机及通信技术为代表的，对信息的产生、收集、处理、加工、传递、使用等各个环节提供支持的技术。信息技术是一个由若干单元技术相互联系而构成的整体，又是一个多层次、多侧面的复杂技术体系。

从功能性层面，信息技术的定义阐明的是其内在本质或根本作用，与信息技术可能呈现或利用的物质或能量的具体形式无关。具有代表性的说法是信息技术以信息的输入、存储、加工和传递为主要内容，致力于用微处理机代替电子机械设备。信息技术是关于信息的收集、加工、存储、检索、传递、利用的理论和方法的总称。

总体来说，信息技术是以微电子学为基础，将计算机和通信技术相结合而形成的技术手段，是对文字、图像、声音、数字和各种传感信号的信息进行获取、加工、存储、传输与使用的能动技术。信息技术是管理、开发和利用信息资源的有关方法、手段和操作程序。

信息技术大致可以归纳为3个相互区别又相互关联的层次：主体层次，是信息技术的核心部分，包括信息处理技术、信息存储技术、信息传输技术、

信息控制技术；应用层次，是信息技术的延伸部分；外围层次，是信息技术产生和发展的基础。

2. 发展历程

人类在与大自然的博弈中努力提高着信息表达能力，不断丰富着信息交流的方式。人类在劳动实践中产生了语言，发明了文字。烽火台、纸张、印刷、书籍、图形、电报、电话、音像、磁盘等与信息相关的发明创造，为人类提供了方便。信息技术在历史上共经历了5次革命性的突破。

（1）第一次突破

信息技术的第一次突破是语言的使用，发生在距今35000—50000年前。人类创造了语言，并获得了人类交流信息特有的物质手段，同时拥有了加工信息特有的工具概念。语言的使用是人类从猿进化到人的重要标志。

（2）第二次突破

信息技术的第二次突破是文字的创造，发生在公元前3500年。文字的创造第一次打破了信息传输和存储在时间、空间上的限制，使人类信息传递突破了口语的直接传递方式，使信息可以储存在文字里，超越时空界限。文字既帮助了人们记忆，又促进了人类智慧的交流，成为人类意识交流和信息传播的第二载体。

（3）第三次突破

信息技术的第三次突破是造纸术和印刷术的发明。大约在1040年，我国开始使用活字印刷术（欧洲人在1451年开始使用印刷术）。这一发明扩大了信息交流和传递的容量与范围，使人类文明得以迅速传播。在这一时期，书籍成为重要的信息存储和传播媒介，推动了人类文明的进步。

（4）第四次突破

信息技术的第四次突破是电磁技术（电报、电话、电视）的发明。19世纪中叶，随着电磁波的发现，以及电报、电话的发明，人类对信息的存储、传输发生了根本性变革，实现了用金属导线上的电脉冲传递信息，通过电磁波进行无线通信，加快了信息传输的速度，信息能瞬间传遍全球。传播的信息从文字扩展到声音、图像，先进的科学技术更快地成为人类共有的财富。

（5）第五次突破

① 从通信技术到计算机通信技术的发展。1946年，美国宾夕法尼亚大学成功研制出世界上第一台计算机设备，意味着计算机通信技术的问世。随

着计算机集成电路的发展和软件技术的进步，计算机设备的存储容量、运算速度及数据处理能力都不断提高，计算机也从最初的具备单一计算功能演变为具备数字处理、语言文字、图像视频等多种信息处理功能，计算机的应用范围也涉及了社会的方方面面。

② 从晶体管技术到以集成电路为基础的微电子技术的发展。人类于1948年发明了第一个晶体管，于1958年研制出第一块集成电路，引发了一场波及全球的微电子技术革命。微电子技术能够将日益复杂的电子信息系统集成在一个小小的芯片上，使电子设备向着微型化发展，使计算机系统的能耗越来越低。微电子技术促进了集成电路的发展，中小规模集成电路逐步发展为大规模集成电路和超大规模集成电路，同时让每个集成电路芯片上所能集成的电子器件越来越多，而集成电路的整体价格却保持不变甚至下降，从而带动了以集成电路为基础的微电子信息技术的迅速发展。

③ 从网络技术到人工智能技术的形成。美国于1969年成功建成了高级研究计划局网络（Advanced Research Project Agency Network，ARPANET）。这是世界上首个采用分组交换技术组建的计算机网络，也是计算机因特网的前身。1986年，美国建成了国家科学基金网（National Science Fund Network，NSFNET），并于1991年促成因特网进入商业应用领域，互联网得到飞跃性的发展，给整个信息技术产业及人类社会的进步带来了重大影响。20世纪80年代末，随着多媒体技术的兴起，计算机具备了综合处理文字、声音、图像、影视等各种形式的信息的能力，日益成为信息处理中的重要工具。人类由工业社会转入信息社会，各国也在信息技术研究方面投入了大量资金，构建信息高速公路。随后，网络技术经历了从网络传真到网络电话、从网络冲浪到网络购物等一系列变革，为企业和个人参与全球范围的竞争提供了有利条件，带动了一大批互联网新兴服务行业的崛起和发展；人工智能由不同的领域组成，如机器学习、计算机视觉等，作用是让计算机能够思考等。

综上，随着全球化的不断深入，信息技术的发展成为推动社会进步的重要力量，其不仅改变了人们处理信息的方式，也深刻影响了人们的生活和工作。信息技术的发展经历了漫长的历程：语言、文字、印刷术的发明，使得信息得以传播和复制；电报、电话的发明使得信息传递的速度大大提高；计算机和互联网的出现彻底改变了信息技术的面貌；近年来，大数据、云计算、人工智能等新兴技术的不断涌现，推动了信息技术发展的新高峰。例如，利

用大数据技术能够处理海量的数据，挖掘出更深层次的信息。云计算使得计算资源得以共享，提高了资源的利用效率。人工智能更是引领了新一轮科技革命，其在语音识别、图像识别、自然语言处理等领域的应用，极大地推动了社会的进步。信息技术的发展是社会进步的重要标志。未来，随着新技术的不断涌现，信息技术将会发挥更大的作用。

3. 特点

信息技术具有以下几个基本特点。

（1）高速、高效、快捷

现代信息技术采用了数字化、网络化、智能化等技术手段，实现了高速传输和处理海量信息，从而提高了信息处理的效率。同时，信息技术还具有自动化和智能化的特点，能够自动处理和智能分析信息，进一步提高了信息处理的效率和精度。

（2）多元化、多媒体化

现代信息技术采用了多种信息表现形式，如文字、图像、声音、视频等，能够实现信息的多元化表现和多媒体化传输。同时，信息技术还能够将各种形式的信息进行有机组合，实现信息的交互式传递和交流，使信息更加生动、形象、直观。

（3）开放性、共享性

现代信息技术采用了开放式架构和标准化协议，使得不同品牌、不同型号的计算机、网络设备等可以相互连接和通信。同时，信息技术还提供了共享功能，使得不同用户可以共享同一份信息资源，实现了信息的广泛传播和共享利用。

（4）交互性、实时性

现代信息技术采用了交互式界面和实时响应技术，使得用户可以与计算机进行双向交互操作，实现信息的实时传递和反馈。同时，信息技术还具有对外部环境变化的快速响应能力，能够实时调整和优化信息处理过程，提高信息服务的灵活性和适应性。

（5）安全性、可靠性

现代信息技术采用了加密技术、防火墙技术等多种安全措施，能够保护信息安全和隐私不被侵犯；同时具有可靠性的特点，能够保证信息服务的稳定性和可用性，使得用户可以随时随地获得所需的信息服务。

综上所述，信息技术具有高速、高效、快捷、多元化、多媒体化、开放性、共享性、交互性、实时性、安全性、可靠性等特点。这些特点使得信息技术在现代社会中得到了广泛应用和普及，为人们的工作和生活带来了便利。

4．类别

信息技术可以按照以下方式分类。

（1）软硬件技术

信息技术按照软硬件技术可以分为硬件技术和软件技术。硬件技术是指各种电子信息元器件及信息设备，如晶体管、集成电路板、中央处理器（Central Processing Unit，CPU）、键盘、鼠标、显示器、存储器等。软件技术是指有关信息获取与处理的各种知识、方法、技能，如计算机语言技术、数据统计分析技术、规划决策技术、计算机软件技术、数据库技术、大数据技术、云计算技术、计算机网络技术、区块链技术、信息安全技术、多媒体技术、人工智能技术等。

（2）流程环节

信息技术按照流程环节可以分为信息获取技术、信息传递技术、信息存储技术、信息加工技术、信息显示技术、信息标准化技术。

① 信息获取技术包括信息的采集、搜索、感知、接收、过滤等，使用的工具有数码相机、移动数字终端、摄像头、监控器、气象卫星、搜索引擎等。

② 信息传递技术是指跨越空间实现信息共享和交换的技术，如网络技术、广播技术、电视技术、通信技术、互联网技术等。

③ 信息存储技术是指跨越时间保存信息的技术，如磁存储技术、光存储技术、半导体存储技术、数据压缩技术、缩微存储技术等。

④ 信息加工技术是指对信息进行描述、分类、排序、转换、浓缩、扩充、展示、重构、创新等的技术，如数据库技术、检索技术、信息系统技术。

⑤ 信息显示技术是对信息进行表示、展示、演示等的技术，包括高清技术、图形图像技术、全息技术、虚拟现实技术、光电技术等。

⑥ 信息标准化技术是指使信息的获取、传递、存储、加工环节有机衔接，提高信息共享和交换能力的技术，如信息管理标准、字符编码标准、语言文字的规范化等。

（3）功能层次

信息技术按照功能层次可以分为基础层次、支撑层次、主体层次、应用层次。

① 基础层次的信息技术是信息技术的基础，包括新材料、新能源、新器件的开发和制造技术等，其中发展较快、应用较广泛、对信息技术及整个高科技领域的发展影响较大的是微电子技术和光电子技术。微电子技术包括系统电路设计技术、材料制备技术、自动测试技术、封装和组装技术等，是微电子学中各项工艺技术的总称。光电子技术是由光子技术和电子技术结合而成的新技术，涉及光显示、光存储、激光等领域，是未来信息产业的核心技术。

② 支撑层次的信息技术包括机械技术、电子技术、激光技术、生物技术、空间技术等。电子技术是根据电子学的原理，运用电子元器件设计和制造某种具有特定功能的电路以解决实际问题的科学。空间技术是探索、开发和利用宇宙空间的技术，又称太空技术、航天技术。

③ 主体层次的信息技术是指有关信息获取、传输、处理、控制的设备和系统的技术，如感测技术、通信技术、计算机与智能技术、控制技术、网络技术、数据库技术等。感测技术是获取信息的技术，主要是对信息进行提取、识别或检测，并通过一定的计算显示计量结果。通信技术一般是指电信技术，在国际上称为远程通信技术。计算机与智能技术是以人工智能理论和方法为核心，研究利用计算机模拟、延伸和扩展人的智能，设计和建造具有高智能水平的计算机应用系统，设计和制造更优的计算机的技术。控制技术是指对组织行为进行控制的技术，常用的有信息控制技术和网络控制技术。

④ 应用层次的信息技术以实用为目的，是由信息管理、信息控制、信息决策而发展起来的具体的技术群类，是信息技术开发的根本目的所在，如在文化教育、商业贸易、工农业生产、社会管理中，用以提高效率和效益的各种自动化、智能化、信息化应用软件与设备。

4.2.2 新一代信息技术

1. 物联网

（1）物联网的基本概念

物联网（Internet of Things，IoT）是指通过互联网将各种物理设备、传感器、软件及其他技术连接在一起，使它们能够相互通信和交换数据的网络系统。简单来说，物联网是一种通过互联网连接和控制各种物理设备的技术，

使得这些设备能够自动化、智能化地运行和交互。

物联网的核心思想是让日常生活中的物品，如家用电器、汽车、工业设备等，能够通过互联网进行连接和通信，实现智能化、自动化的控制和管理。这些物品通过嵌入式传感器、软件和网络连接，可以收集、交换和分析数据，从而实现更高效、更智能的功能和服务。

物联网的应用范围非常广泛，涵盖了家庭、城市、工业、农业、医疗等各个领域。例如，智能家居可以通过物联网技术实现远程控制灯光、温度、安防等功能；智慧城市可以通过物联网技术实现交通管理、环境监测、能源利用等方面的优化；工业物联网可以实现设备远程监控、预测性维护等提高生产效率的功能。

（2）物联网系统的元素

完整的物联网系统有4个不同的元素：传感器或设备、连接、数据处理和用户界面。

① 传感器或设备。传感器或设备可以从环境中收集数据。一个设备可能具有多个传感器，如智能手机的摄像头、加速度计等。从本质上讲，传感器或设备出于特定目的从环境中收集数据。

② 连接。设备收集数据后，需要将其发送到云端，方式包括通过无线网络、蓝牙、卫星、低功耗广域网及以太网直接连接到互联网。特定的连接选项将取决于物联网应用程序。

③ 数据处理。一旦数据到达云端，系统就会对其进行处理，并执行相应的操作，这可能涉及发送警报或自动调整传感器或设备，无须用户操作。

④ 用户界面。如果需要用户输入或用户想要检查系统，会启用用户界面。用户执行的任何操作都通过系统以相反的方向发送，从用户界面到云，再回到传感器或设备，以进行请求的更改。

（3）物联网的优点

① 效率。机器对机器的交互可以提高效率，从而节省人们的时间。

② 自动化。物联网的自动化使任务具有统一性，能提高服务质量，并减少对人工的需求。

③ 节约成本。物联网设备的高效率和自动化可以减少浪费和节约劳动力成本，从而降低制造和交付货物的成本。

④ 质量控制。物联网有助于设备之间更好地通信，从而实现更好的质量控制。

⑤ 更高的透明度。物联网随时随地在任何设备上访问信息的能力可以简化决策流程，并带来更高的透明度。

（4）物联网的缺点

① 兼容性。如果没有国际兼容性标准，那么来自不同制造商的设备相互通信时可能会遇到困难。

② 复杂性。鉴于物联网的庞大规模，许多设备依赖物联网，软件或硬件中的每个故障都可能产生不同的后果。

③ 隐私和安全问题。有很多日常设备连接到互联网，会产生隐私和安全风险。

④ 黑客攻击问题。物联网设备会产生大量数据，为黑客创造了可能的入口点，并使敏感信息容易受到攻击。

2. 云计算

（1）云计算的基本概念

云计算（Cloud Computing）是一种将计算资源和服务通过互联网提供给用户的模式，实现了资源的高度共享和高效利用。云计算通过多台计算机组成的系统进行处理和分析，从而提供强大的网络服务。

（2）云计算的特点

① 服务性。云计算是一种服务模式，通过互联网向用户提供各种计算服务，如基础设施即服务（Infrastructure as a Service，IaaS）、平台即服务（Platform as a Service，PaaS）和软件即服务（Software as a Service，SaaS）。

② 虚拟化。云计算利用虚拟化技术对物理资源进行池化，形成逻辑资源，实现资源的动态分配和共享。

③ 安全可靠性。云计算服务提供商通常具有专业的安全团队和强大的技术实力，提供严格的安全措施和数据备份机制。

④ 经济性。云计算的共享性和池化特性使得资源得到充分利用，降低了用户成本。用户只需根据实际需求支付相应的费用即可享受高品质的计算服务。

（3）云计算的应用场景

云计算的应用场景非常广泛，包括但不限于以下4个方面。

① 数据处理和分析。云计算可以处理和分析大量数据，支持复杂的数据分析和机器学习任务。

② 企业应用。企业可以将内部应用部署在云端，实现资源的灵活配置和高效利用。

③ 物联网。物联网设备产生的海量数据可以通过云计算进行实时处理和分析。

④ 远程工作。云计算支持远程办公和协同工作，可以提高人们的工作效率。

随着技术的不断进步和互联网的普及，云计算的应用范围将会进一步扩大。未来，云计算将在以下 3 个方面发挥更大的作用。

① 智能化。云计算与人工智能、大数据等技术结合，提供更智能的服务。

② 边缘计算。随着信息技术的发展，边缘计算将成为云计算的重要补充，提高响应速度和数据处理的实时性。

③ 安全性和隐私保护。随着用户对数据安全和隐私的关注增加，云计算平台可以加强安全措施，确保用户数据的安全。

3. 区块链

区块链（Blockchain）是一种按照事件顺序将数据区块以顺序相连的方式组合成的一种链式数据结构，并以密码学方式保证的不可篡改和不可伪造的分布式账本。

区块链起源于比特币，由中本聪在 2008 年提出，并在 2009 年随着比特币网络的正式上线而落地实现。区块链的特点包括去中心化、不可篡改、透明、安全和可编程。

区块链的核心技术包括分布式数据存储、点对点传输、共识机制和密码学。区块链通过这些技术实现数据的验证、存储和传输，确保数据不可篡改和安全。区块链的智能合约技术使其具有可编程性，可以与真实世界的资产进行交互，当预设条件被触发时，自动执行相应的合同条款。

交易是区块链中的基本数据单元，表示用户之间发生的任何行为或事件，如转账、投票、签署合约等。每个交易都有一个唯一的标识符，并包含了发送者、接收者、金额、时间戳等信息。交易在发送之前需要经过发送者的数字签名验证其合法性。

区块是区块链中的基本数据结构，表示一段时间内发生的所有交易的集合。每个区块都有一个唯一的标识符，并包含上一个区块的标识符、交易列表、时间戳、难度值、随机数等信息。区块在生成之前需要通过一种工作量证明算法保证其合法性和难以伪造性。链上的每个区块都指向它的上一个区块，形成了一个不可逆的数据链条。

节点是区块链中的基本参与者，表示一个运行着区块链软件和协议的计算机或设备。节点可以分为全节点和轻节点两种类型：全节点保存完整的区块链数据，并参与交易验证和区块生成，是区块链网络的主要支撑者；轻节点只保存部分区块链数据，并依赖于全节点提供服务，是区块链网络的主要使用者。

网络是区块链中的基本运行环境，表示所有节点之间通过互联网进行数据传输和通信的方式。区块链网络可以分为公有链、联盟链和私有链3种类型：公有链对所有人开放，既没有权限限制，又没有中心化的管理者，如比特币、以太坊等；联盟链由多个团体或组织自行组建，有一定的准入机制，如信息写入与读取权限由组建方决定；私有链则由个人或单位利用区块链技术存储信息，只有特定的写入权限，如企业、政府内部网络。

区块链的应用范围非常广泛，包括金融、供应链、医疗、不动产等领域。区块链在降低交易成本、提高透明度和安全性方面具有显著优势。例如，区块链可以用于数字货币、智能合约、价值传递等，极大地改变了传统的信用创建和价值传递方式。

4．大数据

随着互联网和信息技术的快速发展，数据的产生速度和规模不断攀升。大数据（Big Data）是指规模巨大、增长迅速且类型多样的数据集，传统的数据处理方法无法在合理的时间内完成数据的采集、存储、管理和分析。大数据的特征通常用 4V 进行概括：大量（Volume）、高速（Velocity）、多样（Variety）和价值（Value）。

大数据不仅指数据量的庞大，还指其数据类型的多样性和产生速度的迅猛。数据可以分为3种类型：结构化数据、非结构化数据和半结构化数据。例如，结构化数据通常是数据库中的表格数据，非结构化数据通常是文档、网页、图像等。随着社交媒体、传感器和物联网设备的普及，数据的来源和类型愈发丰富，组织需要更加先进的技术来处理这些数据。

大数据技术是一套全面的技术体系，涵盖了数据的采集、存储、处理、分析与挖掘、可视化等各个环节。以下是大数据的关键技术。

数据采集：通过各种传感器、网络设备和应用程序收集数据。例如，智

能手机 App 可以实时收集用户的位置信息和使用习惯。

数据存储：使用分布式文件系统存储海量数据。这种存储方式能够有效解决海量数据带来的存储挑战。

数据处理：采用分布式计算框架进行数据处理。这些框架能够在多个计算节点上并行处理数据，大幅提高处理效率。

数据分析与挖掘：利用数据挖掘算法和机器学习技术，从数据中提取有价值的信息。例如，电商平台可以通过用户的购买历史分析出其潜在的购买需求。

数据可视化：将分析结果以图表形式展示，帮助用户理解和决策。

大数据、云计算和物联网之间存在着密切的联系。云计算提供了强大的计算能力，支持大数据的处理和分析。企业可以通过云服务来存储和处理海量数据，无须投入昂贵的硬件设施。物联网设备通过传感器收集大量的数据，经过大数据技术的分析和处理，为企业提供深入的业务洞察。例如，智能家居设备可以通过分析用户的生活习惯，帮助企业优化产品设计和服务。

大数据尽管具有巨大的潜力，但也面临一些挑战。例如，数据隐私保护、数据安全和预测误差等问题亟待解决。企业在使用大数据时，必须遵循相关的法律法规，确保用户数据的安全和隐私。

5. 人工智能

人工智能（Artificial Intelligence）是计算机科学的一个分支，旨在让计算机模仿人类的决策能力、像人类一样思考和行动，解决如自然语言处理、推荐、智能数据检索、预测等人类无法处理或难以处理的复杂工作。

（1）人工智能的工作原理

要实现上述目标，需要计算能力、数据、人工智能算法这 3 个关键要素。人工智能的工作原理是通过模拟人类的学习过程，让机器能够从数据中识别规律和特征，并用这些学习到的知识完成各种复杂的任务。详细的工作原理如下。

数据收集与处理：基于人类输入的信息或从互联网上其他渠道获取的大量数据对数据进行处理，包括对数据进行清洗、标准化、特征提取等。

机器学习：学习是人工智能的核心过程。人工智能通过学习，从数据中提取规律和特征，并不断优化自己的算法和模型。

推理、预测或执行操作：人工智能会根据已学习到的知识和已有的规则，基于已有的模型和算法，对新的数据进行识别、分析、预测和推理。例如，

在文字识别任务中，人工智能可用于识别图像（如个人证件照等）中包含的文字。

（2）人工智能涉及的核心技术

基于人工智能的实现方式，人工智能涉及以下5类核心技术。

机器学习：通过核心要素算法，让人工智能基于人类输入的信息或从互联网上其他渠道获取的大量数据进行学习，对新的数据进行理解、分析、预测或分类。机器学习主要分为监督学习、无监督学习和半监督学习，其根据模型训练过程中是否使用到标签来区分机器学习的类型。

深度学习：机器学习的领域之一，专注于使用神经网络模型，可自动从数据中学习特征。对比机器学习，深度学习需要更多资源，包括更大的数据集、更多的基础设施资源。

自然语言处理：基于机器学习或深度学习技术，对海量文本数据进行分词、词汇标注、文本纠错、对话知识抽取、商机信息抽取等处理。

语音识别：基于机器学习或深度学习技术，人工智能识别并理解人类的语音，并将其转换为文本或语音执行指令，如交互式语音应答、虚拟助手、智能家居的语音控制系统等。

计算机视觉：涉及图像处理、机器学习、神经科学等多个领域的知识，从图像、视频和其他视觉输入中提取信息，并对这些信息进行分析和理解，以执行某些处理，如通过摄像头识别可疑人员或事件、检测农作物生长等。

通过引入智能化的生产方式和自动化设备，各个行业能够降低生产成本，提高生产效率和产品质量。此外，人工智能技术的发展为传统产业提供了升级和转型的契机，使得许多行业能够实现数字化、智能化和网络化的发展。

人工智能技术的广泛应用也催生了新兴产业的诞生，如自动驾驶汽车、智能家居、无人零售等。这些新兴产业为经济增长注入了新的活力，也为劳动力市场带来了新的就业机会。

6. 信息安全

信息安全（Information Security）是指为数据处理系统建立和采用的技术、管理上的安全保护机制，以保护计算机硬件、软件、数据不因偶然和恶意的原因而遭到破坏、更改和泄露。随着信息技术的快速发展，云计算、大数据、物联网、移动互联、人工智能等新兴技术为信息化发展及现代化建设

带来了新的生产力，同时给信息安全带来了新挑战，如数据隐私泄露、网络空间风险增大、关键信息基础设施受到攻击。

近年来，国家对信息安全的重视程度不断升级，接连颁布了《中华人民共和国数据安全法》《中华人民共和国个人信息保护法》《国家网络空间安全战略》《关键信息基础设施安全保护条例》。例如，国家在2021年发布的《"十四五"规划和2035年远景目标纲要》中，网络安全、数据安全被多次提及，贯穿整个规划纲要，涉及国家、经济、网络、数据、公共等各个领域，体现了国家对信息安全的高度重视。

信息安全可以从狭义和广义两个层面来理解。狭义的信息安全主要关注信息本身的安全问题，包括信息的保密性、完整性、可用性、可控性、可靠性。保密性是指确保信息仅被授权者获取和使用；完整性是指信息不被删除、修改、伪造或乱序，以确保其完整、准确；可用性是指被授权者可以按需获取和使用信息；可控性是指信息和信息系统处于安全监控管理状态；可靠性是指信息系统在规定条件下完成特定功能的概率。广义的信息安全则关注社会信息化状态和信息技术体系不受外来威胁和侵害，以维持国家政治、军事、经济、文化等系统的正常运行。

信息安全主要包括3个方面：信息安全技术、信息安全管理、信息安全相关法律。信息安全技术包括信息加密、数字签名、数据完整性、身份鉴别、访问控制、网络控制技术、反病毒技术等。信息安全管理涉及人事管理、设备管理、场地管理、存储媒体管理、软件管理、网络管理等。信息安全相关法律可以通过威慑和惩处违法行为保护信息安全。

信息安全技术随着信息安全内涵的演变而发展，经历了以下3个阶段：通信保密阶段，解决信息在通信中的机密性和完整性问题，主要采用密码技术；信息安全阶段，随着计算机和网络的广泛应用，针对网络脆弱性和易受攻击性的特点，采用密码技术、认证技术、访问控制技术、防病毒技术等；信息保障阶段，将信息主体和管理引入信息安全，由单一的被动防护发展到全方位、多层次的整体安全保障，增加了预警、检测、响应、恢复、反击等技术。

信息安全涉及多个学科领域，包括计算机科学、网络技术、通信技术、密码技术、信息安全技术、应用数学、信息论等。

信息安全技术涉及以下具体应用领域：密码应用技术，如密码编码、密码破译等，用于信息的加密保护、识别和确认；数据灾难与数据恢复技术，

用于数据的备份和恢复；操作系统维护技术，确保操作系统的安全性；局域网组网与维护技术，确保局域网络的安全性；数据库应用技术，保护数据库的安全。

随着信息化程度的不断提高和网络应用的普及，信息安全威胁日益严峻。政府、金融、能源、医疗等行业对信息安全的需求尤为迫切，为信息安全行业提供了广阔的发展空间。随着人工智能、大数据、云计算等技术的不断发展，信息安全产品正逐步向智能化、自动化方向发展。这些新技术在提升安全防护能力的同时，也带来了新的安全威胁和挑战，推动各行业持续创新。

4.3 信息系统项目管理

4.3.1 与传统项目管理的联系与区别

1. 二者的联系

相较于传统项目，信息系统项目具有更高的科技含量，这就要求项目管理者及参与者具备更高的技术水平。不可否认，信息系统项目与传统项目仍然具有一定联系。

首先，二者都遵循基本相同的管理原则。无论是传统项目管理还是信息系统项目管理，都遵循相同的管理原理，如规划、组织、协调、控制、评价等。在实施过程中，管理者都需要制定明确的项目目标、计划和预算，进行资源分配和任务调度，监控项目进展，及时解决问题，并对项目成果进行评价和总结。

其次，二者对完成项目的关注点也基本一致。无论是传统项目管理还是信息系统项目管理，都关注客户的需求和满意度。在项目实施过程中，管理者需要与客户保持密切沟通，了解他们的需求和期望，并对其进行有效管理和协调；关注如何提高系统的易用性和用户体验，以满足用户的需求。

最后，二者互为支持。在某些情况下，传统项目管理需要借助信息系统项目管理的方法和工具来提高效率和质量。例如，使用项目管理软件可以帮助传统项目管理者更好地跟踪、管理、控制项目的进度与成本。信息系统项目管理者也需要从传统项目管理中借鉴一些经验和做法，以完善其管理体系和方法。因此，二者是相互支持、相互补充的。

2. 二者的区别

信息系统项目管理和其他类型的管理之间存在一些核心的区别，主要集中在项目的性质、组织架构、技术特点、管理要求、风险管理5个方面。信息系统项目管理侧重于对信息技术的应用、对技术更新速度的响应、对数据安全和隐私问题的处理、对虚拟团队的管理，其中对技术更新速度的响应尤为关键。随着科技的日新月异，信息系统项目需要不断适应最新的技术标准和工具，因此，项目管理者不仅要具备扎实的技术知识背景，还要对市场的最新动态保持敏感，以确保项目的技术不会过时。

（1）性质不同

信息系统项目是指应用信息技术优化和改善业务流程、提升组织的信息化水平的项目。

① 这类项目通常高度依赖软件、网络、数据库等，与传统建设项目或制造业项目相比，往往更复杂，涉及的技术面更广。

② 信息系统项目往往是跨部门、跨领域的，通常不限于某个单一领域，而是涉及组织内多个部门，甚至可能需要与外部伙伴协作，这就要求项目管理者不仅要懂得技术，还要具备跨文化、跨领域的沟通能力。

③ 信息系统项目通常具有较强的不确定性。随着项目的进行，需求可能会随时变化，技术方案也可能需要调整，这就要求项目管理者必须掌握灵活的管理方法，具备快速的响应能力。

（2）组织架构不同

① 范围不同。传统项目管理通常是对一个具体的、有限的项目进行管理，如建筑工程、软件开发等。信息系统项目管理则更加关注对一个组织的信息技术基础设施进行全面的管理，包括服务器、网络、数据库、应用软件等多个方面。因此，信息系统项目管理的范围更加广泛，需要协调和管理更多的资源。

② 团队构成不同。传统项目管理团队通常由项目经理、工程师、设计师等人员构成，他们负责协调各个部门和人员，推动项目的实施。信息系统项目管理团队则需要更多的技术和管理人员，如系统架构师、软件工程师、网络工程师、数据库管理员等，以确保整个信息系统的稳定性和安全性。

（3）技术特点不同

与其他类型的项目比较，信息系统项目更重视技术的运用和创新。信息系统项目的核心在于信息技术的应用。这不仅包括现有技术的应用，还包括新技术的探索和发明。项目组需要不断跟进最新的技术动态，以确保项目的技术方案始终保持领先。

信息系统项目要求项目管理者具有较强的技术理解能力和技术创新能力。项目管理者不仅需要理解项目中所应用的信息技术，还要能够指导团队解决在技术实施过程中遇到的问题。

（4）管理要求不同

信息系统项目管理在过程控制、团队协作、成本控制等多个方面提出了更加具体和高标准的要求，侧重于灵活性和适应性的管理方法，如敏捷管理。在信息系统项目中，需求变更是常态，敏捷管理方法可以有效应对这种变化，确保项目能够快速反应并保证项目交付的质量和效率。

传统项目管理的重点是确保项目的进度、质量和预算控制在预期范围内，以满足客户需求。而信息系统项目管理的重点则在于确保信息系统的安全性、稳定性和可用性。由于信息系统项目的实施往往涉及企业的核心业务和关键数据，因此风险较大，管理者需要更加注重安全管理、系统架构设计、系统性能测试等环节。

信息系统项目的团队协作往往更加复杂。项目团队成员可能来自不同的地域或者不同的国家，他们通过网络进行沟通和协作。这就要求项目管理者能够有效管理虚拟团队，保证沟通顺畅和任务高效执行。

（5）风险管理差异

信息系统项目面临的风险与其他项目有所不同，更注重于技术风险、数据安全和隐私保护。对技术风险的管理是信息系统项目管理的重中之重。随着技术的快速发展，新技术的不稳定性、与旧系统的兼容性问题可能给项目带来巨大风险。数据安全和隐私保护成为信息系统项目需要特别关注的问题。项目管理者需要确保所有的数据处理活动都符合相关的法律法规要求，减少数据泄露和滥用数据的风险。

信息系统项目管理不仅要求管理者具备传统项目管理的能力，还需对信息技术有深入的理解，并能够灵活应对技术快速变化带来的挑战。此外，管理者需要更加注重团队的跨文化、跨地域协作能力，以及对数据安全的高度重视。

总之，信息系统项目管理与传统项目管理虽然存在明显的差异，但是具有相同的管理原理、关注点，存在互为支持的关系。在实际应用中，管理者需要根据具体项目的特点选择合适的管理模式和方法，使两种管理模式能够相互配合、协同工作，以达到更好的管理效果。

4.3.2 经典模型

1. 瀑布模型

瀑布模型（Waterfall Model）是最早出现的软件开发模型，其提供了软件开发的基本框架，开发过程可划分为若干顺序执行的阶段，从系统需求分析到产品发布和产品维护，每个阶段都会产生循环反馈。因此，如果有信息未被覆盖或者发现了问题，那么最好返回上一个阶段进行适当的修改。项目开发进程从一个阶段流动到下一个阶段，这也是瀑布模型名字的由来。瀑布模型主要应用于软件工程开发、企业项目开发、产品生产、市场销售等。

瀑布模型的核心思想是按工序将问题简化，将功能的实现与设计分开，便于人们分工协作，即采用结构化的分析与设计方法，将逻辑实现与物理实现分开；将软件生命周期划分为制订计划、需求分析、软件设计、程序编写、软件测试、运行维护等6个基本活动，并且规定了它们自上而下、相互衔接的固定次序，如同瀑布流水，逐级下落。

优点：为项目提供了按阶段划分的瀑布模型检查点；前一阶段完成后，管理者只需要关注后续阶段；可在迭代模型中应用瀑布模型，每次迭代产生一个可运行的版本，同时增加更多的功能；每次迭代必须经过质量测试和集成测试；提供了一个模板，这个模板使得分析、设计、编码、测试和支持的方法有一个共同的指导原则。

缺点：各阶段的划分完全固定，产生的大量文档极大地增加了工作量；由于开发模型是线性的，因此用户只有等到整个过程的末期才能见到开发成果，增加了开发风险；通过过多的强制完成日期和里程碑跟踪各个项目阶段，不适应用户需求的变化。

2. V模型

V模型（V-shaped Model）是瀑布模型的进阶，是软件开发过程中的一个重要模型。由于其模型构图形似字母V，被称为软件测试的V模型。V模

型包括单元测试、集成测试、系统测试、验收测试。单元测试验证是否满足详细设计的要求。集成测试验证已测试的部分是否可以很好地结合在一起。系统测试检验系统功能、性能是否达到系统的要求。验收测试确定软件的时限是否满足用户需求或合同需求。

优点：包含了底层单元测试和高层系统测试；清楚地标识了开发和测试的各阶段；自上而下逐步求精，每个阶段分工明确，便于整体项目的把控。

缺点：自上而下的顺序导致了测试工作在编码之后，使错误不能及时地被修改；实际工作需求经常变化，导致反复执行，返工量很大，灵活度较低。

3. 原型模型

原型模型（Prototyping Model）是在开发真实系统之前，迅速建造的一个可以运行的原型，以便人们理解和澄清问题，并在该原型的基础上，逐渐完成整个系统的开发工作。原型模型是快速建立起来的可以在计算机上运行的程序，其所能完成的功能往往是最终产品能完成的功能的一个子集。原型模型允许在需求分析阶段对需求进行初步而非完全的分析和定义，快速设计开发出系统的原型，向用户展示待开发系统的全部或部分功能与性能。用户对原型进行测试评定，给出具体改进意见以丰富、细化需求。开发人员据此对系统进行修改完善，直至用户满意认可，进行完整实现及测试、维护。

优点：克服瀑布模型的缺点，减少需求不明确带来的开发风险；适合预先不能明确需求的系统的开发。

缺点：所选用的开发技术和工具不一定符合主流开发技术和工具的发展；快速建立起来的系统结构不完善，加上连续的修改可能会导致产品质量差；使用前提是要有一个展示性的产品原型，可能会在一定程度上限制开发人员的创新。

4. 螺旋模型

螺旋模型（Spiral Model）是一种演化软件开发过程的模型，兼顾了原型模型的迭代特征，以及瀑布模型的系统化与严格监控。螺旋模型的特点在于其引入了其他模型不具备的风险分析功能，使软件在无法排除重大风险时有机会停止，以减少损失。同时，在每个迭代阶段构建原型是螺旋模型用以减少风险的途径。

该模型的每个周期都包括需求定义、风险分析、工程实现和评审4个阶

段，基于这 4 个阶段进行迭代。软件开发过程每迭代一次，软件开发就前进一个层次。

优点：对可选方案和约束条件的强调有利于对已有软件的重用，也有助于把软件质量作为软件开发的一个重要目标；减少了过多测试、资金浪费或测试不足、产品故障多所带来的风险；维护只是模型的一个周期。

缺点：采用螺旋模型需要具有相当丰富的风险评估经验和专门知识，在风险较大的项目开发中，如果未能及时标识风险，势必造成重大损失；过多的迭代次数会增加开发成本，延迟提交时间。

5．迭代模型

迭代模型（Iterative Model）是将一个完整的软件拆分成不同的组件，然后逐一对组件进行开发测试，每完成一个组件就展现给用户，让用户确认这一部件的功能和性能是否达到用户需求，最终确定无误后，将组件集成到软件体系结构中。整个开发工作被组织为一系列短期、简单的小项目，称为一系列迭代，每个迭代都需要经过需求分析、软件设计、编码、测试的过程。

优点：降低了在一个增量上的开支风险，如果开发人员重复某个迭代，那么损失只是这一个开发有误的迭代的花费；降低了产品无法按照既定进度进入市场的风险，通过在开发早期就确定风险；加快了整个开发工作的进度，因为开发人员清楚问题所在，工作效率会更高；由于用户的需求并不能在一开始就做出完全的界定，通常是在后续阶段中不断细化的，因此在适应需求的变化方面会更容易一些。

缺点：不适用于较小的项目；需要更多的资源；可能一次又一次地更改设计；需求变更可能导致预算超支；由于需求一直变更，不能确认项目完成日期。

6．增量模型

增量模型（Incremental Model）将系统分成若干小的部分，每个部分都是一个增量，每个增量都要进行开发、测试和交付。在每个增量完成后，需要将其集成到系统中，形成一个完整的系统。

优点：由于能够在较短的时间内向用户提交一些有用的产品，因此能够提供给用户一些急用功能；由于每次只提供部分功能，用户有较充分的时间学习和适应新的增量；对系统的可维护性是一个极大的提高，因为整个系统

是由一个个增量集成在一起的，当需求变更时只变更部分增量，不影响整个系统。

缺点：由于各个增量是逐渐并入已有的体系结构中的，加入增量不能破坏已完成的系统；在开发过程中，需求的变化是不可避免的。增量模型的灵活性虽然可以使其适应这种变化的能力强于瀑布模型和原型模型，但也很容易使其退化为边做边改模型，从而失去整体性；如果增量之间存在相交的情况且未得到很好的处理，则必须进行全盘系统分析，增量模型将功能细化后进行分别开发的方法较适用于需求经常改变的系统开发。

7．敏捷开发

敏捷开发（Agile Development）是一种以人为核心、迭代、循序渐进的开发方法。在敏捷开发中，软件项目的构建被切分成多个子项目，各个子项目的成果都经过测试，具备集成和可运行的特征。换言之，就是把一个大项目分为多个既相互联系，又可以独立运行的小项目，并分别完成开发，在此过程中软件一直处于可使用状态。

优点：可以快速响应需求范围不明确、需求变更较多的项目；对于互联网产品，市场风向转变很快，需要一种及时、快速的交付形式，而敏捷开发则能更好地适用于此；通过增量迭代，每次都优先交付那些能产生较高价值效益的功能，实现单位成本收益最大化。

缺点：敏捷开发强调灵活性和可迭代性，但在需求相对固定的项目中，保持灵活性可能会导致项目规划的困难；敏捷开发团队在项目初期无法确定产品的最终形态，导致资源规划变得复杂，尤其是在大型和复杂项目中；敏捷开发不太重视文档，随着项目深入，需求和设计可能会变得混乱，缺乏文档记录会导致后期维护困难；对于大型、需要高度可靠性和安全性的项目，敏捷开发可能不完全适用；多个子项目交付可能导致整体输出零散，影响产品的整体一致性。

4.3.3 信息系统管理

1．管理要点

信息系统在功能上体现出整体性，在开发和应用技术步骤上也体现了整体性。信息系统要求即使实际开发的功能仅是组织中的一项局部功能，也必须从全局的角度进行规划。辅助管理、支持决策是指在管理工作中，管理信

息系统辅助业务人员进行管理，提交有用的报告和方案支持管理者决策。因此，要发挥信息系统的这个特性，就必须有相应的管理思想、方式和流程。信息系统是人机系统，以计算机为核心，这是其与信息处理的其他人工手段的明显区别。信息系统既具有时效性，也具有关联性。当信息系统的某个要素发生变化时，整个系统也必须随之发生变化。因而信息系统的建立并不是一劳永逸的，还需要在实际应用中不断地完善和更新，以相应延长系统正常运行时间，提高系统效益。

在进行信息系统项目管理时，管理者应该密切关注计划、成本、质量、风险这四大核心要素。项目启动就是按照项目总体目标制订项目计划、估算项目成本、确定质量标准、预测项目风险，项目的执行过程则是按计划执行、按预算控制、按标准检查，以科学的方法规避或应对风险，确保项目能够按预定的成本、进度和质量要求顺利完成。

通常而言，大型软件在研发过程中都是可变的。考虑到上述原因，软件存在预算超限、延期情况也就较为正常了。在项目管理实践中，要使用知识管理的方法，切实提升工作的效率，确保管理更合理、更有效，使其获取最大的成效和最高的应用价值。社会各界人士要正确认知信息系统项目管理，保持积极的态度，让管理功能发挥到极致；在此基础上，健全知识管理的方法，保证项目管理应用的高效性。

（1）提升管理效能的关键路径

① 合理的规划。规划阶段需要重视资源的设置和期限的设置，管理者设计时要追求整体性，确保实际的工作和规划的标准相吻合。假设项目工作有变化，就要更改原来的设计，让设计内容更加完善。

② 高效的组织。信息系统项目管理的落实离不开团队所有人的努力，管理者要想办法调动员工的工作热情，对人员进行最优的配置，从人力方面为项目管理目标的实现提供全面保障，同时要定期对员工进行培训和教育，切实提升员工的专业水平和整体素质。

③ 全面的协调。信息系统项目管理的工作内容十分复杂，且特别容易受到诸多外界因素的影响，因此，要全面把握和发挥内外部机构的积极作用，将各部门的义务和责任协调好。

④ 有效的管理。结合项目的实际需求、设计的主要目标，严格管控与项目管理相关的工作人员，以免在工作时存在方向上的错误，既要确保设计目标的完成，又要切实提升信息系统项目管理的整体质量。

进行信息系统项目管理时，一定要分析项目控制的关键点，从多方面着手，将核心因素带来的影响把握好。在所有的因素中，项目的实际成效是影响信息系统项目管理实效性的关键，一定要确保项目管理的目标和预期的目标相吻合，更好地满足业务发展需要。在信息系统项目管理实践中，项目变更是一个常见的问题，特别是一些大型项目，变更需要协调各方面内容，从宏观的视角，统一全面地调控，保证各个工作协调一致，以免出现杂乱状况。管理者必须严格遵守项目变更的规范和标准，将内部偏差问题处理好，更科学合理地约束外部变更落实情况，由专门的组织审核、检测具体流程，让项目变更配置管理达到最优化的状态，积极配合评审、协调、控制、批准等工作。

在信息系统项目管理实践中，项目需求变更是一项长期的、艰巨的任务，要将变更方向调整好，切实做好调研工作，提升项目管理变更工作的针对性。这需要项目管理者有很高的素质，从发展的视角审视需求变更任务，认真细心地对待、处理好每项细微的工作，把项目需求变更相关内容都列入合同，以防后期出现不必要的争议，切实维护好自身合法利益。因此，管理者务必要做好与项目管理相关的质量管控工作，深入调动管理、科研等岗位工作人员的工作热情，一起带着饱满的热情投入项目管理工作中，提升管理水平，创造更高的社会价值和经济价值。

（2）管理工作

信息系统项目管理者的相关管理工作涵盖以下方面。

① 团队管理：主要的工作任务是管理项目的经理、技术人员及其他团队成员，优化人力资源配置。

② 沟通管理：做好沟通规划、信息发布、绩效报告等工作，使用高效的沟通措施，切实提升项目的完成率。

③ 时间管理：一定要严格控制项目的施工期限，合理协调各方资源，让各方资源都达到最优化的平衡状态，让项目工程在规定的期限内完成。

④ 质量管理：要将各因素协调好，使之符合设计的要求，同时提升项目的整体质量。

⑤ 成本管理：主要负责资源规划、成本预算与估算、成本管控与预测等工作，将项目的总费用降至最低，实现项目利益的最大化，综合考虑、管理项目的收益及成本。

⑥ 项目配置管理：制订项目配置管理相关计划，做好控制、变更、审

核、配置等工作。

⑦ 项目安全策略实施：涉及的内容很多，主要包括岗位、设计方案、机制、员工、具体的工作过程等。管理者要从安全设备、应急事件处理、软件研发使用、数据输入/输出等方面着手，确保项目管理既可靠又安全；要处理好其他的相关配置工作，在审定标志及产品时，要遵循一定的原则，细化信息系统项目管理工作，按项目、系统、组织3个层次切实落实各层次的相关配置工作，大大提升项目管理效率。

2. 首席信息官与首席数据官

首席信息官（Chief Information Officer，CIO）和首席数据官（Chief Data Officer、CDO）是信息系统项目中的高级角色。首席信息官是负责全公司信息技术和系统所有领域的高级人员。首席数据官是指熟悉数据安全合规政策，具备数据安全体系搭建能力，熟练掌握数据安全管理流程及数据安全技术保护措施的专业技术人才。

首次提出首席信息官概念的不是信息技术界，而是工商企业界。1981年，美国波士顿第一国民银行经理威廉·辛诺特（William Synnott）和坎布里奇研究与规划公司经理威廉·格鲁布（William Grube）两人在《信息资源管理：80年代的机会和战略》中提出首席信息官的概念。

首席信息官的出现是伴随着信息系统管理需求产生的。不论是传统企业还是高科技企业，进行信息化改造都不是一件简单的事，其涉及企业的方方面面，需要管理者整合各方面的资源，从战略高度进行规划。这时就需要企业中有一个高层管理人员专门从事信息系统方面的领导工作，首席信息官这个角色应运而生。

企业的运营过程其实就是信息的流转过程。设立首席信息官，目的是对信息进行很好的管理，从而建立竞争优势。在这个逻辑下，首席信息官的成功标准其实非常明确：是否帮助企业建立了竞争优势。

首席信息官的主要职责涉及战略层面、执行层面、变革层面、沟通层面，具体包括挖掘企业信息资源、制定企业信息化战略、合理布局企业信息化、评估信息化对企业的价值等。在战略层面，信息资源规划是首席信息官的首要职责。在执行层面，首席信息官负责信息流、物流、资金流的整合，完成信息系统的选型实施，收集并研究企业内外部的信息为决策提供依据。更重要的是，首席信息官要担起信息工程的监理工作。在变革层面，首席信息官

主要协助企业完成业务流程重组，运用信息管理技术重建企业的决策体系和执行体系，不仅要推动企业信息化的软硬件环境优化，还要为项目负责人当好参谋，与各高层管理者一起促进企业商务环境的改善。在沟通层面，首席信息官安排企业信息化方面的培训，发掘信息运用的技术瓶颈，观察并研究企业运作中的信息流及其作用；协调沟通上下级关系，打造优秀团队。

数字经济时代，数据已成为重要的资产与战略资源。企业作为数据生产、流通和使用的重要参与方，拥有海量数据资源，具有广泛的数据应用需求。建立首席数据官制度，设置企业首席数据官职位，是增强企业发展新动能的关键所在，也是推动数字经济和实体经济融合发展的重要举措。

首席数据官是机构统筹管理数据资源的第一责任人，负责解决数据孤岛问题，打破数据资源及开发的碎片化模式，形成整体联动、高效协同、安全可控的数据治理强大合力，推进数据要素有序流通，激发数据要素潜力，释放数据要素红利。

首席信息官和首席数据官是两个有联系的概念。数据经过收集、清洗、整合、分析、解析等一系列步骤，转化为有用的信息。二者的目标一致，均是为信息化项目提供技术解决方案，确保数据和信息得到有效利用。然而，二者的工作重点和角色定位有以下差别。

首席信息官负责信息技术的领导工作，如管理信息技术基础设施、软件应用、数据存储、网络安全等，工作重点是确保信息系统的有效运行，支持信息系统运营，并推动信息系统项目的实施。首席信息官是企业信息资源的整合者和管理者，需要具备相关的技术背景和战略规划能力，确保信息资源与企业的整体业务目标相匹配。

首席数据官专注于数据管理和数据驱动决策，负责制定和执行数据战略，包括数据治理、数据质量、数据分析、数据安全等，确保数据的准确性、完整性和安全性，工作重点是挖掘数据的商业价值，推动数据驱动的决策制定，并确保数据资产的有效利用，同时从数据中获取价值，使用数据获取业务成果。首席数据官是数据管理和分析的领导者，需要具备数据科学、数据治理和业务方面的专业知识，以实现数据的最大应用价值。

首席信息官侧重于信息系统基础设施和对系统的整体规划与管理，而首席数据官专注于数据的管理和利用，以及通过数据驱动业务价值的创造。在战略层面，首席信息官更多地关注当前的信息系统需求和解决方案，首席数据官则着眼于数据的长期价值和战略规划。

在许多组织中，首席信息官和首席数据官需要紧密合作，以确保数据战略与信息技术基础设施和业务目标相协调。随着数字化转型的深入，首席数据官的角色越来越受到重视，因为数据已成为企业最宝贵的资产之一。首席信息官的角色同样重要，因为强大的信息技术基础设施是有效进行数据管理和分析的基础。两者的合作对于推动企业的数字化进程至关重要。

3. 要素及层级

信息系统管理是一项需要组织各层级充分参与的业务运行工作。大多数组织都拥有专门负责信息系统管理的职能部门，并配备了相关技术领域的高技能专业人员。同时，组织的管理者也需要了解并参与相关的决策。

为了便于管理信息系统，大多数组织将信息系统要素分为人员、技术、流程和数据。管理信息系统是将业务和系统策略转换为组件或基础架构，并以人员、技术、流程和数据的恰当组合加以实现。

针对上述要素，信息系统管理覆盖规划和组织、设计和实施、运维和服务、优化和持续改进四大领域。规划和组织是针对信息系统的整体组织、战略和支持活动；设计和实施是针对信息系统解决方案的定义、采购和实施，以及与业务流程的整合；运维和服务是针对信息系统服务的运行交付和支持，如安全；优化和持续改进是针对信息系统的性能监控及其内部性能目标、内部控制目标和外部要求的一致性管理。

（1）规划和组织

信息系统的规划和组织是指需要根据组织的发展目标和其他相关因素规划信息系统的战略等，目标是通过实施具备一致性的管理方法，满足业务对信息系统的管理需求。规划和组织的相关内容涵盖信息系统管理所需的所有组件，如管理流程与组织结构的执行、角色和职责的部署管理、可靠且可重复的活动规范的实施、信息化项目的执行、技能和能力的建设优化，以及服务、基础设施、应用程序的运行管理等。

（2）设计和实施

开展信息系统设计和实施需要将业务需求转换为信息系统架构，信息系统架构为帮助组织将业务战略转换成信息系统的计划提供了蓝图。信息系统设计和实施是支持组织中信息流动和处理的基础，包括硬件、软件、数据、网络组件，并以最适合计划的方式进行选择和组装，因此其最能体现组织的总体业务战略。

（3）运维和服务

信息系统的运维和服务应从信息系统运行的视角进行整合性的统筹规划，包括对信息系统应用程序和基础设施的日常控制进行综合管理，以有效支持组织目标达成和流程实现。信息系统的运维和服务由各类管理活动组成，主要包括运行管理和控制信息技术服务管理、运行与监控终端侧管理、程序库管理、安全管理、介质控制、数据管理等。

（4）优化和持续改进

优化和持续改进是信息系统管理活动中的一个重要环节。良好的优化和持续改进能够有效保障信息系统的性能和可用性，延长整体系统的有效使用周期。

4．数据管理

数据管理是指对组织内的数据进行全面、一致和安全的管理，以确保数据的质量、可靠性和可用性，包括数据的收集、存储、处理、分析、保护等方面。数据管理的目标是使组织能够更好地理解和利用其数据资产，从而做出更明智的决策、提高效率和创造更大的价值。

（1）数据管理的重要性表现

随着信息技术的发展，信息系统的数据管理扮演着越来越重要的角色。数据管理是信息系统项目管理成功的关键。通过合理、高效地进行数据管理，组织可以在信息洪流中保持敏捷，做出明智的决策，提高效率，并保持与竞争对手的差异化。数据管理的重要性表现在决策支持、业务流程优化、用户体验提升、合规性和安全性、创新和竞争优势等方面。

① 决策支持是指数据管理提供了可靠的数据基础，为决策制定提供了实时、准确的信息。管理者可以根据这些数据做出明智的战略决策。

② 业务流程优化是指通过对数据的有效管理，企业可以深入了解其业务流程，发现潜在的改进点，提高效率并降低成本。

③ 用户体验提升是指数据管理使企业能够更好地理解用户需求和行为，从而提供更具个性化、精准的产品和服务，提升用户满意度。

④ 合规性和安全性是指用有效的数据管理确保数据的合规性，符合法规和政策，同时通过权限控制、加密等手段确保数据的安全性。

⑤ 创新和竞争优势是指数据管理为企业提供了挖掘新商机和创新的机会。通过对数据的深入分析，企业可以更好地理解市场趋势、用户需求，保

持竞争优势。

（2）数据管理过程

信息系统的数据管理是指对组织内的各类数据进行规范的收集、存储、处理和利用的过程。

① 数据收集是信息系统数据管理的第一步。在进行数据收集时，需要确定数据收集的目的和范围，明确所需数据的类型和格式。常见的数据收集方式包括问卷调查、观察、实验、采访等。此外，现代技术还提供了许多新的数据，如传感器数据、移动设备数据、社交媒体数据等。

② 数据存储是信息系统数据管理的关键环节。为了高效地存储大量的数据，需要采用合适的存储介质和存储结构。常见的数据存储介质包括硬盘、固态硬盘、云服务器等。数据存储结构应根据具体需求选择，如关系型数据库、非关系型数据库、数据仓库等。此外，数据的备份和恢复也是数据存储的重要一环，可以保证数据的安全性和可靠性。

③ 数据处理是信息系统数据管理的核心环节。数据处理包括对数据进行清洗、转换、集成、分析等。数据清洗是指对数据进行去重、去噪和纠错等处理，减少数据质量问题对后续分析的影响；数据转换是指将不同格式和结构的数据进行统一和整理；数据集成是将多个数据源的数据进行整合，建立全面、一致的数据集；数据分析是根据业务需求对数据进行挖掘和分析，获取有价值的信息和知识。

④ 数据利用是信息系统数据管理的最终目的。数据利用可以分为内部利用和外部利用。内部利用是指组织内部对数据的利用，如基于数据的决策支持、业务流程优化等。外部利用是指将数据提供给外部用户或合作伙伴进行利用，如数据共享、数据交换、数据开放等。数据利用可以帮助组织优化运营、提高决策效果，也可以促进创新和价值创造。

信息系统的数据管理是一个涉及诸多方面的复杂过程，管理者需要针对不同的情况采取合适的策略和技术手段。通过规范的数据收集、高效的数据存储、精确的数据处理和有效的数据利用，可以最大限度地发挥数据在组织中的价值和作用。因此，建立健全信息系统数据管理体系对于组织发展和竞争力提升具有重要的意义。

（3）数据管理内容

信息系统数据管理内容主要包括以下 6 个方面。

① 数据管理制度的建立：制定详细的数据管理制度，确保数据的合法

生成、存储、处理、传播。数据管理范围包括利用计算机进行输入、存储、处理、输出的全部数据，确保全部数据的准确性、完整性、及时性和安全性。

② 数据分类和编码：对数据进行分类和编码，使其便于管理和检索。数据管理技术经历了人工管理、文件系统和数据库系统 3 个阶段，每个阶段的发展以数据存储冗余减少、数据独立性增强、操作更加方便为标志。

③ 数据加密和安全存储：在信息技术应用创新环境下，可以采用对称及非对称加/解密技术对数据进行加密或解密，确保数据的安全存储。特别是在云端环境下，通过用户加密存储访问和身份识别认证，提供有效的安全防护手段。

④ 数据备份和恢复：定期进行数据备份，确保数据的可恢复性。数据备份策略包括日常备份、特殊日备份、版本升级备份等。

⑤ 数据访问控制：建立访问控制和授权机制，确保只有授权用户可以访问和修改数据。数据的使用权限按程序审批，相关人员按业务指定权限使用软件，并定期更换密码。

⑥ 数据监督和管理机制：建立适当的监督和管理机制，保证与数据有关的个体和数据管理者的合法权益不被侵犯。应针对数据用途建立相应的监督机制，确保数据的合法使用。

未来，随着云计算、区块链、人工智能等新技术的发展，信息系统数据管理也会随之发生改变。例如，随着云计算技术的普及，越来越多的企业将数据迁移到云端，云数据管理工具将变得更加重要。区块链技术将被应用于数据管理领域，增强数据安全性和可追溯性。数据管理工具将更多地融入人工智能和机器学习技术，提供智能化的数据分析和预测功能。随着技术的不断发展，数据管理将继续演变，为组织提供更多创新和发展的机会。

5. 运维管理

信息系统运维管理在信息系统项目管理中扮演着至关重要的角色，其不仅是信息系统高效、安全和稳定运行的保障，还是业务发展的坚实支撑。

（1）运维管理内容

信息系统运维管理内容主要包括以下 11 个方面。

① 基础设施管理：包括数据中心机房、供电、制冷等基础设施的维护，服务器、存储设备、安全设备等的日常运维，以及路由器、交换机、防火墙等网络设备的管理。

② 应用系统管理：负责应用系统的部署、升级、维护和优化，确保应用系统的正常运行，提高用户体验。

③ 数据管理：对信息系统中的数据进行备份、恢复、加密、解密等，确保数据的安全性和可用性。

④ 安全管理：负责信息系统的安全策略制定、安全漏洞修补、安全事件处置等，保障信息系统的安全性。

⑤ 服务管理：对信息系统提供的服务进行管理和优化，提高服务质量和用户满意度。

⑥ 设备管理：对网络设备、服务器设备、操作系统运行状况进行监控和管理。

⑦ 应用服务管理：对各种应用支持软件（如数据库、中间件、群件）及各种通用或特定服务的监控管理。

⑧ 数据存储管理：对系统和业务数据进行统一存储、备份和恢复。

⑨ 资源/资产管理：管理企业各信息系统的资源/资产情况，包括物理和逻辑资源/资产，并与企业的财务部门进行数据交互。

⑩ 信息安全管理：包括企业安全组织方式、资产分类与控制、人员安全、物理与环境安全、通信与运营安全、访问控制、业务连续性管理等。

⑪ 日常工作管理：规范和明确运维人员的岗位职责和工作安排，提供绩效考核量化依据，积累与共享解决经验与知识。

（2）各阶段运维管理的主要任务

① 在需求设计阶段，核心任务是确保系统在设计时就充分考虑到后期运维的需求和挑战。这个阶段的工作主要包括需求分析与规划、架构设计、安全设计、可维护性设计。

需求分析与规划是整个运维管理的基础。项目管理团队通过对用户需求的全面分析，制定详细的系统规划，可以为后续的系统设计提供明确的方向。管理者需要与业务部门密切沟通，确保对需求的理解准确无误，这是避免后期导致系统修改和运维难度增加的关键。

在设计系统架构时，项目管理团队要充分考虑系统的扩展性和可维护性。现代信息系统通常采用微服务架构，以提高系统的灵活性和可维护性，同时需要考虑高可用性和灾难恢复，确保系统在任何情况下都能正常运行，包括数据备份、负载均衡等工作。

安全设计也是需求设计阶段的重要一环。在需求设计阶段，项目管理团

队就要嵌入安全机制，如访问控制、数据加密、日志审计等，确保系统在运行过程中能够抵御各种安全威胁。项目管理团队应根据系统的重要性和业务需求，制定详细的安全策略，包括防火墙设置、入侵检测系统等，这是确保系统安全性的关键。

可维护性设计同样不可忽视。在需求设计阶段，项目管理团队需要考虑系统的可维护性，包括日志管理、故障诊断、系统监控等。通过完善的日志记录和监控机制，运维人员能够在故障发生时迅速定位问题，提高故障处理效率。

② 系统上线阶段是将系统从开发状态转变为生产运行状态的关键步骤。这个阶段的主要工作包括系统测试与验证、数据迁移与初始化、培训与文档、逐步上线。

在系统测试与验证方面，项目管理团队需要在系统正式上线前进行全面的测试与验证，包括功能测试、性能测试、安全测试等；通过模拟真实的运行环境，确保系统在各种条件下均能稳定运行，包括高负载、恶意攻击等情况。

数据迁移与初始化也是系统上线阶段的重要工作。项目管理团队需要将旧系统的数据迁移到新系统，并进行数据初始化工作，确保数据的完整性和一致性；同时，进行详细的数据检查和校验，制定数据备份方案，防止数据丢失。

培训与文档同样不可忽视。项目管理团队需要对运维人员进行系统操作和维护的培训，确保他们能够熟练掌握系统的运维技能。同时，项目管理团队应编制详细的系统文档，包括操作手册、故障排查指南等，以便运维人员能够快速上手。

逐步上线是系统上线的常用策略，通常采用逐步推进的方式，即先在部分业务上试运行，待系统稳定后再全面上线。通过小范围试运行，项目管理团队可以发现并解决潜在问题，确保系统在全面上线时能够稳定运行。

（3）委托系统维护管理

委托系统维护管理是指将系统的部分或全部运维工作委托给专业的运维服务提供商，主要步骤包括签订委托维护协议、系统评估与接收、运维准备与试运行、日常运维与优化。

① 签订委托维护协议是委托系统维护管理的第一步。双方需要明确委托维护的范围、维护期限、双方的权利与义务、服务费用等，同时对服务水

平协议（SLA）、服务的可用性、可靠性、响应时间等进行详细约定。

② 在系统评估与接收方面，管理者需要在正式委托维护前对系统进行全面评估，确保系统符合标准，评估内容包括系统的硬件状态、软件配置、网络环境等，并制订相应的维护计划。

③ 运维准备与试运行也是委托系统维护管理的重要环节。运维服务提供商需做好相应的准备工作，包括工具准备、环境搭建、应急预案制定等，进行试运行，发现及解决潜在问题，确保在正式接管系统后系统能够稳定运行。

④ 日常运维与优化是委托系统维护管理的核心工作。运维服务提供商需完成日常运维工作，包括系统监控、故障处理、性能优化、安全防护等，同时定期与用户沟通，了解系统运行情况，提出优化建议，持续提升系统的运行效率和稳定性。

随着信息技术的不断发展，运维自动化和智能化已成为现代信息系统运维管理的重要趋势。在运维自动化方面，自动化工具在配置管理、部署、监控等方面发挥了重要作用，能够减少人为操作失误，提高系统的一致性和稳定性。在智能监控与预测方面，项目管理团队通过应用机器学习和大数据分析技术，实现智能监控与预测性维护。智能监控系统能够实时分析系统运行状态，及时发现潜在问题，并进行预警。自动化故障修复也是自动化和智能化运维的重要应用。自动化故障修复系统可以在检测到故障时，自动执行预先定义的修复操作。通过自动化故障修复，系统能够在最短时间内恢复运行，减少故障对业务的影响。

云计算技术的广泛应用对信息系统运维管理提出了新挑战和新机遇。在云服务管理方面，项目管理团队需要制定云服务使用策略，确保云资源的合理配置和高效利用。通过云服务管理，项目管理团队可以降低运营成本，提高资源利用率。多云环境运维也是云计算时代的重要课题，需要采用统一的管理平台，实现对多云环境的集中管理。统一的管理平台提供跨平台的监控和管理功能，能够提高多云环境下的运维效率。云安全管理同样不可忽视，项目管理团队需要加强云安全管理，包括数据加密、访问控制、入侵检测等。通过云安全管理，项目管理团队能够有效防范云环境中的各种安全威胁，保障业务的连续性。

信息系统运维管理的实践与发展是一个不断进化的过程。通过科学的服务设计、严格的服务转换和专业的委托系统维护管理，结合运维自动化和智能化、云计算与运维管理的新趋势，企业可以确保信息系统的高效、稳定运行，更好地支撑业务发展。

6. 信息系统安全管理

信息系统安全管理包含访问控制、安全审计、数据保护、网络安全、应急响应、灾难恢复、物理安全等类别。

（1）访问控制

访问控制是信息系统安全管理的基石，确保只有授权用户才能访问系统资源。严格的访问控制策略可以有效防止未经授权的访问，保护系统的机密性和完整性，并增强整个系统的安全性。访问控制包括身份验证、授权和审计。身份验证通过密码、生物识别等方式确认用户身份；授权则根据用户角色和权限确定其访问范围；审计能够记录用户活动，帮助企业识别和防止潜在的安全威胁。

身份验证是访问控制的第一步。常见的身份验证方法有密码验证、双因素验证和生物识别验证。密码验证是基本的身份验证方法，容易被破解；双因素验证增加了一层安全控制，通过结合密码和手机验证码等方式，提高了系统的安全性；生物识别验证包括指纹、面部识别等，虽然更为安全，但成本较高。

授权是确定用户可以访问哪些资源的过程。通过角色和权限管理，可以确保用户只能访问他们需要的部分，减少出现内部威胁的风险。例如，一个普通员工可能只需要访问特定的文件夹，而管理员则需要更广泛的访问权限。精细化的权限管理可以有效提高系统的安全性。

审计是记录和分析用户活动的过程。通过日志记录，管理者可以了解用户的访问行为，识别异常活动。例如，一个普通员工尝试访问管理员权限的资源，系统可以及时发出警报。审计记录还可以用于事后分析和取证，帮助管理者识别和处理安全事件。

（2）安全审计

安全审计是对信息系统进行全面检查和评估的过程，旨在发现潜在的安全漏洞和风险。定期审计、漏洞扫描和渗透测试是安全审计的主要方法。定期审计可以确保系统符合安全标准和法规要求；漏洞扫描可以自动检测已知的安全漏洞；渗透测试可以模拟攻击者的行为，发现深层次的安全隐患。

定期审计是确保系统安全性的基础。通过定期审计，企业可以发现并修

复系统中的安全漏洞，确保系统符合相关的安全标准和法规要求。定期审计还可以帮助企业识别和管理安全风险，提高整体的安全性。

漏洞扫描是使用自动化工具检测系统中的已知漏洞。漏洞扫描工具可以快速检测系统中的安全漏洞，并提供修复建议。通过定期进行漏洞扫描，可以及时发现和修复安全漏洞，减少被攻击的风险。

渗透测试是模拟攻击者的行为，尝试发现系统中的深层次安全隐患。渗透测试不仅可以发现已知的安全漏洞，还可以发现未知的安全隐患。通过定期进行渗透测试，提高系统的整体安全性。

（3）数据保护

数据保护是信息系统安全管理的重要组成部分，涉及数据加密、数据备份和数据泄露防护。数据加密是将数据转换为不可读的形式，只有授权用户才能解密。数据备份是定期复制数据，以便在数据丢失时进行恢复。数据泄露防护则是通过采取监控和防护措施，防止数据被未经授权的人员访问或泄露。

数据加密是保护数据的关键方法。加密技术可以将数据转换为不可读的形式，只有持有解密密钥的用户才能读取数据。常见的数据加密算法有 AES、RSA 等。数据加密不仅可以保护存储中的数据，还可以保护传输中的数据，确保数据在传输过程中不被窃取或篡改。

数据备份是确保数据安全的重要措施。通过定期进行数据备份，可以在数据丢失或损坏时进行恢复。常见的数据备份方法有全量备份、增量备份和差异备份。全量备份是对所有数据进行备份，增量备份是只备份自上次备份以来发生变化的数据，差异备份是备份自上次全量备份以来发生变化的数据。合理选择备份策略，可以提高数据的恢复能力。

数据泄露防护是防止数据被未经授权的人员访问或泄露的措施。常见的数据泄露防护方法有数据分类、数据监控和数据丢失防护（DLP）系统。数据分类是对数据进行分类，以便采取不同的保护措施；数据监控是对数据的访问和使用进行监控，发现异常活动并及时报警；数据丢失防护系统是通过技术手段，防止数据被复制、发送或上传到不安全的地方。

（4）网络安全

网络安全是保护信息系统免受网络攻击的措施，涉及防火墙、入侵检测和防御系统（IDS/IPS）、虚拟专用网络（VPN）等。防火墙是网络安全的第一道防线，通过过滤不安全的网络流量，防止外部攻击；入侵检测和防御系

统是通过监控网络流量，检测和阻止潜在的攻击；虚拟专用网络是通过加密技术，保护远程访问设备的安全。

防火墙是网络安全的基础，通过过滤网络流量，阻止不安全的流量进入内部网络。防火墙可以根据预定义的规则，允许或拒绝网络流量，从而保护内部网络免受外部攻击。防火墙可以分为硬件防火墙和软件防火墙。硬件防火墙性能更高，但成本较高；软件防火墙灵活性更强，但对系统资源要求较高。

入侵检测和防御系统是通过监控网络流量，检测和阻止潜在攻击的系统。入侵检测系统（IDS）通过分析网络流量，识别异常活动，并发出警报；入侵防御系统（IPS）在入侵检测的基础上，能够自动阻止攻击。部署 IDS/IPS 可以提高网络的安全性，及时发现和阻止攻击。

虚拟专用网络是通过加密技术，保护远程访问安全的网络技术。通过 VPN，远程用户可以安全地访问内部网络，保护数据在传输过程中的安全。VPN 可以分为站点到站点 VPN 和远程访问 VPN。站点到站点 VPN 用于连接不同的网络，远程访问 VPN 用于连接单个用户和网络。部署 VPN 可以提高远程访问的安全性。

（5）应急响应

应急响应是指在发生安全事件时，快速响应和处理的过程，涉及事件检测、事件分类和事件处理。事件检测是识别安全事件的过程；事件分类是根据事件的严重程度和类型进行分类；事件处理是采取措施，控制和解决安全事件。

事件检测是应急响应的第一步，是指通过监控系统和网络流量，及时识别安全事件。常见的事件检测方法有日志分析、入侵检测等。通过及时检测安全事件，管理者可以进行快速响应和处理，减小不利影响。

事件分类是指根据安全事件的严重程度和类型进行分类。常见的事件分类标准有事件影响范围、事件类型等。通过事件分类，管理者可以确定事件的优先级和处理方案，提高应急响应的效率。

事件处理是采取措施，控制和解决安全事件的过程。常见的事件处理措施有隔离受感染的系统、修复漏洞、恢复数据等。通过快速响应和处理安全事件，管理者可以减小不利影响，保障系统的正常运行。

（6）灾难恢复

灾难恢复是指在发生重大灾难后，基于预设的灾难恢复计划、数据备份

机制和恢复测试,恢复系统和数据的过程。灾难恢复计划是详细的恢复方案;数据备份机制是定期备份系统和数据;恢复测试是定期演练恢复过程,确保灾难发生后能够快速恢复。

灾难恢复计划包括恢复步骤、资源需求、责任分工等。详细的灾难恢复计划可以提高恢复的效率和效果,减小灾难对系统的不利影响。

数据备份是确保数据安全的重要措施。通过定期备份系统和数据,可以在灾难发生后快速恢复数据。

恢复测试是指定期演练恢复过程,确保灾难发生时能够快速恢复数据。定期进行恢复测试可以发现和解决恢复过程中的问题,提高恢复的效率和效果。

(7)物理安全

物理安全是指保护信息系统的物理设备和环境,包括访问控制、环境监控和设备保护。

访问控制是指限制物理设备的访问,确保只有授权人员才能访问。常见的访问控制方法有安装门禁系统、监控摄像头等。严格的访问控制可以提高物理设备的安全性。

环境监控是指监控物理环境的安全,防止环境因素对系统的影响。常见的环境监控方法有温度监控、湿度监控、烟雾报警等。通过环境监控,管理者可以及时发现和处理环境问题,保护物理设备的安全。

设备保护是指保护物理设备免受损坏或盗窃。常见的设备保护方法有设备加固、安装防盗锁等。加强设备保护力度可以提高物理设备的安全性,减少被损坏或盗窃的风险。

以上7个方面的信息系统项目安全管理措施可以全面提高系统的安全性,保护信息和数据的安全。管理者可以根据自身的需求和风险,选择合适的安全管理措施,确保信息系统安全稳定运行。

4.3.4 信息技术服务管理

1. 信息技术服务

信息技术服务是指满足用户信息技术需求的服务产品与服务过程。信息技术服务产品包括硬件集成、软件集成、通用解决方案、行业解决方案、信息技术综合服务;服务过程是指信息技术需求得以满足的全过程,从信息技

术服务商为用户提供信息技术咨询开始，到定义信息技术需求，再到挑选合适的信息技术服务商和服务产品，实施信息技术项目，检测验收与评估信息技术服务效果，以及后期维护与升级。

信息技术服务是允许企业访问其运营流程和日常任务所使用的技术工具和信息的服务。通常，具有信息技术或计算机科学专业知识的团队会为许多行业的组织提供这些服务。根据组织的业务类型，信息技术服务团队包括内部团队和外部团队。例如，在医疗领域，医院的信息技术服务团队可以提供服务，使医院数据库保持可操作性，并易于工作人员使用。在小型企业中，信息技术服务可以包括商业数据的在线存储账户和互联网交易的网络安全。

如今，数字技术几乎是所有行业不可或缺的一部分。企业使用各种各样的软件和硬件系统来简化运营，并为用户提供更高的价值。信息技术服务对于维护这些系统和确保企业在不断发展的技术环境中保持竞争力至关重要。以下是良好的信息技术服务带来的一些好处。①有效的信息技术服务提高了企业对其运营的可见性，使企业能够衡量流程的有效性并实施解决方案。②有效的信息技术系统和良好的服务使企业能够简化流程，减少员工的工作量。这可以提高生产力，提高员工为用户提供价值的能力。③大多数企业现在管理着越来越多的用户和员工数据，这些数据受到一系列网络安全威胁。良好的信息技术服务可以确保这些数据的安全，并允许企业引入有效的应对措施。此外，数据是通过创建有针对性和有效的营销方案以推动销售的关键。良好的信息技术基础设施可以为企业提供准确的市场研究见解，以加强其营销运营效果。

一些常见的信息技术服务类型如下。

（1）云服务

云服务为企业员工提供了许多与所需技术交互的方式。云是一个连接互联网的平台，可以存储和访问信息和程序。企业员工利用云存储信息而不是将其保存在计算机上，可以在家里或办公室访问和使用信息。一些云服务甚至支持远程运行操作系统，允许企业员工远程使用内部业务程序，无须将其安装在计算机上。

（2）互联网语音协议

互联网语音协议是企业的一种通信工具，允许企业员工通过互联网连接而不是通过电话线拨打电话和发送消息。这有助于在不同地点设有办公室的企业进行内部远程通信。大多数互联网语音协议服务都需要付费订阅，企业可以将其与传统电话服务一起使用，也可以将其作为替代方案。

（3）备份解决方案

备份解决方案通过在外部硬件或在线平台（如云）上存储数据副本防止信息丢失。如果出现任何问题（如停电或系统故障），信息备份服务有助于保护企业信息。目前存在许多信息备份服务，涉及文件备份、服务器备份甚至桌面备份。企业可以让文件进行自动备份，保存最新版本，确保数据安全。

（4）网络安全

网络安全服务有助于保护企业网络免受未经授权的访问。信息技术服务可以创建访问授权并向需要者颁发访问授权，其还提供许多其他服务保护网络，包括构建防火墙、安装防病毒软件、安装虚拟专用网络、执行定期网络检查等。

（5）监测

信息技术服务可以监控网络、互联网流量、计算机和其他支持互联网的设备。监控使信息技术服务团队能够跟踪谁访问了企业的信息，是否有设备需要维修，以及是否有计算机软件需要更新或修改。从本质上讲，这项信息技术服务确保了企业拥有完成任务所需的工具和资源。

（6）电子邮件服务

企业在多数沟通时都依赖电子邮件。从个人信息及公司范围的更新到客户关系，电子邮件是维护业务关系的重要组成部分。信息技术服务团队经常监督企业的电子邮件账户，并面向适合其通信需求的提供商提出建议。信息技术电子邮件服务在销售和营销过程中是有帮助的，信息技术服务团队与销售及营销专业人员合作，使相关方保持及时的沟通。

（7）信息报告

通过数据收集和监控，信息技术服务可以提供相关企业信息的报告。信息技术服务团队可以创建技术使用和信息存储等主题的报告，以帮助企业了解当前服务的有效性。例如，许多信息技术服务团队提供有助于简化财务和项目报告的软件；还可以安排信息，帮助企业更好地了解业务并做出重要决策。

（8）远程支持

许多信息技术服务团队可以提供远程技术支持。例如，如果企业的某个设备出现问题，信息技术服务团队可以通过互联网访问该设备进行故障排除和修复。远程支持使信息技术服务团队能够更快地发现和修复问题，并应用

于多个设备，包括常见的移动设备。拥有具有远程支持功能的信息技术服务可以节省更新应用程序和修复技术错误的时间，这样设备就可以在最少的中断下继续进行工作。

（9）软件即服务

软件即服务是指需要付费订阅的软件，包括文字处理或数据库软件。信息技术服务团队可以将企业设备与所需的服务软件连接起来，并监控连接，以帮助企业在需要时使用软件。将软件作为服务有时需要云访问，企业员工可以在需要时在自己的设备上远程工作。通过大多数软件即服务订阅，企业可以获得额外的信息技术服务，包括软件的技术支持。

（10）软件开发

信息技术服务通常包括软件开发过程，即创建满足特定业务需求的自定义应用程序。例如，初创企业可以依赖信息技术服务创建用于维护风险投资记录的程序，在这种情况下，信息技术服务团队可以提供开发个性化软件所需的服务，并通过持续的测试、开发和维护，确保程序的可行性。

（11）故障排除和技术支持

许多组织的信息技术服务还包括线上及线下工具的技术支持、故障排除。服务团队通常会指导用户完成解决技术错误的过程，或建议采取进一步的措施，如将设备送去维修。有了专门的技术支持服务，当企业员工在使用软件过程中遇到问题时，可以获得所需的技术支持。

（12）硬件安装和维护

信息技术服务还包括硬件安装和维护。例如，企业的信息技术部门通常负责安装企业运营所需的计算机、硬盘、打印机、调制解调器、路由器。信息技术服务团队负责评估业务流程，以确定支持其需求的硬件类型。在许多企业中，信息技术服务团队还负责维护硬件和更新计算机、调制解调器或路由器，以满足企业生产和运营需要。

2. 信息技术治理

信息化建设中的最大问题，往往不是技术问题，也不是资金问题，而是缺乏科学的信息技术管理观念。信息技术管理者最大的问题往往不是缺少经验和能力，而是缺乏卓越的管理素质和管理方法。正因为如此，人们引入了信息技术治理这个概念。从定义上讲，信息技术治理是指在设计及实施信息化过程中，各方利益最大化的制度安排。其目的是实现组织的业务战略，促

进管理创新，合理管控信息化过程的风险，建立信息化可持续发展的长效机制，最终实现信息技术的商业价值。

（1）信息技术治理的目标

信息技术治理的目标包括信息技术与组织战略互动、有效利用信息资源、管理信息化风险、构建可持续发展机制。

① 信息技术与组织战略互动。信息技术治理团队通过研究组织的发展远景、内外部环境、业务策略、管理基础，形成信息化的远景、信息系统的组成架构、信息系统各部分的逻辑关系，支撑战略规划目标的达成。针对信息系统的支撑硬件、软件、技术等进行计划与安排。其中的难点在于，需要理解组织的关键目标，制定信息技术战略目标，进而将其转化为信息技术治理有效行动。多变的组织战略不利于信息技术战略的可持续发展。

② 有效利用信息资源。信息资源的开发和利用是信息化建设的核心任务，是信息化取得实效的关键，是衡量信息化水平的重要标志。通过信息技术治理可以对信息资源的管理职责进行有效的制度设计，保证投资的回收，并支持业务战略的发展，避免出现投资过多、效果不佳、信息孤岛、无法共享、工程超期、不满足需求等问题。

③ 管理信息化风险。企业发展越来越依赖于信息化建设水平，因此企业需要关注信息技术风险。随着技术迭代越来越快，新技术不断涌现，如何避免新技术带来的风险是需要管理者从管理角度加以关注的。此外，近些年随着人们对个人隐私、数据安全的关注增加，此类风险也需要企业重点关注。通过制定信息资源的保护级别，强调关键的信息技术资源，有效实施监控，进行事故处理，可以降低风险。

④ 构建可持续发展机制。企业的信息化建设，需要有一个可持续发展机制。不能简单依靠领导命令方式，需要将其转换成一个长期的发展规划，辅助绩效评估手段，构建信息化可持续发展的长效机制。

（2）信息技术治理的前提条件

信息技术治理的前提条件是明确目标、重视组织架构、制定治理流程、重视管理制度。

① 明确目标，将信息技术治理活动与企业治理过程相结合，并安排企业领导参与。信息技术治理专注于企业目标和战略，借助技术提高企业的业务水平，使其具备满足业务需求的资源和能力。

② 重视组织架构。成功的信息技术治理需要有一个明晰的信息技术治

理组织架构，并且组织架构中的各个部门都有明确的角色和相关职责的定义。

③ 制定治理流程，保证企业的相关部门采用合理的步骤进行信息技术治理活动。制定相关流程和规范并有效实施，应从企业需求出发，并将责任落实到人。

④ 重视管理制度。信息技术制度是将日常的流程进行固化形成的企业规范，需要每位员工都遵循；相关部门提供必要的手段，进行监督管理，最终形成一种可控的环境或文化。

（3）信息技术治理的组织模式

目前主流的信息技术治理的组织模式包括专制管理模式、分散管理模式、联邦型管理模式3种。

① 专制管理模式是由信息技术部门或强势业务部门管理项目投资、建设和维护。信息技术治理决策完全由该部门负责，主要优势是具备成本导向型架构，能较好地管理信息技术资产和系统，长期来看，其能够节约信息技术成本；主要问题是业务部门不参与决策过程，因此专制管理响应速度较慢，缺乏创新。专制管理模式适用于追求短期利润的公司，所需的信息技术行为在追求低的业务成本的基础上高度标准化。

② 分散管理模式是由各业务部门独立负责项目投资、建设和运营，信息技术治理策略由部门自行决定。分散管理模式的主要优势是业务部门具备开发能力，信息技术人员能理解业务流程并参与系统建设，对业务部门的需求响应较及时，创新能力较强；主要问题是业务部门战略和企业战略可能出现不一致的情况，信息技术资产不能共享，会导致成本上升。分散管理模式适用于新成立的公司或研发类的公司，因为其将收入增长作为成功的度量标准，所需要的治理机制较少。

③ 联邦型管理模式是由信息技术部门与业务部门联合进行信息技术管理，各自有明确的职责。信息技术治理决策由多部门在衡量各种影响因素之后做出。联邦型管理模式的主要优势是信息技术部门和业务部门共同进行信息技术治理决策，在一定程度上可以克服前两种模式的缺点；主要问题是资源的管理难度和协调难度增加，需要人员具备很强的协调能力，而且不能完全保证成功。联邦型管理模式适用于致力于利润增长与业务创新的公司，其信息技术准则强调流程、系统、技术、数据模型的共享和重用。企业引入联邦型治理机制可以处理企业内的总体控制和局部控制之间的矛盾。

（4）信息技术治理流程的设计原则

信息技术治理流程是为了使人们能够在跨业务部门的流程中顺利完成信息技术业务的操作，是完整的、可见的、可管理的，设计时应遵循如下原则。

① 进行流程设计的目的是创造价值，因此必须剔除所有无价值的环节。高价值的流程是设计的重点，这样能集中企业有限的管理资源产生最大的收益。信息技术治理流程是持续的，需要不断创新的，不是重复地整理历史信息。只有明确责任人，才能保障流程中的每个环节顺畅流转。

② 要职责清晰、流程明确，事前可以使员工对工作心中有数，事中工作流程顺畅，事后有问题可以追责。应考虑在影响面大或涉及部门、员工多的工作中建立工作制度，然后逐步增加和完善制度，形成覆盖信息化工作各个方面、各个阶段、各个环节的制度体系。成熟规范的工作流程可以逐步转化为制度并加以固化，成熟的制度可以进一步上升为信息技术管理标准。

（5）信息技术治理与信息技术管理的不同之处和关系

① 概念不同。信息技术治理是高层管理者用来掌控信息的策略，通常由公司高管或董事会负责，其主要任务是确保信息技术战略和企业的业务目标一致，如投资的方向对不对。简单来说，信息技术治理关心的是在做的事情是否正确，也就是信息技术能不能给企业带来价值，怎么让价值最大化。信息技术管理则是执行层的工作，技术部门负责具体的管理操作，如日常信息技术运营、技术维护、项目开发等。信息技术管理更关注有没有把事情做好，即确保信息技术系统正常、可靠地运转。简而言之，信息技术治理就是制定方向、控制风险，而信息技术管理就是执行具体任务。

② 组成不同。信息技术治理的关键活动包括确定谁拥有对信息技术资源的决策权、确保信息技术目标与组织的业务目标一致、监督信息技术项目的性能并确保它们提供预期的价值、管理与信息技术相关的风险。信息技术管理的关键活动包括信息技术服务管理、系统和网络管理、数据和安全管理、软件应用和开发管理、技术支持和维护管理。

③ 职责不同。信息技术治理决定的是战略大方向，关心的是信息技术投资能否支持企业的业务发展，以及控制与信息技术相关的风险。信息技术管理是具体操作层负责的，技术团队根据高层决策执行任务，管理日常工作，确保系统按计划顺利上线，其工作重点是监督员工有没有把事情做好。

④ 关注点不同。信息技术治理关心的是战略决策和风险控制，如信息

技术项目是否支持业务发展、投资是否合理、风险是否可控。信息技术管理关注操作细节和项目执行，如系统是否稳定、项目开发是否按计划进行、技术问题是否得到解决。

⑤ 是决策与执行的关系。信息技术治理负责高层决策，确保每个项目的投资合理、风险可控，并且与企业的业务目标保持一致。信息技术管理负责具体执行高层决策，确保项目高效完成、系统正常运行，解决开发中的技术难题。

总体来说，信息技术治理和信息技术管理是企业管理信息技术的两个重要方面，从不同的层面和角度确保信息技术资源的有效和高效使用，支持企业的整体战略和目标。只有信息技术治理和信息技术管理协同工作，企业才能最大限度地利用信息技术创造价值。这种分工明确的方式可以帮助企业更好地应对快速变化的市场环境，让企业的信息技术投资变得更加精准、高效。

3. 信息技术审计

随着信息技术的兴起，信息系统已经渗透到社会生活的方方面面，其在给人们带来便利与效益的同时，也带来了很多负面影响，如计算机犯罪案件的频频发生等，导致系统安全问题日益严峻。于是一个不容回避的问题——如何有效地开展信息技术审计，保证信息系统安全——摆在人们面前。信息技术风险是企业管理者亟待关注与控制的重要领域，而信息技术审计正是帮助企业识别信息技术风险，评估相关控制、评价机制的效果，进而发现内部控制缺陷，并及时规避信息技术风险的活动。企业需要对信息技术风险有一套行之有效的控制体系，从而将信息技术风险缩小到可以容忍的范围。通过实施相应的信息技术审计，企业可以有效规避信息技术风险。

信息技术审计是指对信息系统从计划、研发、实施、运行到维护各个过程进行审查与评价的活动，以审查企业的信息系统是否安全、可靠、有效，保证信息系统得出准确可靠的数据。信息技术审计的目标是保证信息技术系统的可用性、安全性、完整性和有效性，最终达到强化企业内部控制的目的。

（1）信息技术审计过程的特点

① 信息技术审计是一个过程。其通过获取的证据判断信息系统能否保证资产的安全、数据的完整和组织目标的实现，贯穿于整个信息系统生命周期。

② 信息技术审计的对象综合且复杂。信息技术审计从生命周期看，覆盖了信息系统从计划、研发、实施、运行到维护的全生命周期的各种业务；从横向各阶段看，其包含对软硬件的获取审计、应用程序审计、安全审计等。信息技术审计将审计对象从财务系统扩展到了与经营活动有关的一切信息系统。

③ 信息技术审计拓宽了传统审计的目标。传统审计的目标仅包括被审计单位会计报表的合法性与公允性、会计处理方法的一贯性。信息技术审计除了包括上述目标，还包括信息资产的安全性，数据的完整性，系统的可靠性、有效性和效率性。

（2）信息技术审计范围

业界制定的信息技术审计范围总体来说分为企业层面、一般控制层面、应用程序控制层面，其中一般控制层面是企业层面和应用程序控制层面的重要衔接点。

① 企业层面的信息技术审计。企业层面的信息技术审计是检查企业内部关于信息技术的控制设计及实施是否有效，为企业管理者最终发布内部控制有效性声明提供支持。根据企业组织策略的不同，信息技术审计每年关注的重点有所不同，因此需要基于风险分析和评估的结果进行企业层面的审计。

② 一般控制层面的信息技术审计。信息技术一般控制是指为了保证应用控制的持续有效性，而在变更管理、逻辑访问、信息技术操作管理等方面实施的系统性控制，能够支持应用程序控制和依赖信息技术的人工控制持续运行。因为这些控制对一个以上的应用程序和数据集都有效，所以被称为信息技术一般控制。

③ 应用程序控制层面的信息技术审计。一般而言，控制会或多或少地依赖企业的应用程序。应用程序控制是在应用系统中由程序执行的控制，可以替代很多由人工完成的基础性检查工作，是指在业务流程层面为了合理保证应用程序的准确性、完整性，以及完成业务数据的生成、记录、处理、报告等功能而设计并执行的信息技术控制。因为应用程序控制普遍适用于各种交易的处理，所以应用程序控制是否有效对财务报表的完整性、正确性，以及企业内部控制的有效性有着重要影响。应用程序控制可以分为系统自动控制、人工干预系统控制两种。

（3）信息技术审计方法

信息技术审计方法应当由审计部门的管理人员制定和批准，并在审计过程中使用。实施信息技术审计首先要了解企业的信息技术环境，使用基于风险的审计方法确定审计范围、制定审计目标、制订审计工作计划；对于企业层面、一般控制层面和应用程序控制层面的审计方法分别如下。

① 企业层面的审计方法是根据企业情况设计调查问卷，内容主要包括环境控制、风险评估、活动控制、信息沟通、监控5个方面。根据调查问卷，与企业管理者或信息技术管理者进行访谈。根据文档审阅结果，评价企业层面信息技术控制的有效性，填写问题发现汇总表，提出整改建议。

② 一般控制层面和应用程序控制层面实施信息技术审计的典型方法如下：确定审计目标和审计范围，获取并记录对审计对象的了解情况；进行风险评估和总体审计计划安排；制订详细的审计计划；选择审计方法；检查并评估审计对象；进行穿行测试和控制测试，找出设计和执行方面的问题；针对测试结果与管理者进行沟通，协助管理者制订缺陷整改计划；准备审计报告；针对审计报告指出的问题进行后续跟踪。

第五章 装备领域信息系统订购流程

5.1 立项申报

5.1.1 立项申报流程

立项申报是信息系统项目管理的起始阶段。立项申报的过程可以促使社会创新工作者更好地了解技术发展动向，促使其掌握项目评审规范及其政策导向。提高项目申请书的编制水平和质量，有利于推动信息系统项目申报工作的顺利开展。

立项申报一般由指南发布及答疑、项目申请书盲审、项目申请书会审 3 个重要环节组成。

1. 指南发布及答疑

指南发布：由主管部门确定的各领域专家组，经过前期集中规划和讨论，确定项目指南，在采购信息网发布指南需求信息；各申请意向单位可在指定的机构查询和获取项目指南。

指南答疑：分为书面提问和现场集中答疑。进行书面提问时，现场只接收以单位名义正式提交的书面提问，现场不回答问题；对指南内容有疑问的提问，需标注清楚具体指南编号。进行现场集中答疑时，仅回答前期书面提交问题，原则上新增问题不再回答，少数情况下可能增加二次答疑。

2. 项目申请书盲审

盲审时，采用指定和随机抽取相结合的方式，从主管部门确定的专家库

中遴选专家，组成专家组。专家组主要由技术专家组成。盲审过程中，专家各自独立地对项目申报书的内容进行书面审查并打分，根据评分规则得到评分值，遴选出盲审通过单位。

评分规则为每份申请书得分去掉一个最高分及一个最低分后取平均值。两份及两份以上申请书得分相同时，按创新分排序；创新分相同时，按研究方案及技术途径分排序……若均相同，则视为并列。根据最终得分由高到低排序，若排名不超过指南条目拟支持申请书数量的两倍，则盲审通过。

若单个指南条目的申请书数量未达到支持项目书数量的两倍，则跳过盲审，直接进行会审。

3. 项目申请书会审

盲审通过的单位，才有资格进入会审。

专家组仍然采用指定和随机抽取相结合的方式，从主管部门确定的专家库中遴选专家，组成专家组。专家组主要由技术专家组成，多于盲审专家人数。申报单位参加会审入场前，应对评审专家组名单进行确认，排除评审专家需要回避的异常情况。如果出现专家本人申报或参与、专家与申请人属于同一法人单位、专家与申请人有其他关系可能影响公正评审的情况时，则应及时更换专家。会审过程中，申报单位汇报完项目申请书后，专家组按照评分规则对项目进行打分。

会审的评分规则为每份申请书得分去掉一个最高分及一个最低分后取平均值。两份及两份以上申请书得分相同时，按创新分排序；创新分相同时，按研究方案及技术途径分排序……若均相同，则视为并列。若得分与第一名分数差值在一定范围内，则会审通过。

5.1.2 项目申请书总体框架

项目申报单位需提交项目申请书，通常应该包括需求与现状分析、研究目标、研究内容与技术指标、研究方案及技术途径、研究进度、成果形式及应用方向、经费概算、研究条件及保障等。项目申请书应该使专家清晰了解申报单位总体情况，以及对申报项目的理解和规划，进而确定申报单位是否具备承担项目的水平。

（1）需求与现状分析

需求与现状分析重点描述项目需求，以及国内外该项目领域发展现状分析。

需求与现状分析是研究目标的来源。需求分析是研究的输入端，研究者应从存在的问题入手，依据技术发展对信息系统的新要求，论述项目的目的。需求分析越透彻，应用场景就越明晰，关键技术和技术方案的匹配性就越好，研究目标就越容易达成。预研项目基本是已经有过基础研究，甚至是几年前计划的项目。作为新入围的单位，现状调研是一项必需的工作，也是一项艰苦细致的工作。

（2）研究目标、研究内容与技术指标

研究目标、研究内容与技术指标重点介绍项目总体研究目标和内容、关键技术、技术指标细化。

研究目标包括研究背景或需求、关键技术、研制成果、通过的考核、达到的状态或指标、具备的能力、取得的效果、预期达到的技术成熟度等级。研究目标应基本遵循指南，研究者只需要适当丰富和扩展，不需要长篇叙述，避免与后面的内容重复。

研究内容列出本项目涉及的主要研究、试验等工作内容。研究内容应基本遵循指南，研究者只需要进行适当丰富和扩展。指南中的研究内容一般包括具体工作内容及技术研究项，其中技术研究项与申请书模板中的关键技术部分有一定的重复。研究内容一节中可以含有技术研究的内容，但其中关键技术的研究在关键技术一节也要阐述。

关键技术是指项目研究需解决的关键技术，并简单阐述内涵。关键技术应基本遵循指南（主要反映在指南的研究目标描述中），针对指南中没有涉及的其他关键技术，可以进行适当补充。

技术指标细化是指完善需求信息中的技术指标，形成指标体系。技术指标在指南上一般都有规定，在遵循指南的基础上，必要时可以适当进行细化、增补新的技术指标。

（3）研究方案及技术途径

研究方案及技术途径详细论述总体方案、技术途径和创新点。

总体方案主要包括研究思路和研究方案。研究思路是指针对研究的基本内容和拟解决的主要问题，采用相关的研究方法及措施；研究方案通常是指先介绍整体概况，多数通过系统或技术架构、系统组成框图、系统内外连接关系、软件功能分层等方式，让评审专家了解项目的总体情况。

技术途径是指通过应用何技术、具体步骤等实现研究目标。评审专家通过报告提出的技术途径和关键技术来评估申请者完成项目的可行性、作用、意义、研究团队的技术水平。

创新点是指概括本项目的创新之处，并进行简要说明。研究者要站在国际和国内的高度做出横向分析比较，提炼出自己独特的地方；创新有原始创新、跨领域应用创新，还有引进消化改进创新；要特别注意的是，创新是点不是面。创新的技术点越具体、越明确，研究报告越有说服力。不能人为扩大化，不能把别人已有的说成是自己创新的。

（4）研究进度、成果形式及应用方向

研究进度、成果形式及应用方向重点介绍研究进度、项目成果、应用方向。

研究进度应当安排在项目指南规划完成期限内，以年度为例，进度的安排按照年度目标、年度需要完成的研究内容、年度成果形式进行描述。

项目成果主要包括技术文件类成果和实物类成果。技术文件类成果包括技术总结报告、专题报告、试验报告、标准、规范、图纸、软件等；实物类成果包括样机、配方、试验件、样品等。对于软件、演示系统、样机等，应描述主要组成、功能、验证环境、考核方法。

应用方向反映的是项目的现实价值、经济效益、社会效益。应用方向（应用场合）越具体越好。

（5）经费概算

经费概算分为按研究内容分解经费和按年度分解经费两种，由申报单位按照实际情况进行编写，并汇总形成表格。

（6）研究条件及保障

研究条件及保障具体包括本单位研究基础、人才条件、研究条件、外协条件、管理保障等。研究者要把本单位的优势凸显出来。

本单位研究基础要体现出本单位的前期研究基础，没有前期研究基础会增加完成研究目标的风险。研究者要站在国内、国际的角度进行比较分析，从现实出发，拿出研究基础的具体证明，最好能有实际的研究或工程性案例。

人才条件重点介绍项目负责人和分系统负责人概况，并介绍主要参研人员。项目负责人及团队能力素质、科研经历、学术水平等是预研项目成功的基本保障。

研究条件是指申报单位已有的硬件条件和软件条件。硬件条件主要包括开展课题所需要的实验设备、分析测试仪器等；软件条件主要包括申报单位自身具备的人力资源、项目经验、研发/研制资质等。

外协条件主要列举本项目需要的外协单位名称，简要说明原因，并写清各单位需要负责的内容。外协单位应该选择有实力的，同行业的科研、教学单位往往是很好的外协单位。

管理保障主要描述本单位在项目管理上，如项目组织、协同、进度、成本，以及知识产权等方面的保障措施。

5.1.3 项目申请书的编写难点

编写项目申请书时，研究者应避免研究目标模糊；要充分理解设置本项目的目的、意义、必要性、主要问题、涉及的关键技术难点，其关键是要加强需求研究和对项目关键问题的理解。项目指南的撰写者是各领域的专家，他们知道问题在哪、难点何在，想让申请者干什么。

申请者需要清晰地表述应用场景、需求、国外对应的现状、应用现状、应用方向及场景、典型应用流程，以及要解决的实际问题、技术关键点和核心点。若研究者只是照抄目标、研究内容、技术指标，缺乏深入的分析、理解，没有好的研究思路和研究主线，使技术研究不能有的放矢，容易抓不住重点问题及评委关心的项目核心内容。

同时应该避免技术内容偏差。由于申报单位或课题组的水平有限，以及研究目标不明确，在申请书的编写中可能会侧重于自身熟悉的分系统、设备或软件设计，哪怕不是主要的研究内容，也写得过于详细，而不熟悉的方面就草草带过，造成内容粗细不均，或该粗的太细、该细的太粗。例如，针对同等重要的几项关键技术，大篇幅描述自己熟悉的技术，而对其他不熟悉的关键技术描述较少，缺乏研究和创新，这也造成了内容粗细不均，既重点不突出，又影响评审组对关键技术的阅读理解。

申请书不够精练也是一个需要避免的问题。

① 平铺直叙，缺少总结。在申请书的编写过程中，有的方案设计等内容采用大段平铺直叙的方式，缺少总结性的文字或必要的图表和索引，且图表利用不充分。

② 文章没有逻辑性。在文档思路的展开过程中，有的内容逻辑性不够强，前面没有思路的概述、后面没有技术的总结，只有简单或冗长的没有技

术含量的文字、公式推导的堆砌，缺乏提炼性、分析性的文字描述，造成专家审阅困难。

③ 不能明确分析项目执行原因。由于研究、设计思路混乱，或研究者设计水平、设计经验不足，有的申请书只讲如何做，没有总结为什么这样做。

④ 缺少方案之间的对比。有的申请书只描述了一种方案，缺少与其他方案的对比，结论不明显，看不出合理性，影响申请书质量，从某种意义上来讲，这个问题并不单纯是写作技巧问题，而是课题组研究及设计能力和技术水平不足的问题。

⑤ 仿真不"真"，没有说服力。虽然人们普遍很重视仿真工作，但是一些申请书的方案设计要么缺乏仿真方案，要么对仿真的研究不够深入，或者对仿真的方案、参数、初始条件等研究不足，影响了仿真结果的置信度。此外，仿真能力通常也是申报单位技术底蕴的反映。

⑥ 创新点不明确或没有创新性。有的申报者对创新点的理解不准确，误以为自己不知道的技术就是创新，或者自己单位没搞过的技术就是创新。

⑦ 没有开阔的科学视野，研究者很难知道什么是真正的创新。创新既有"从 0 到 1"的原始创新，也有"从 1 到 N"的增量创新，这两种创新在项目中都存在，都很重要，但增量创新可能更多一些。创新点、技术创新通常也是申报单位技术能力的反映。

⑧ 篇幅过短或过长。目前没有统一的标准来衡量一份报告应该有多少字，且报告内容的多少也并不对项目的申报成功与否起决定性作用，但因篇幅量不佳而丢失印象分是一件较为可惜的事情。绝对篇幅量是一个考虑因素，有效篇幅量则是另一个值得重视的方面。有效篇幅量并非一个标准定义，其是指申请书中的必要性、目标、内容、关键技术、途径、指标、成果、单位研究基础等实质性内容的篇幅，与之相对应的是不太重要的篇幅，如组织管理模式、封面、目录、申报单位意见等。

⑨ 自主可控要求。申报书自主可控设计及现状分析、替代路线图等能从侧面反映申报者在此研究领域的实践经验和设计水平。有的单位自主可控设计能力较差，没有找准自主可控设计的关键芯片、器件、模块和软件，或者写得不细或总结、分析不够，这需要申报者加以重视并加强研究。

5.2 采购招标

5.2.1 采购管理

1. 意义和特点

装备领域信息系统必须依据法律法规进行采购，规范财政支出行为，减少浪费，充分发挥财政资金应有的效益。

① 依法依规采购有利于贯彻依法行政方针，推进采购规范管理。确保采购工作有法可依，可以有力地促进采购的规范建设和财政支出管理水平的提高。

② 有利于加强采购资金管理，提高资金使用效益。实行采购制度可以节省财政资金，使资金预算和支付管理更加规范，事前、事中监控得到强化。

③ 有利于采购调控宏观经济政策功能的发挥。例如，采购对经济发展的宏观调控作用主要体现在保护国内企业、扶持中小企业发展、打破地区封锁等方面。

④ 有利于规范市场经济秩序，推动企业经营发展。例如，在采购活动中，军方作为市场上较大的买方，对建设公平竞争的市场环境起着重要的示范和促进作用。同时，供应商为了取得在军方采购中的份额，必须执行军方采购支付规定，改善经营管理，为军方提供品质优良、价格合理的产品，以满足军方需求，并实现自身发展。

⑤ 有利于强化经济纪律和促进反腐倡廉。推行军方采购制度是从源头上预防和治理腐败的重要措施之一。采购全过程公开透明，接受各方监督，能有效抑制军方采购中腐败现象的滋生和惩处腐败行为，并提供法律依据和手段。

⑥ 有利于维护国家利益。军方采购可以更好地借鉴国际通行做法，通过完善军方采购制度和加大改革力度，充分发挥军方采购的作用，保护和支持民族企业发展，增强国家竞争力。

军方采购信息系统建设是军方部门实现科学决策、管理的基础手段。信息处理和信息特有的反馈作用，使军方部门的运行效率在计划、组织、指挥、协调、调度等环节达到最佳。随着社会信息化水平的不断提高，军方部门加强信息化建设显得越来越有必要和紧迫。军方采购信息系统作为军方财政管

理的重要组成部分，可以大幅提高政务办公效率，达到业务操作的协同化、规范化，工作进度的透明化，领导决策的科学化。

军方采购信息系统将政务与办公自动化结合起来，将对内管理和对外信息发布结合起来，形成了信息化政务办公系统的技术特色。为了使政务办公系统规范化、效能化，一方面要保证军方采购信息系统能够实现既定工作管理流程，另一方面要对现有流程进行适当梳理，以保证政务办公系统能够适应计算机管理。这样不仅可以使军方采购信息系统规范化、效能化，还可以节约军方采购的成本，发挥军方采购信息系统的经济效益。政务办公系统建立后，将逐步积累数据，利用数据分析和挖掘技术为管理和决策提供数据支撑，不仅可以为业务流程所用，也可以为管理分析所用，充分发挥自身数据分析的潜力和优势。

2. 组织形式

装备领域信息系统项目采购是指在研发、研制、试验、生产、维修保障等工作中，以合同方式有偿获取相关技术和服务的活动。

（1）组织方式

采购单位可以采用竞争性采购方式、单一来源采购方式，以及军方主管部门批准的其他采购方式。采用竞争性采购方式时，应当择优选取一个供应商，根据需要实行多选供应商、备选供应商制度；对符合规定条件的供应商，按照规定给予竞争失利补偿。符合规定条件的采购项目，可以采用单一来源采购方式。采用单一来源采购方式时，其分系统或者配套产品具备开展竞争性采购条件的，应当实施竞争性采购。

（2）采购流程

采购单位通常采用标准型采购流程，按照研发、研制、试验、订购、使用保障等阶段组织实施采购。根据不同特点和采购要求等因素，管理者可以按照规定对标准型采购流程做出调整。采购流程中实行项目管理制度，对合同订立和履行，以及项目的技术状态、质量、进度、费用、风险等实施全系统、全寿命周期管理。

（3）供应商

在采购中，实行单位资格管理制度，建立项目承担单位名录，将存在失信行为的供应商纳入失信名单进行管理。应当选择承担研发、研制、试验、生产、维修保障工作服务等任务的供应商，法规制度另有规定的除外。

（4）采购合同

采购项目实施前，应当采用采购合同标准文本订立合同，法规制度对合同订立时机和合同文本另有规定的除外。应当严格履行采购合同；符合规定条件的，可以变更、中止或者解除。采购单位不履行合同义务或者履行合同义务不符合约定的，应当依法承担违约责任。供应商违反合同约定的，采购单位应当依法追究其违约责任。对研发、研制、试验、生产、订购、维修保障等采购合同，以及项目承担单位订立的主要配套产品合同，实施合同监督管理。合同监督管理应当以质量为核心，基于采购合同履行风险，开展检查/核查、检验/验收、评估等工作，监督项目承担单位有效履行采购合同，提高采购质量和效益。采购合同纠纷应当通过协商、调解、仲裁、诉讼等方式解决。

（5）采购价格

采购价格应当以成本分析为基础，坚持市场定价导向，采用竞争议价、征询议价、激励约束议价、成本议价等方式合理确定采购价格。项目实施竞争性采购的，通常不再组织审价；实施单一来源采购的，应当按照规定组织成本审核。

5.2.2 招标管理

当前，为高效推进项目实施，充分发挥总体单位（一般下设技术总体单位、建设总体单位、研制总体单位）统筹进度计划、统一技术体制的优势，大部分项目采用了总体研发研制模式，总体单位采购流程也基本固化，取得了良好效果。总体研发研制模式是指，由总体单位负责项目设计、采购、集成，最终实现系统交付，同时对项目的质量、安全、费用和进度负总责的一种研制模式。

一些单位在招标采购过程中存在自身定位不准、操作不够规范、透明度不够、质疑时有发生等问题，这些问题影响和制约了招标采购的健康发展，甚至影响项目进度。进一步规范单位招标采购活动，有利于压实总体单位的权利和责任，对保证工程质量、提高经济效益、维护公平竞争的市场秩序有着积极作用。

确定总体单位后，该单位按国家、军方主管部门相关采购规定，组织分系统采购，具体采购活动纳入总体单位纪检监察体系。另外，根据项目情况，项目执行监管部门委托工程咨询公司等第三方咨询机构，派出观察员对专家

抽取、评标、开标等重要环节的开展情况和程序合规性进行现场观察和情况记录，观察员不能参与招标活动。若在招标现场发现重大异常情况，观察员应及时向总体单位（或委托的招标代理机构）反馈，待问题解决后再开展采购活动。招标现场应设置监督电话，包括总体单位纪检监察电话和观察员电话。

总体单位根据采购管理相关规定，结合项目实际（进度、质量），提出分系统采购方案，重点包括合同标的采购方式（如单一来源、公开招标、邀请招标、竞争性谈判、询价）和组织模式等，采购方案需通过总体单位集体审议。对于已明确分系统采购方式的项目，不得变更采购方式；如需调整，经项目执行监管部门审核后报军方主管部门，按照批复结果执行。按照采购方案，招标采购业务部门或委托第三方招标代理机构开展采购，其中，公开招标、邀请招标、竞争性谈判等活动原则上委托第三方招标代理机构实施。

分系统采购技术指标要求和需要进行样机比测的测试大纲及技术评分标准一般由总体单位研究提出，由项目执行监管部门委托技术总体单位（立项论证单位、建设方案论证单位）或工程咨询公司等第三方咨询机构进行审核，评审通过后纳入竞争性采购文件。分系统采购技术指标及技术评分标准由技术总体单位论证提出，并由项目执行监管部门组织外审后纳入竞争性采购文件。需要进行样机比测的文件，可由总体单位选取第三方测试机构实施审核，也可由总体单位自行实施审核。

竞争性采购过程中所需的评标/竞争性谈判专家，可从信息系统领域专业组专家库、第三方咨询机构运行专家库、总体单位采购专家库和用户单位推荐的用户代表名单中抽取产生。

采购过程完成后，总体单位应将采购结果报项目执行监管部门备案，并抄送价格审核监管部门。采购招标过程中，如有询问、质疑、投诉等事宜，原则上由总体单位受理并按程序处理。处理完成且各方无异议后，相关结果报总体单位纪检部门备案。

5.2.3 合同管理

采购合同管理以合同为核心，包括合同签订、合同拟制、合同评审3个方面。

合同签订主要包括一般工作流程及常见问题。合同模板详细介绍合同标的质量保证等合同条款。合同评审主要介绍合同评审一般流程。

1. 合同签订

合同签订的工作流程包括合同草案拟制、报项目执行监管部门建议开展合同评审、组织合同评审、收集合同评审意见、按意见修改、报项目执行监管部门建议签订合同、项目承担单位完成合同制作与签字盖章后审核、通过审核的合同交项目执行监管部门盖章。

此阶段应该规避一些常见问题，包括：部分项目承担单位字库不全，造成打印的合同文本字体、字号错乱；项目承担单位对合同条款要求理解不到位，如合同中明确的合同份数为 10 份，实际打印制作 9 份或 11 份；合同文本中明确需要提供授权委托书，但实际上由法定代表人签字或盖章，合同文本附件却没有删除相关字样；合同文本中明确不需要提供授权委托书，应由法定代表人签字或盖章，但制作合同时由项目承担单位经办人签字等；部分项目承担单位在合同评审阶段提出条款修改意见，项目执行监管部门经评估后认为不能修改，但项目承担单位在制作合同时仍然修改合同条款；部分单位未按项目执行监管部门通知时限完成合同签订工作。

2. 合同拟制

合同内容包括封面、目录、摘要、采购依据、标的、交付时间及地点、价款、质量保证条款、违约条款、附件等。

封面包含合同编号、合同类型名称、合同名称、合同甲方名称、合同乙方名称等要素。目录标记合同主要内容及页码。摘要包含合同甲方与乙方信息，合同标的物名称、单价、数量与交付时间，以及与合同相关的其他重要信息。采购依据由项目执行监管部门确定。标的明确产品项目名称、产品项目交付的技术状态、主要性能指标要求、配套与外包装的要求等。交付时间及地点明确产品项目生产各阶段的时间、完成的时间、运输方式、产品接收地点、运费承担方等。价款包括支付总金额、分阶段支付金额、违约金额、支付方式。质量保证条款包括保修期时间、保修期内的质量保证服务、出厂后产品保修期、电池保修期及服务、现场保修和技术支持服务、软硬件故障解决方法、重大质量事故违约责任等。违约条款包括合同变更与解除、违约责任、合同纠纷的处理、合同生效与终止等内容。附件包括其他项目补充情况。

3. 合同评审

合同评审是指在签订合同前，为了确保合同条款与相关法律法规规定的质量、技术、进度等要求得到落实，确保甲乙双方权利与义务合理、明确且能够实现，由乙方对自身生产能力和条件资源进行确认，识别生产过程中的不确定因素，避免因不确定性带来风险而影响产品质量和交付节点的一项活动。合同评审作为合同签订前的规定动作，对合同签订与合同履行起到至关重要的作用。大量项目在执行过程中发生的问题，往往是由于合同评审存在问题。

乙方应确保有能力向甲方提供满足要求的产品和服务。在承诺向甲方提供产品和服务之前，乙方应对如下各项要求进行评审：甲方规定的要求，包括对交付及交付后活动的要求；甲方虽然没有明示，但规定的用途或已知的预期用途所必需的要求；适用于产品和服务的法律法规要求；与以前表述不一致的合同或订单要求；风险及其控制措施（乙方应确保与以前规定不一致的合同或订单要求已得到解决）。若甲方没有提供成文的要求，乙方在接受甲方要求前应对甲方要求进行确认；在某些情况下，如网上销售，对每个订单进行正式的评审可能是不实际的，作为替代方法，可评审有关的产品信息，如产品目录。若产品和服务要求发生更改，乙方应确保相关的成文信息得到修改，并确保相关人员知道已更改的要求；当产品和服务要求发生更改影响到实现甲方要求时，其更改应征得甲方的同意。

由此可见，合同评审既是维护甲方利益的客观要求，也是维护乙方自身利益的控制措施。

（1）评审时间

合同评审时间一般应在收到采购计划或任务（含预告）之后、签订合同之前。变更合同时，应重新进行合同评审。项目执行监管部门负责合同要求的提出和对项目承担单位合同评审、执行过程的监督。项目承担单位负责合同的评审、管理和执行。项目承担单位收到采购计划（任务）后，应及时组织合同评审。

（2）组织形式

合同评审按照客户的要求和组织内部的有关规定可以采用不同的方式进行。一般可以采用以下几种方式：确认评审、会签评审或会议评审。

① 确认评审适用于已定型并经批次生产证实、技术状态稳定、项目承

担单位已形成批量生产能力、订购量小于项目承担单位生产承受能力的常规采购合同。

② 会签评审适用于市场采购且易实现的采购合同、批量较大且未发生技术状态更改的采购合同、靠确认评审难以达到目的的采购合同。

③ 会议评审适用于首次小批量试生产的采购合同或项目承担单位首次供货的采购合同；曾出现较大质量问题或未能按进度完成的采购合同；项目承担单位生产条件或质量管理体系发生重大变化后签订的采购合同；有特殊要求且实现难度较大的采购合同，或技术状态、工艺等发生重大改变的采购合同；批量较大，项目承担单位需对生产能力进行重新规划的采购合同；将引起生产计划做较大调整的重要、紧急的采购合同；用确认评审和会签评审难以达到目的的采购合同；甲方要求进行会议评审的采购合同。

（3）组织程序

① 确认评审程序。项目承担单位授权的市场代表负责进行合同要求的确认，并将确认结果记录在合同评审确认记录表中；项目承担单位的市场部门主管审批合同确认的结果，在征求甲方代表意见后，在合同评审确认记录表上给出评审结论。

② 会签评审程序。项目承担单位授权的市场代表负责进行合同要求的确认，并将确认结果记录在合同评审会签记录表中；项目承担单位的市场部门负责将合同评审会签记录表传递至技术、工艺、生产、供应、检验等与产品制造有关的部门，由上述部门负责对合同进行评审和会签；项目承担单位的主管领导审批合同评审的会签结果，在征求甲方代表意见后，在合同评审会签记录表上给出评审结论。

③ 会议评审程序。由项目承担单位的市场部门负责人组织生产、计划、技术、工艺、供应、检验、财务等与产品制造、技术服务有关的部门，按合同评审规定内容进行评审；甲方代表派相关人员参加项目承担单位的合同评审会；项目承担单位的主管领导参加评审会，并负责审批评审结果；评审情况、评审结果记录在合同评审会议记录表中。

合同评审完成后，项目承担单位要汇总整理合同评审资料，存档并按要求报送。签订采购合同前，项目执行监管部门参加项目承担单位组织的合同评审，对合同草案中合同监管工作相关条款的完备性、合理性提出意见及建议。

（4）主要内容和要求

合同评审输入的主要内容如下，实际工作时可以有所区别：采购计划或合同草案文本；与合同相关的文件，如提前备产通知、发运计划等；招标单位正式发布的标书，以及在招标过程中对招标工作进行补充说明的各类文件、技术协议或意向合同中的技术要求和非技术要求；中标单位投标响应文件及经招标单位认可的补充性文件；合同草案文本中明确的与产品技术状态相关的文件；工程建设方案；国家法律法规相关要求；期望完成合同的进度；预期的价格；完成合同需要的技术能力情况；完成合同需要的生产能力情况；主要配套设备、外购件、原材料、元器件和支撑软件的供货情况；风险评估与分析；质量保证能力；遗留问题的解决措施；财务资金保障能力；检验的条件与方法；培训、安装和售后服务能力；交付前的保管及按要求交付的能力；知识产权保护及保密能力。

合同评审输出的主要内容包括评审的内容、项目、补充和说明事项、结论等；对合同条款的意见；设计部门、技术部门、工艺部门对完成合同的意见；采购部门对原材料、元器件来源情况与供货稳定情况的意见，配套设备、外协件、外购件采购方面的意见；生产部门对生产设施、生产能力方面的意见；质量部门对质量管理体系运行、质量保证能力、检测设备和手段等方面的意见；人力资源满足合同要求的情况；财务资金满足合同要求的情况；完成合同的详细计划、进度安排；交付前的保管及交付的形式；检验的条件与方法；技术服务、培训、安装保障计划；完成其他要求的措施。

① 注意生产计划的合理性。先保应急采购计划，后保正常采购计划；先安排系统等生产周期长的工作，后安排单台单装生产周期短的工作；先安排给其他项目承担单位配套的工作，后安排本单位直接交付的工作。

② 注意生产计划的科学性。在某个特定时间段内（年底时），项目承担单位生产、试验、检验/验收任务过于饱和，可能影响采购任务按时完成的，要征求合同监管单位的意见。

③ 避免合同评审走过场。有的项目承担单位为了片面追求经济利益，总是尽可能多地争取采购任务，至于能不能按时完成，则很少考虑，使采购风险增大。在合同评审时，评审者要站在为建设负责的高度，系统、全面、合理地分析正常生产和检验/验收周期，尽早地释放采购风险。同时，一旦签订合同就需要履行合同条款中明确的责任，一旦不满足合同质量、进度要求，履行方就会受到相应的处罚。

合同评审涉及市场开拓、产品研发、生产制造、质量管理、经济运行、法律知识等多个方面，对组织者和参与者的要求较高。项目承担单位应加强对合同评审人员的业务能力培训，促进业务知识和专业知识的融合，提升合同评审的水平。根据产品与任务的差别，合同评审时面临的风险也不尽相同，评审者应根据自身专业特点，开展案例教学，提炼评审要点，通过结合真实事件避免评审工作的疏漏，并阐述风险带来的严重危害，使得参与培训者警钟长鸣，避免合同评审流于形式。项目承担单位负责人应该不断学习专业知识和业务知识，提升自身能力，将培训学习始终贯穿于工作开展过程，更好地促进企业和个人的发展。

5.3 订购

5.3.1 工作程序

1. 计划下达

订购计划及经费是组织订购实施的基本依据，订购执行应严格按照确定的采购数量、价格开展，并按照批准的预算办理经费拨付。订购计划及经费需要经军方主管部门批准后下达，其中订购计划在下一批次订购计划批复之前，被作为订购合同签订的依据。订购经费需要按照计划时间严格限制。

每年订购计划基本确定后，项目执行监管部门根据相关单位预印发的订购计划草案，对新增采购任务的项目承担单位范围、前期采购情况、产品技术状态进行摸底，督促项目承担单位完成技术状态变更，为后续采购做好准备。

每年订购计划及经费确定后，军方主管部门将订购计划及经费传达给相关直（附）属单位，各单位按职能开展采购、合同签订、合同监管、经费拨付工作。

对于有多家项目承担单位生产的采购任务，一般通过竞争性采购的方式完成。对于仅有1家项目承担单位生产的采购任务，一般通过审价或者单一来源谈判确定采购价格。对于通过竞争性采购确定的任务，由项目执行监管部门拟制竞争性采购方案、论证单位拟制技术要求、价格审核监管部门论证限价、采购流程监管部门具体组织招标。项目承担单位关注采购信息网公告和招标代理机构的通知，并按要求制作响应文件参与投标。

项目承担单位应重点关注投标的价格，严格按照招标文件要求报价。

① 关注价格是否包含运费，按要求提供价格支撑材料，尤其是运费情况。该材料作为后续合同运费条款的依据。

② 注意交付时限，在谈判中承诺可按期完成但签订合同后超期的情况，作为重点惩罚的情况。

③ 要认真核实谈判生产状态，成交后严格按照响应状态生产，对于谈判完成后无法按照响应状态供货的情况，视情况予以处理。

2. 合同签订

确定好项目承担单位数量和价格后，即可按照程序开展合同签订工作，主要分为合同评审、合同审查、合同签订 3 个步骤。项目执行监管部门通过合同监管系统发送合同草案文本开展合同评审。项目执行监管部门根据合同评审意见与项目承担单位进行沟通后，对合同各要素进行确认，并修改完善，开展合同审查。对于通过竞争性采购确定的合同，需与竞争性采购的响应文件或者投标文件保持一致，包括竞争性谈判中现场承诺的内容、运费内容，并核对项目编号、质保期、价格等信息。合同文本沟通一致后按照权限办理合同报批工作，签订合同。

3. 执行交付

项目承担单位需要按照合同约定完成生产。出现生产进度问题需及时上报项目执行监管部门。对于无法按期完成检验/验收的合同，项目执行监管部门暂时无法批复。项目承担单位上报的延期申请仅作为了解情况的报告，不作为延期依据。因甲方引起的延期，时间不计入合同处罚项；因配套原因等乙方问题导致的延期，待合同交付后，根据实际情况分析并计算处罚期限和金额。

满足合同约定支付条件要求的企业，应及时准备经费申请材料，携带相关资料至项目执行监管部门办理节点经费申请。项目执行监管部门对企业提交的经费结算申请材料进行审核。针对存在问题的申请，组织企业完成整改后按程序重新办理。

完成检验/验收后，项目承担单位可向项目执行监管部门上报发运申请。项目执行监管部门负责拟制调拨、发运实施方案，组织有关机构落实，报军方主管部门备案。

5.3.2　管理办法

对于与企业交互的重大、原则性问题，项目执行监管部门牵头组织办理，主要包括企业质疑投诉、上级巡视审计、出现严重或重大质量问题、滞后或问题项目调度、通报处理等。

对于与企业交互的常规事项，项目执行监管部门负责组织指导，主要包括受理、审核合同、结算等业务材料数据，并组织企业进行问题整改；记录并解答企业咨询的常见问题；联系企业并跟踪掌握项目进展情况，及时向项目执行监管部门反馈；负责企业订购业务人员审查、资料管理和信息维护，定期组织企业订购业务人员培训。企业拨打电话咨询问题时，需告知项目执行监管部门工作人员企业名称、本人姓名和身份证号码，经查验身份后方可进行咨询，涉及合同时需要提供合同签订年度和合同编号。订购业务人员未明确或需做变更时，需及时将本单位申请函或变更函按要求提交给项目执行监管部门，并告知业务办理咨询人，经审核通过后纳入订购业务人员库管理。

项目承担单位以正式文件提报技术状态更改申请，主要包括技术状态更改必要性、更改影响分析、更改类别建议、更改方案、验证方案等，填写技术状态更改申请表，并附更改方案、验证方案、更改必要性证明材料等文档。项目执行监管部门接收到项目承担单位提交的更改申请后，参照前期同类型技术状态更改情况，对更改的必要性、更改类别、更改方案、验证方案等进行合理性审查。审查通过后项目执行监管部门组织召开技术状态更改申请评审会，若未通过，则退回项目承担单位修改完善。

技术状态更改申请评审会由项目执行监管部门组织。根据更改影响和更改类别，通常以会审形式组织，特殊情况可通过函审、视频会议等方式组织。技术状态更改申请评审通过后，项目执行监管部门督促项目承担单位按照评审意见修改完善，必要时应交评审专家组确认。评审完成后，项目承担单位将修改完善的更改申请和评审结果正式上报项目执行监管部门。项目执行监管部门向项目承担单位反馈情况，并将有关情况上报军方主管部门。相关工作一般于评审通过后或收到正式更改申请及评审结果后的10个工作日内完成。

项目承担单位按照更改申请批复实施更改，并在验证报告上签字确认。若技术状态更改方案进行重大调整，应重新组织技术状态更改申请评审。完成更改验证后，应组织技术状态更改确认评审会。

项目承担单位依据技术状态更改审批结果实施更改，对更改执行情况和效果进行检查、记录和签字，督促项目承担单位将已经确认的技术状态文件更改纳入受影响的技术状态标识文件。

针对技术服务采购时间超长或者市场价格变化较大的项目，应由项目执行监管部门组织与原中标单位进行价格谈判后实施采购；多家单位实施的项目，与原中标单位第一名谈判确定采购价格，其他中标单位随价，采购数量按原比例分配，不愿意随价的，视为放弃此次采购，按最终成交单位数量确定采购比例。

5.4 项目实施

5.4.1 组织机构及职责

受领任务后，相关单位应当按照相关规范设置相应的组织机构。对于项目管理单位，项目组织机构由领导小组和工程管理办公室两级构成。重大工程项目必须同时设立领导小组及工程管理办公室；一般工程项目原则上设置工程管理办公室。建设总体单位要建立行政指挥线和技术指挥线的并行组织架构，建设实施组一般设置总体组、硬件系统建设组、软件系统建设组、综合保障组。

行政指挥线一般由所长、常务副所长挂帅，主要负责决策重大问题、协调调度资源、检查重要计划节点、整体组织和推进项目实施，确保"一号工程、资源最优、后墙不倒"。技术指挥线一般由副所长、系统技术总师，所首席专家、信息系统领域专家牵头组织，履行技术体制统合、实施方案设计、技术协调决策和研制过程管控等职责，确保"集中管控、一体设计、一体实现"。然后，以此为基础，分别设立建设实施组，并按照建设任务，定人、定岗、定责，确保"管理无死角、工作无遗漏"。

项目相关方包括军方主管部门、项目执行监管部门、项目承担单位。其中军方主管部门的主要职责是牵头计划编制、组织需求调研等宏观统筹事宜。项目执行监管部门的主要职责是监管产品各阶段的质量和交付情况、确保进度执行情况。项目承担单位的主要职责是确保项目质量合格、技术指标达标、产品可交付。各方协作配合，确保从项目立项到项目终止全流程的各相关单位清晰地掌握整个项目过程，降低工作协调成本，确保能够"找对人、问对事"。

5.4.2 作业指导书

1. 由来

作业指导书的出现是在工业化来临之后。最初的研究者是被称为科学管理之父的弗雷德里克·温斯洛·泰勒（Frederick Winslow Taylor），他的研究具有划时代的作用，他开创了工业工程这门学科。弗雷德里克·温斯洛·泰勒发现人与人之间的作业是有差别的，如果将训练有素的人挑选出来，将作业过程梳理提炼出来，作为标准来训练和要求其他员工，生产效率将大为提升，这就是现代意义上作业指导书的雏形。

作业指导书使工作或作业活动有章可循，使工作或作业活动安全风险评估和过程控制规范化，保证全过程的安全和质量，有助于提高人员素质和技术水平。作业指导书将作业标准化，在提升了效率的同时大幅提升了作业一致性，也就相应提升了作业过程的稳定性，从而更高效地保障了质量。

编制作业指导书应遵照国家、行业颁布的现行标准，注重策划和控制，体现对信息系统研发/研制项目的全过程控制，确定预计的结构和内在关系，量化、细化、优化和标准化每项作业内容，做到作业有程序、安全有措施、质量有标准、结果有记录、考核有依据。

2. 内容

装备领域信息系统项目作业指导书的适用范围应该覆盖从建设任务下达且建设总体单位已经明确，到系统完成验收交付的整个流程，细化形成组织运行指导书、规范作业指导书和基础管理指导书三大部分。

① 组织运行指导书定义项目管理的组织机构设置，明确设置原则、设置流程及各角色的相应职责。

② 规范作业指导书定义项目组织实施环节的作业规范，分为深化调研、方案设计、设备筹措、硬件安装调试、软件部署调试、系统联调联试、验收交付、系统培训等阶段，每个阶段都明确作业环节，配有细化的工作流程图、各单位的职责分工、工作要点，同时规范全作业流程所需的文档模板，供参考。

③ 基础管理指导书定义项目管理中的各项管理制度规范，是整个项目的底层支撑，包括计划管理、质量管理、监理管理、变更管理、工程结算管理、安全保密管理、售后管理等部分。每个部分按照各自的特点，明确具体包含哪些管理内容、管理步骤和管理动作。

3. 使用方法

作业指导书规定装备领域信息系统项目体系文件的主要组成关系，明确建设过程中各参与方的职责分工。当然，对作业指导书而言，这也仅仅是理论层面的指导，如何落地，还需要更加深入细致的工作。

规范作业指导书主要是建设任务后，明确各个作业环节的标准化流程：规范动作，明晰各环节的输入条件和输出成果；统一标准，确保建设成果、文档资料优质统一；提高效益，通过不断积累经验，让集成商少走弯路，避免因缺少环节导致质量效益下降。

现以深化调研阶段的现场调研对接为例，每个环节从工作流程、职责分工、工作要点、工作流程标准化模板4个部分进行阐述。

① 工作流程上，现场调研的前置输入内容包括建设方案和调研提纲，输出成果为现场调研报告。这期间涉及的牵头单位为项目管理机构和建设总体单位，参与单位为使用单位、技术总体单位、配套单位等。

② 职责分工上，对各单位的权责进行细化，例如，建设总体单位在这个环节的职责为在项目管理机构的组织下，牵头开展现场调研对接，掌握现场施工条件，与用户确认工程施工设计，根据调研对接情况，完成深化调研报告的拟制。

③ 工作要点上，应该重点注意从哪些方面对作业环节具体实施过程进行描述，确保实施人员能够"干到点儿上"。例如，现场调研工作要点中要求现场调研对接主要依据深化调研提纲开展，调研对接内容应覆盖深化调研提纲所有项目，这时候应该执行调研提纲中规定的科目。

④ 工作流程标准化模板包括对应流程需要填报的表格、表单、文档等。

作业指导书中将计划管理划分为计划编制与维护、计划跟踪与控制两部分。其中，计划编制与维护主要明确计划制订、计划确认与发布、计划变更的程序；计划跟踪与控制主要明确计划管控的方法，以及项目简报发布的相关要求。

通常人们首先统筹制订总体工作计划，初步明确第一阶段建设总体进度要求、关键里程碑、检查点等。建设实施组按照建设点位实际情况，细化完成先期/常规建设阶段计划网络图，明确设备到货、上架、布线、检验，分系统集成调试，软件安装部署，明确系统联试、验收、问题归零时间，以及责任单位及责任人。

然后设立专职计划助理，协助总师每日、每周、每月对计划及完成情况进行检查纠偏、跟踪管理，计划变更由总体组审批确认，确保"建设的时间后墙不倒"。现在许多项目后墙节点一延再延、一推再推，除了受用户制约这些不可抗力，作为总体单位，有没有在项目初期结合实际真正制订一个科学细化的计划，有没有长期按照计划进行对标修正和跟踪管理，是值得反思的问题。

5.5 竣工验收

5.5.1 步骤及内容

信息系统建设项目建成投产、交付使用后，要评判其能否取得良好的宏观效益，需要权威部门按照技术规范、技术标准组织验收确认。通过竣工验收环节，人们可以全面考核项目的建设成果，检验项目决策、设计和管理水平，并总结经验。因此，竣工验收是建设项目转入投产、使用的必要环节。信息系统建设项目验收按随工验收、初步验收和竣工验收3个步骤进行。

① 随工验收是指对工程的隐蔽部分或者工程完成后无法进行检查的部分进行边施工边验收。随工验收必须由工程建设主管部门组织，使用单位、监理单位派人参加，发现问题后责成施工单位及时处理。随工验收合格，应予签证。已进行随工验收的隐蔽工程项目，竣工验收时一般不再进行重复检验。随工验收和竣工验收相结合的工程项目，应以随工验收为主，竣工验收时按照有关规范和要求进行抽检。

② 初步验收由工程建设主管部门组织，设计、施工、使用（维护）等单位参加。初步验收时应严格检查工程质量，审查竣工材料，对发现的问题提出处理意见，并组织相关责任单位落实解决。

③ 竣工验收是指在工程符合正式验收条件后，建设单位或施工单位提出申请，相应的工程建设主管部门组织正式验收。竣工验收前，应当做好以下4个方面的准备：拟制验收计划，编制验收大纲；组织有关人员，对初步验收和试运行期间发现问题的处理情况进行一次全面检查；编制工程竣工报告、工程建设情况报告、工程测试报告、工程试运行报告、工程经费决算报告和工程档案报告；准备验收所需的工具仪表等。

竣工验收主要包括：①对系统的性能和功能指标、施工工艺进行抽检，重点复查初步验收和试运行期间发现的问题。②对工程档案的完备性、规范

性、准确性进行检查验收。③对工程决算进行审查，重点审查经费的使用和管理情况，对综合经济指标进行核算。

由于在初步验收和系统试运行阶段，人们已经对工程实体、工程档案进行了测试和检查，因此，正式验收时，对系统的性能、功能指标、施工工艺等进行抽检的重点应该放在对初步验收和试运行期间发现的问题的处理上，这样既可以保证验收质量，又可以合理缩短竣工验收的时间，便于验收工作的开展和实施。

工程建设主管部门组织成立测试组，测试组按照正式验收测试大纲要求进行先期测试。先期测试完成后，工程建设主管部门组织召开工程竣工验收会议，成立竣工验收委员会和单项验收组，听取建设单位对工程建设情况的汇报，审定验收计划。验收组按照验收计划，对验收内容进行检查和评定，向竣工验收委员会提交小组验收报告。竣工验收委员会听取各验收组汇报，审查竣工文件报告，评价设计水平、社会效益，评定工程质量等级；对验收中发现的问题，协调确定处理方案；通过会议正式办理工程移交手续。工程建设主管部门根据竣工验收结果，明确相关问题的处理意见，通知相关单位。

5.5.2 材料及文件

验收材料主要包括竣工文件、竣工技术资料。

① 竣工文件包括工程建设依据方面的文件、开竣工报告、项目工程概算与决算文件、初验纪要和验收移交书、与工程有关的声像材料等。

② 竣工技术资料包括竣工图纸、系统操作手册、设计变更文件或会议纪要、设备开箱检验和清点记录及竣工移交清单、设备合格证、说明书、隐蔽工程签证及随工验收记录、测试记录、试运行情况记录、重大障碍及事故处理记录等。

工程竣工验收前，建设单位编写并向竣工验收委员会提交以下报告。

① 工程竣工报告，主要包括建设依据、建设规模、工程投资、开/竣工时间、初步验收、试运行、工程技术档案资料、初步决算等概要情况，以及对工程建设评估的初步意见。

② 工程建设情况报告，主要包括建设依据、建设任务区分、建设项目实施简要过程、施工过程中出现问题的处理情况，以及工程建设的经验教训。

③ 工程测试报告，主要包括初步验收和试运行的测试情况、测试依据、测试项目、测试结果、初步结论。

④ 工程试运行报告，主要包括试运行期间的设备开通情况、出现故障及处理结果、试运行结论。

⑤ 工程经费决算报告，主要包括工程概况、经费来源、经费使用情况、指标分析。

⑥ 工程档案报告，主要包括工程资料收集、整理情况，对档案资料的评估分析等。

5.5.3 竣工图

竣工图作为系统竣工材料的重要组成部分，主要作用是给系统维护人员提供必要的技术支撑，应详细、准确，并根据系统的大小或复杂程度形成一册或根据系统组成分若干册，每册均应装订，主要包括以下内容。

竣工图封面应包括密级、系统名称、建设单位名称、竣工图日期等。图纸目录的主要内容包括序号、图纸名称、图纸规格、备注等。图纸说明的主要内容包括建设依据、系统组成、各分系统设计、列表等。图纸应根据描述的内容进行分类，主要包括全系统逻辑图、各分系统逻辑图、设备上架图、设备清单、设备连接图、平面/正面/侧面等房间布局图、信息点位图、电源点位图、综合布线表。

全系统逻辑图主要用于描述全系统逻辑关系，应放在总册的首页。

各分系统逻辑图主要用于描述各分系统设备连接关系，应放在各分系统图册的前面，如分成若干册，则应包含在总册和系统分册内。

设备上架图应按机柜上架位置描述，应标明上架位置、机柜所在机房的位置（如有多个机房，应图示机房所在建筑物的位置）。

图纸中还应包含该机柜所有的设备清单。该清单应包含序号、设备名称、设备型号、设备序列号、数量、备注等。

设备连接图应按设备实际连接关系描述，应图、表配合描述，表中应包含序号、线缆源端、线缆目的端、线缆接头及接头标准、线缆标号、备注等，复杂设备还应配有面板图。

房间布局图应按比例绘制，标注必要尺寸，所有安装设备的平面均应绘制，并附该房间安装设备清单，清单应含序号、设备名称、设备型号、序列号、备注等。

信息点位图应按照安装位置绘制在平面图上，包含信息点位表、槽道布局（也可单独绘制）、线缆走向等。信息点位表应包含序号、点位名称、线缆源端、线缆目的端、线型、接口类型、备注等。

电源点位图应按照安装位置绘制在平面图上，可与信息点位图统一绘制，内容要求和信息点位图一致。

综合布线表可以与信息点位图、电源点位图、设备上架图等合并，也可以单独绘制，包含序号、点位名称、线缆源端、线缆目的端、线型、接口类型、备注等。

5.6 付款结算

5.6.1 结算准备

付款结算工作是项目管理过程中的重点工作，也是审计、巡视部门关注的重要事项。乙方应根据项目进展，确认是否满足合同约定的节点结算条件，满足条件的应及时办理结算。

付款结算申请书、发票需按要求格式填写。乙方根据合同填写合同名称、合同编号、数量、单价等重要信息。本次拨付金额按照合同约定本次申请的金额填写。乙方需按合同约定的支付条件准备相关节点结算材料，所有相关材料的复印件均需逐页加盖单位公章。

5.6.2 结算类型

1. 合同类型

按照产品价格情况可将合同划分为正式价合同、暂定价合同，按照产品有无配套设备划分为有配套、无配套。因此，综合产品价格情况与配套情况可以分为以下4种情况：正式价合同有配套、暂定价合同有配套、正式价合同无配套、暂定价合同无配套。

按照合同条款支付条件的不同，具体可分为以下两种情况：4节点支付（正式价合同），即完成合同签订、完成备件/备料、完成验收、完成发运交付；3种价格状态支付（暂定价合同），即未完成价格审核、已完成价格审核但尚未批复、价格批复后改签正式价合同。

因此，根据不同的合同类型有4种可能存在的情况：正式价有配套4节点支付、暂定价有配套3种价格状态支付、正式价无配套4节点支付、暂定价无配套3种价格状态支付。

2. 结算材料

下面以正式价有配套 4 节点支付情况为例，列出各节点结算所需材料明细及相关要求。

此种情况的拨付流程：合同签订后拨付预付款，完成备件/备料后再拨付一部分，完成验收后拨付大部分，完成发运交付后拨付余款。

乙方必须在签订合同的同时办理预付款结算申请，未按规定申请结算的，需提交书面情况说明。

乙方办理预付款结算时需提供付款结算申请书、合同、对应的货款发票、本批合同的配套产品货款支付计划。乙方办理其余节点款结算时需提供付款结算申请书、相应节点完成证明、合同、对应的货款发票、运费发票和运费明细、上一个节点的配套产品货款支付证明。

多个节点合并办理结算时，乙方需提供所有已完成节点的证明材料，其中完成备件/备料节点与后续节点合并办理时，可不提供备件/备料完成证明。每份合同首次办理结算需提供合同原件，后续可提供盖单位公章的合同复印件。

下面详细列举各节点结算时所需提供的相关材料。

合同签订后办理预付款申请需提交的材料包括：付款结算申请书；合同；货款发票（背面应由项目承担单位结算经办人与财务人员签字）；本批合同配套产品货款支付计划（包括本合同配套产品清单、数量、单价、项目承担单位、合同金额及付款计划）。

完成备件/备料后办理结算申请需提交的材料包括：付款结算申请书；合同复印件（需在首页及骑缝加盖项目承担单位公章）；货款发票（背面应由项目承担单位结算经办人与财务人员签字）；备件/备料完成证明；上一个节点的配套产品货款支付证明、银行对账单、配套单位出具的发票等收款证明，以及下一个节点的支付计划。

完成验收后办理结算申请需提交的材料包括：付款结算申请书；合同；货款发票；验收合格证明文件；上一个节点的配套产品货款支付证明、银行对账单、配套单位出具的发票等收款证明，以及下一个节点的支付计划。

完成发运交付后办理结算申请需提交的材料包括：付款结算申请书；合同；货款发票（背面应由项目承担单位结算经办人与财务人员签字）；验收合格证明文件；收货通知单；合同条款中明确"运费由甲方承担"的可以同时申请运费，提供运费明细、运费发票、项目承担单位与物流公司签订的合

同或物流公司报价单等；项目承担单位申请运费的明细中应描述发运过程，并对费用进行细致的说明，将运输公司报价/货运合同、发票作为运费明细的附件；项目承担单位押运人员的高铁、出租车、专车等交通费、住宿费、出差补助等与货运无关的费用，原则上不得申请运费结算；合同条款中明确"运费由甲方承担"但项目承担单位决定不申请运费的，需在备注中注明"不申请本合同运费结算"；上一个节点的配套产品货款支付证明、银行对账单、配套单位出具的发票等收款证明，以及下一个节点的支付计划。

结算运费需提交的材料包括：付款结算申请书；合同；运费发票；加盖项目承担单位公章的验收合格证明文件复印件；收货通知单；运费明细、运费发票、项目承担单位与物流公司签订的合同或物流公司报价单等。

5.7 财务验收

5.7.1 流程

财务验收工作是按照国家相关主管部门的要求，对项目承担单位、科研院所、企事业单位、高校的经费管理使用情况进行的监督检查，是经费管理工作的重要环节，是项目管理的重要组成部分。开展财务验收工作的目的是规范和加强经费管理，客观反映、评价经费管理使用效果，确保经费支出切实为项目研发/研制所需，保障经费在使用过程中充分发挥使用效益。

首先，要根据项目清单和项目财务验收工作指南，按照项目的合同额和领域制定验收工作方案。其次，要组建验收队伍，指派项目经理，配备项目助理，落实人员分工；按要求随机选取专家，分组并指定专家组组长。最后，要开展会务准备，通知项目承担单位，做好验收准备；确定会议时间、地点。

重大专项等单项经费高或同一家研制单位集中验收项目总经费高的，以及重大、重点等项目，原则上实施现场验收，其他项目则实施会议集中验收。

现场验收时，项目承担单位简要介绍单位和项目基本情况，详细介绍项目经费使用、管理情况。验收组对项目经费使用、管理相关材料进行审查，必要时对有关实物、资产、研制现场等进行查看。验收组就财务验收过程中发现的问题，向项目承担单位提出质疑，项目承担单位应及时答复并提供相关证明。验收组出具财务验收意见草案，并视情况对项目承担单位财务管理情况进行评价。验收组与项目承担单位交换财务验收意见草案后，形成最终财务验收意见。需报项目执行监管部门批准的项目，验收组出具财务验收意

见草案即可，待项目执行监管部门批准后再出具正式的财务验收意见。项目承担单位完成验收后需按照归档资料清单提交材料。验收组对收集到的资料进行复核，核实其合理性和规范性，对形成的验收结论进行复核，核实验收意见的准确性和符合性，将各项目的财务验收意见汇总，形成验收意见汇总表，出具财务验收情况报告，并上报项目执行监管部门，作为经费拨付依据。

会议集中验收时，项目承担单位到场后进行签到，按签到顺序验收。验收组对相关材料进行预审，就财务验收过程中发现的问题，向项目承担单位提出质疑，项目承担单位应及时答复并提供相关证明。经验收组专家讨论后出具财务验收意见，并视情况对项目承担单位财务管理情况进行评价。项目承担单位完成验收后需按照归档资料清单提交材料。验收组对收集到的资料进行复核，核实其合理性和规范性，对形成的验收结论进行复核，核实验收意见的准确性和符合性，将各项目的财务验收意见汇总，形成验收意见汇总表，出具财务验收情况报告，并上报项目执行监管部门，作为经费拨付依据。

项目承担单位完成项目合同规定的任务后，应及时核对和清理相关往来款项，按要求编制科研项目经费使用、管理情况报告，准备好相关审查资料。项目合同验收材料需按要求加盖印章，项目承担单位对提供的验收文件资料和相关数据的真实性、准确性和完整性负责，并签订项目承担单位承诺书。项目承担单位制定的合同（课题）经费管理和使用相关制度，包括但不限于单位内控财务管理制度和针对重大专项制定的相关制度（包括预算管理、资金管理、合同管理、军方采购审批报销等）。

提交的材料如下：项目经费使用、管理情况报告；项目经费开支记账凭证、报销审批单及原始凭证和相关外协采购等合同及协议原件；应付未付款项证明材料原件；项目经费结余情况说明。

财务验收归档资料主要包括项目经费使用、管理情况报告，以及验收意见表、问题及意见建议表、审查记录单、验收组专家分工名单、项目承担单位承诺书、专家承诺书、经费结余情况说明。除了经费金额较大的项目需要归档纸质及电子版的项目经费使用、管理情况报告，其他项目一般只需要归档电子版材料。

5.7.2 主要内容和主要问题

1. 主要内容

① 财务管理制度执行情况。验收组需核查项目承担单位贯彻执行国家

经费管理和军方采购等相关制度的情况，以及建立和落实内部控制制度的情况等。

② 资金管理情况。验收组需核查项目承担单位的合同资金、单位自筹资金及其他相关资金的到位和使用情况等。

③ 会计核算情况。验收组需核查项目承担单位的单独核算情况，成本归集和核算的规范性、准确性，设备、材料和物资等的采购、消耗、登记和核算情况，收益结转的合规性，与项目相关的债权/债务情况，以及财务档案资料的管理情况等。

④ 经费支出情况。验收组需核查项目承担单位的项目开支依据、内容、金额和审批手续，待开支依据、内容、金额和原因说明，各项费用分摊的依据、计算方法和标准等。

⑤ 经费使用效益情况。验收组需核查项目承担单位的合同任务完成情况，研制期间及未来的收益情况，项目经费结超情况。

⑥ 资产管理情况。验收组需核查项目承担单位的资产购置、登记、使用和处置情况，以及无形资产的管理情况等。

2. 主要问题

① 各明细科目间有调整，但未建立内部审批制度。例如，项目承担单位可根据科研活动实际情况在各明细科目间调整成本费用（不得超过预计成本），但部分项目承担单位未建立相应的内部审批制度。因此，若涉及各明细科目间的调整，项目承担单位应履行内部调整程序，如提供课题负责人或法人签批的文件。

② 主研单位拨款不及时。应针对不同情况区别对待：因分研单位研制进度滞后造成的拨款延期，由分研单位承担相应责任；对于其他情况，主研单位应按合同节点及时拨款。主研单位应及时与分研单位签订合同，并按合同节点要求拨款；分研单位应保证研制进度及质量。

③ 外协合同执行不及时。例如，部分项目承担单位直至验收日尚未完成外协合同签订或已签订合同但尚未支付合同款项，造成项目成本失真；部分项目承担单位于临近结题前签订合同，有突击花钱嫌疑。相关方应及时签订合同，严格按合同的约定执行。

④ 资料不全，账表不一致，未按验收资料清单提供资料，如未提供凭证、未按要求盖章、承诺书未签字等。相关方应按资料清单要求提供资料。

⑤ 数据错误。例如，实际到款数与合同约定付款数不符；说明文件分析深度不够，结余原因分析不清晰，后续开支合规性说明不充分。验收组应认真核对数据，保证数据真实、准确；结合项目研制情况，具体说明资金结余原因及后续开支计划。

⑥ 提供虚假财务数据。例如，某单位将其他项目支出列入本项目，造成账表不一致，虚增项目成本，导致项目未通过财务验收。项目承担单位应保证所提供验收资料的真实性、完整性、合规性。

5.7.3 审查要点

项目承担单位应按项目核算经费收支，按项目提供直接生成的多栏式明细账，确保账表一致。

1. 材料费

验收组应审查记账凭证和相关附件、大额采购合同、发票，以及出库清单或领料单中的材料费用，判断是否合理；项目所需的自制产品发生的材料费用，审查成本计价是否合理；可适当考虑受订货起点限制所增加的应由该项目分担的费用；项目承担单位单独使用的工具类、手段类的设备仪器等，以及计算机、测试仪器、仪表等外购成品不得计入材料费；项目研制过程中，专门用于本项目的批量印刷的资料所需的纸张，以及技术资料、图纸等购置费，可计入材料费，但零星印刷费用应当计入管理费。

2. 专用费

验收组应审查专用费涉及的合同、发票、技术文件、验收单、采购依据等资料，核对计价金额是否正确；审查项目承担单位是否按实际成本确认自制产品成本，成本计价是否合理，项目承担单位未按实际成本计价或不能提供实际成本的，予以审减；专用工装费包括工艺规程制定费、工艺研究费、工装购置费，设计定型前的计入科研项目成本，试生产阶段的在科研成本和生产成本中分摊。

3. 外协费

验收组应审查项目承担单位与其相关方签订的外协合同内容、定价依据是否合理，有无利用关联交易获取不当利益。

验收时发现有下列情形之一的,可对外协单位进行延伸验收:单项合同金额过高或占项目总经费比重过高的大额外协合同;外协实际支出金额较批复预算和合同额超支过多的;同一个项目中,项目承担单位之间相互外协的。

验收组应重点关注外协超支较多且占项目总经费比重较高的,要严格审查是否存在签订虚假外协合同套取资金、擅自外包转移经费等问题。

4. 燃料动力费

验收组应审查燃料动力费中是否存在将与项目无关的消耗计入分摊基数的情况;对于项目成本中列支的项目承担单位日常发生的燃料动力费,其消耗与项目研制工作无直接关联关系,应计入管理费;审查转供电等加价行为是否合理。

5. 事务费

验收组应审查差旅费记账凭证及相关附件,确定出差人员和出差任务与项目的相关性;对于考察调研等出国差旅费用,还应审查出国审批手续是否齐备、是否为合同约定事项。

验收组应审查的会议费资料包括单位内部规章制度、审批单、会议费预算单、会议通知、参会人员签到表、会议纪要等。

验收组应审查的专家咨询费资料包括审批单、专家咨询费发放表、专家咨询费银行转账凭证等;应审查咨询费的发放标准和要求是否符合规定。

在各明细科目间对事务费进行调整的,调整后的事务费不得超过预计成本。

6. 固定资产折旧费

验收组应审查固定资产折旧费分摊基数是否合理。以下内容不得计入固定资产折旧费分摊基数:使用国拨科研项目经费、国家专项基建技改投资在研期间购置建设的设备仪器和房屋建筑物;封存未使用的固定资产;尚未完工验收的在建工程成本;职工住宅、生活福利用房屋建筑物;已计提完折旧,又继续计提的。

项目承担单位应按所执行的会计制度规定核算固定资产折旧费。按照国家统一会计制度规定不实行固定资产折旧的,或折旧费用不纳入项目成本补偿范围的单位,项目成本不计列固定资产折旧费。高校、中国科学院等一般不计列固定资产折旧费。

实行加速折旧的单位，应调整为按正常折旧年限计提后计列固定资产折旧费。

7. 管理费

验收组应审查管理费用明细账，审查项目承担单位是否已将下列支出从管理费分摊基数中剔除：应在基本建设资金、其他专项资金开支的费用及其贷款利息；应在专用基金开支的各项支出；退休人员财政补助收入、退休人员活动经费等支出；对外投资；被没收的财物；支付的滞纳金、罚款、违约金、赔偿金；非广告性的赞助、捐赠支出；诉讼费；坏账损失；资产盘亏损失；无形资产摊销（外购软件除外的部分）；国家法律法规规定以外的各种付款及国家规定不得列入科研生产成本的其他支出。

原则上不允许项目承担单位采用计提方式确认管理费。高校采用计提方式确认管理费的，需提供相关制度依据。

8. 工资

项目承担单位不得将预提工资和应在福利费中列支的人员费用计入工资分摊基数。

验收组应审核劳务合同、劳务发放表等相关资料，审查劳务费是否真实发生，金额是否正确。

验收组应审核助研花名册、津贴领用表、资金支付凭证等相关资料，必要时可抽查相关人员进行询问，审查助研津贴是否真实发生，金额是否正确。

项目承担单位需提供本单位绩效津贴发放管理规定，如有应付未付的绩效津贴，则还需提供经单位审批的发放计划或相关支撑材料，未提供材料的不予认定；高校、中国科学院等列支课题组正式人员科研绩效支出的，需提供发放管理规定，不得超出规定范围和标准发放。

第六章

装备领域信息系统 3 类研发项目

6.1 预先研究项目管理

信息系统预先研究项目就是针对信息系统的研究开发和制作。信息系统研发属于技术的发明过程，即研究开发、研究发展，是指各类研究机构、企业或个人为获得科学技术新知识，创造性地运用科学技术新知识，或者实质性地改进技术、产品和服务，而持续进行的具有明确目标的系统活动，包括系统及设备的测试、安装、维护、维修等。

信息系统预先研究项目的主要任务是通过应用研究和先期技术开发，为信息系统预先研究提供技术储备和实用化技术成果。信息系统预先研究项目应当聚焦未来信息技术前沿，坚持自主创新、引领发展，坚持统筹布局、打牢基础，坚持开放竞争、公平公开。信息系统预先研究项目管理包括项目指南论证、项目立项或年度计划预算批准、指南发布、采购价格核算等工作。信息系统预先研究项目管理主要包括 7 个流程，分别为项目论证与规划、年度计划编制、指南论证与发布、立项评审与结果报批、合同签订、合同履行、结题验收。

6.1.1 项目论证与规划

项目论证与规划周期通常为 5 年，又称 5 年规划，主要是从预先研究项目中长期发展的角度论证项目的可行性，并据此规划总体目标、项目周期及资金安排等项目管理重要指标。报告具体内容包括形势任务、指导思想、发展目标、建设安排、经费保障、能力水平、政策措施等。项目论证与规划报告是预先研究项目的纲领性文件，奠定了后续项目实施的总体基调，是项目

管理者进行宏观决策的重要依据。

项目论证与规划报告编制完成后，需经专家论证通过、军方主管部门批准后方可发布。军方主管部门指定的论证单位和专家组开展发展战略及 5 年规划草案论证，项目执行监管部门参与相关工作。军方主管部门依据报告及论证通过结论批准 5 年规划。批准后，由军方主管部门传达至项目执行监管部门。至此，项目执行监管部门依据 5 年规划监督管理项目执行。

5 年规划的重要实施节点为第三年。军方主管部门将在第三年统一组织中期评估，根据评估情况和需求变化情况等，组织论证单位提出中期调整方案，将其纳入信息系统预先研究项目建设规划中期调整方案。

6.1.2 年度计划编制

年度计划实行计划预算一体化管理，同步编制当年调整计划预算，确定第二年计划指标，逐年滚动。计划要素主要包括项目编号、项目名称、研究周期、承担单位、研究目标及内容、经费安排等。

军方主管部门依据建设规划和研究合同，组织论证单位和专家组编制年度计划，项目执行监管部门参与相关工作。

年度计划一经下达，应当严格执行，当年不能按时完成但仍需执行的项目，纳入下一年度计划继续执行。翌年 3 月底前，项目执行监管部门应当向军方主管部门报告上一年度计划执行情况。

6.1.3 指南论证与发布

项目指南主要包括项目名称、应用方向、研究目标、主要指标、研究周期、经费限额等。

项目指南面向科研单位发布，引导科研单位申报项目，广泛征集技术解决方案，择优确定承担单位。

依据年度计划，军方主管部门组织论证单位和专家组编制项目指南和评审规则，项目执行监管部门参与相关工作。批准后，军方主管部门委托采购流程监管部门发布项目指南和评审规则，同时向项目执行监管部门传达立项评审任务。

军方主管部门根据项目指南的复杂程度和技术条件，可以选择面向社会公开发布、有限公开发布、定向发布等方式，对外发布项目指南和评审规则。

6.1.4 立项评审与结果报批

项目执行监管部门委托第三方评审代理机构，采取评审确认方式组织开展立项评审，择优确定承担单位，上报立项评审结果。

依据招标代理机构选取方案及要求等相关文件，项目执行监管部门按顺序选取1家评审代理机构，按照4个阶段开展立项评审。

1．申报材料受理

评审代理机构按照项目指南发布公告规定的格式要求，在指定地点受理各有关单位提交的申报材料，主要包括盲评初审材料和会议评审材料。

2．盲评初审

评审代理机构在盲评初审前3个工作日内，按照项目指南发布公告规定的人数，从专家库中随机抽取评审专家。专家名单由专人保管，不得提前泄露。项目执行监管部门主办室和其他室各1名同志监督。

3．会议评审

评审代理机构在会议评审前3个工作日内，按照项目指南发布公告规定的人数，从专家库中随机抽取评审专家。专家名单由专人保管，不得提前泄露。项目执行监管部门主办室和其他室各1名同志监督。

4．公布评审结果

立项评审完毕后，项目执行监管部门将立项评审结果在采购信息网上公示7天，公示无异议后上报军方主管部门审定。军方主管部门依据立项评审结果，拟制并向项目执行监管部门传达项目计划。

受理申报材料时，应重点核实以下情况：是否有1家单位同时申报同一条指南条目；提交的盲评初审材料是否有特殊标记；申报单位是否具有相应的资质；申报经费是否超过经费限额；项目指南发布公告明确的专家库，必须严格遵循，不得擅自变更；采取定向发布方式或者只有1家单位申报的项目，由项目执行监管部门委托价格审核监管部门或第三方价格服务机构进行价格评审。

6.1.5 合同签订

研究合同是承担单位开展研究工作的依据，主要包括订立依据、研究内容、技术指标、成果形式、研究进度及里程碑节点、合同价款与支付、验收与交付等条款。

项目执行监管部门依据项目计划，与项目承担单位协商签订研究合同。签订合同前，在军方主管部门指导下，项目执行监管部门组织开题评审。项目承担单位依据开题论证报告，拟制合同草案文本。项目执行监管部门组织专家对合同草案文本进行审查，审查通过后签订合同，报军方主管部门备案。

未通过开题评审的，不得签订研究合同。开题评审与合同审查一般合并进行。研究合同一般按照日历拨款和里程碑拨款相应比例设置支付条款，首付款比例一般不超过50%。

6.1.6 合同履行

项目承担单位以研究合同形式向项目执行监管部门有偿提供技术研究成果，接受项目执行监管部门组织的合同里程碑节点考核。

项目执行监管部门需要从评审考核和量化打分两方面监督考核研制单位。

① 评审考核。在军方主管部门指导下，项目执行监管部门成立由专业组专家组成的评审组，依据合同约定的里程碑节点对项目承担单位合同履约情况进行考核，并按程序办理经费支付。

② 量化打分。项目执行监管部门应当对项目承担单位合同履行情况进行量化打分考核，将经费支付与合同履约绩效挂钩，通过加强事中、事后监督评估，加大项目承担单位违约惩罚力度，确保研制质量水平不降低。

开题评审分数和惩罚措施如下：60分以下，不予签订合同；75分以下，合同首付款控制在30%以内。

履约过程中，里程碑节点检查分数和惩罚措施如下：60分以下，终止项目合同，预先研究方退回所有合同款；75分以下，不安排拨付该节点经费，待项目验收通过后再行拨付。

在验收环节，引入第三方测试机构、审价机构，对项目成果和经费使用情况进行严格验收。项目验收60分以下，不能通过项目验收，预先研究方退回所有合同款。

项目执行监管部门可以在里程碑节点考核之前组织必要的测试验证，对研究进展情况进行实物考核。

在合同执行过程中，若发生重大问题，导致年度计划需相应调整的，项目执行监管部门应当及时上报军方主管部门，军方主管部门视情况对计划经费进行调整。

6.1.7 结题验收

项目完成后，按照合同约定组织开展项目验收，对文档资料进行审查，对研究成果进行测试评估和成熟度评价，并指导项目承担单位编制项目验收书。

例如，在军方主管部门指导下，项目执行监管部门成立由专家组成的评审组，依据合同约定对项目承担单位取得的研究成果进行技术验收。

验收前，评审组可委派专家先行对文档资料进行审查，对研究成果进行测试评估，分别形成意见。

验收时，评审组根据文档资料审查意见和测试评估意见，对研究成果是否达到合同要求进行评价，综合评定研究成果的成熟度等级。

项目承担单位根据评审组意见，按照模板形成项目验收书，并向项目执行监管部门提交相关文档资料。项目执行监管部门报批后，在项目验收书上加盖公章。

项目取得的科研样机及其他成果归军方所有，可以由项目承担单位暂时予以保管，需要时应无偿提供给军方使用。

6.2 研制项目管理

信息系统研制是科技成果转化与应用的过程，即研究制作，是指通过一系列有计划与有目的的探索、试验、论证、制作、测试工作，得到满足某种功能要求的产品或某些产品的组合系统。

信息系统研制项目具有管理领域广、参研单位多、关联要素多、需求变化快、研制周期长等特点。结合上述特点，现介绍一般硬件和软件研制流程、研制项目管理模式，并结合具体项目管理实践经验、研制总体单位职责定位，从研制总体单位如何更有效地发挥作用角度，介绍标准化研制总体作业指导书；同时，从研制总体角度，介绍作业指导书有关内容，以及项目推进过程

中应该注意的问题，为信息系统研制项目提供参考。

6.2.1 基本内涵

研制的主要任务是根据信息系统建设需求，用成熟技术发展新型系统、改进现有系统等，为信息系统建设提供实物成果。研制项目主要是发展新型系统、改进现有系统的项目。其中，改进现有系统包括现有系统核心技术指标或者重点技术的调整，以及影响信息系统任务定位、互联互通互操作、操作使用安全等的改进。

6.2.2 硬件研制流程

硬件研制通常按照论证立项、工程研制、定型等阶段实施，也可以视技术成熟度直接进入相应阶段实施。其中，论证立项阶段主要开展立项综合论证和立项报批。工程研制阶段主要开展方案设计、样机研制、性能试验和状态鉴定。定型阶段主要开展试验、定型审查和定型报批。

6.2.3 软件研制流程

软件研制流程通常按照论证立项、基本版开发、改进升级3个阶段实施。其中基本版开发通常按照原型开发、迭代开发、测试定版3个环节组织实施。①原型开发是指军方主管部门根据批复和研制立项要求，通过竞争比测方式直接获得原型软件或总体技术方案。②迭代开发是指使用单位代表在基本需求基础上向军方主管部门提报细化需求，并根据需要参与迭代开发工作。项目执行监管部门组织研制单位根据细化需求迭代完善原型软件，测试通过后更新版本标志第4位。③测试定版是指项目执行监管部门制定软件测试要求，会同使用单位代表组织基本版软件测试，对通过测试的基本版软件组织开展定版审查，提交军方主管部门备案并交付使用。

针对嵌入式软件，可以参照本程序进行版本管理，定型后仍可升级软件、更新版本。

针对市场已有成熟产品或者简单改进后即可满足需求的软件，可以采取购买整体解决方案、购买服务等方式实现交付使用。

针对智能化相关软件，立项综合论证增加数据保障论证内容，明确学习训练所需数据集的建设方案及经费；软件测试要求明确智能化水平评估和学习训练数据验收考核要求；智能化的认定及水平等级划分需按照相应标准执

行，由项目执行监管部门组织实施。

6.2.4 管理模式

信息系统研制项目具有涉及领域范围广、参与研制单位多、关联要素多、需求不确定性大、技术状态变化频繁等特点，尤其是涉及硬件、软件研制，需要有层级化的项目管理模式，划分行政指挥线、技术指挥线和质量管理线。

随着信息系统项目建设的推进，参与的研制总体单位和研制单位也越来越多。研制单位水平参差不齐，很多研制单位对研制流程不熟悉，这给研制过程管理带来了较大挑战。

研制总体作业指导书可以更好地指导和规范研制单位信息系统研制工作，有效促进其发挥主观能动性，起到科学管理的作用，避免因流程不清而导致研制错误的发生。

研制总体作业指导书重点从组织机构、研制过程、合同管理、招标管理等方面，给出细化的指导和要求。其中，研制过程主要分为研制方案阶段、系统研制阶段、试验阶段、改进升级阶段。

1. 组织机构

信息系统研制总体单位是研制项目的枢纽，联结各个单位：对上面向军方主管部门、项目执行监管部门、用户单位、论证单位等提供支撑服务；对下面向研制单位，指导、监督、考核其研制全过程，确保研制流程合理规范。

信息系统研制总体单位负责统筹本项目研制，开展体制标准制定与宣贯、总体技术方案设计、系统联调联试、技术协调等工作。

① 负责组织相关单位开展集中攻关，完成关键技术研究、自主生态集成验证等工作，并组织各研制单位按期、保质完成系统研制。

② 负责组织用户培训工作，内容包括系统使用、运维保障等。

③ 负责组织协调总体工作，参与监督、检查有关业务系统项目研制进度、质量管控等情况。

④ 配合完成系统能力/效果、任务满足度、体系成熟度等关键能力评估工作。

⑤ 支撑军方主管部门、项目执行监管部门、用户单位、论证单位等相关单位完成项目监督管理、合同履行监管、方案论证、试验等相关工作。

研制总体单位和研制单位收到中标通知书后，研制总体单位应及时组建

组织机构，并向项目执行监管部门上报项目组织机构成员名单，并组织研制单位根据各自的职责开展工作。

组织机构主要包括行政指挥组、专项办公室、联合研制总师组、质量管理与标准化组。

2. 研制过程

为确保研制进度，加强软件质量管理，项目在推进实施过程中，由研制单位质量部门牵头，项目监理单位、软件测试单位参与成立质量监督组，全程参与例会、阶段评审等工作。

研制单位质量部门负责组建合同监管体系，负责对研制单位合同履行全过程实施监督管理；协调解决研制单位跨地区、跨专业质量监管有关问题。

项目监理单位负责组建项目监理组，支撑项目执行监管部门，主要负责项目研制过程日志记录；负责日常的管理协调和督促工作；提供管理、技术等方面的咨询服务，预判下阶段质量、进度风险。

软件测试单位负责组建软件测试组，在研制过程中，组织研制单位质量部门完成各阶段第三方确认测试，并根据软件使用需求提出测试要求，形成测试大纲和测试用例；完成研制过程中的软件性能测试大纲，承担性能试验软件测试任务；协助开展测试管理工作与质量问题回归验证工作；参与研制过程中的系统各阶段联试工作。

（1）研制方案阶段

研制方案阶段应开展方案设计、方案评审、工程标准制定、技术研究验证等工作。

① 方案设计。在论证单位指导下，研制总体单位依据立项批复、研制总要求、研制合同等，组织研制单位开展总体技术方案设计工作。针对硬件，研制单位应进行研制方案设计。

② 方案评审。完成方案设计后，应先组织方案预审，再向项目执行监管部门提交方案评审申请，由项目执行监管部门组织方案评审。

③ 工程标准制定。研制总体单位组织研制单位支撑论证单位，结合系统技术指标和使用要求，明确本项目的工程标准，建立标准规范体系。在论证单位的指导下，研制总体单位组织研制单位开展工程标准拟制工作，形成标准初稿。

④ 技术研究验证。研制总体单位组织研制单位确定需突破的系统关键

技术，提出关键技术解决方案，采用分析计算、仿真模拟等手段确认技术方案可行性，同时开展原型软件/原理样机研制。

（2）系统研制阶段

系统研制阶段包括软硬件研制、厂级鉴定与出厂检验、工程标准制定、支撑论证等工作。

硬件研制是指以硬件形态为主的研制过程，根据是否含嵌入式软件分为两类。硬件研制分为初样研制和正样研制两个阶段。技术成熟度高、已有原理样机或系统相对简单的，可以根据立项批复，设计方案评审通过后直接进入正样研制阶段，需在合同或研制总要求中明确。其中，嵌入式软件参照信息系统软件研制流程进行版本管理。

初样研制阶段包括初样研制、初样联试和初样评审。

正样研制阶段包括正样研制、正样联试、性能试验和正样评审。性能试验通常由项目执行监管部门组织研制单位或者符合资质要求的试验单位实施。性能试验结果拟采信为性能试验样本的，应当由项目执行监管部门监督确认，有关安排纳入试验总案中明确。

软件研制是指以纯软件或软件形态为主的研制过程。软件研制按照基本版开发流程执行，包括需求细化、需求分析和设计、迭代开发实施、用户试用、系统联试、基本版软件评审等。

基本版开发按照用户细化需求进行软件优化完善，在合同要求时间内完成基本版迭代，其余需求纳入定版后的改进升级阶段处理。

软件研制构建需求细化、软件开发、集成测试的完整链路，形成试用、改进、再试用的良性循环。

针对系统复杂、交互性强，或需要批量部署的软件，可以提前部署，通过试用迭代完善。

经过多轮次试用和迭代开发，软件功能基本实现、具备部署实际使用环境条件，经使用单位代表签字确认后，开展基本版软件评审工作。

厂级鉴定是指研制总体单位组织研制单位依据上报或批复后的研制总要求或软件测试要求开展厂级鉴定，项目执行监管部门监督。

出厂检验是指在完成厂级鉴定后，研制总体单位组织研制单位配合完成出厂检验。

其中，厂级鉴定与出厂检验的部分环节可联合开展。

工程标准制定是指在论证单位指导下，研制总体单位组织研制单位完成

工程标准征求意见稿制定后，征求相关研制单位、用户单位、论证单位意见并开展试行。

根据各单位反馈意见完成修改后，研制总体单位组织标准讨论会，论证单位、用户单位等的相关专家参加。根据专家意见完成修改后撰写送审稿。

完成送审稿后，研制总体单位向项目执行监管部门提出工程标准审查申请。项目执行监管部门组织召开工程标准审查会。根据专家意见完成修改后形成报批稿。一般应在正样阶段或软件基本版阶段之前完成。

支撑论证工作是指研制总体单位组织研制单位支撑论证单位适时开展研制总要求、试验总案、软件测试要求等论证工作。

（3）.试验阶段

试验阶段开展硬件性能试验、状态鉴定，以及小批量样机试生产及定型、软件测试定版等工作。

通过厂级鉴定后，开展硬件性能试验、状态鉴定，以及小批量样机试生产及定型等工作。对于系统升级改造、系统配套研制，以及技术成熟度高、需求紧迫的研制，不开展定型工作。

正常情况下，完成状态鉴定，进行小批量生产；完成硬件试验，开展定型审查。特殊情况下，对开展定型工作的信息系统，可按正样状态进行小批量订购，完成试验后，一并开展状态鉴定和定型审查，具体以立项批复为准。

硬件定型后嵌入式软件仍可升级、更新版本。

软件测试定版是指在基本版软件通过厂级鉴定与出厂检验后，开展基本版软件定版测试和定版审查工作。对于大型复杂软件，可按分系统测试和定版。

定版测试包括定版测试申请、测试大纲编制、软件定版测试实施、软件定版测试报告上报。

定版审查包括软件定版申请、软件定版审查。

（4）改进升级阶段

改进升级阶段开展硬件技术状态变更、软件改进升级等工作。

① 硬件技术状态变更。因硬件缺陷、需求深化、技术进步等原因导致的技术状态变更主要分为4类，按照相应程序管理。技术状态变更后，研制总体单位组织研制单位支撑开展订购价格复核。

第1类：用户反映的一般硬件缺陷。

第2类：用户、研制论证单位等提出的配套设备、器（部）件的一般改

进要求。

第 3 类：用户、研制论证单位等提出的主要配套设备、重要器（部）件的较大改进要求。

第 4 类：用户、研制论证单位等提出的系统改进完善要求。

② 软件改进升级。软件交付使用后，使用单位或研制总体单位提出改进升级需求或建议，项目执行监管部门定期收集并汇总整理改进升级需求或建议，及时组织开展改进升级工作，主要分为 4 类，按照相应程序管理。

第 1 类：涉及勘误性质改进、人机交互优化的。

第 2 类：涉及一般功能升级或小幅增量开发，以及模型、算法、数据等补充开发或成果应用的。

第 3 类：涉及主要功能升级或大幅增量开发的。

第 4 类：涉及软件整体功能升级、核心指标改进、技术换代的。

项目执行监管部门负责软件全生命周期的版本管理。

3. 合同管理

合同管理主要包括合同拟制、合同评审、合同签订、合同变更、合同终止、经费拨付、合同验收、合同违约处置等。

（1）合同拟制

研制项目合同主要包括研制合同和试验技术保障合同。研制总体单位配合项目执行监管部门拟制合同。

（2）合同评审

项目执行监管部门组织总承包合同评审，研制总体单位组织分承包合同评审。

（3）合同签订

项目执行监管部门与研制总体单位签订总承包合同；研制总体单位与研制单位签订分承包合同，项目执行监管部门在乙、丙方合同上签章。

（4）合同变更

若有采购需求发生变化、技术状态发生调整，以及突发公共事件、自然灾害等不可抗力因素影响的情况，项目执行监管部门组织合同变更。

（5）合同终止

若有采购计划取消、需求发生重大变化、不可抗力因素影响，以及乙方无法履行合同或难以达到合同要求的情况，合同终止。

（6）经费拨付

在办理经费结算手续时，需提供配套合同经费支付证明。如果配套单位考核未通过，允许拨付部分经费。

（7）合同验收

一般情况下，对总承包合同、分承包合同一并开展验收工作，进行交付成果审查和财务审查。分承包合同不具备验收条件的，可分批验收。

（8）合同违约处置

经认定为研制单位违约责任的，可以进行违约金扣除、竞争择优减分、扩点生产或分配比例调整、列入失信名单等处罚。

研制合同验收后，试制的科研样机、软件及其他成果归军方主管部门所有，需交付给项目执行监管部门。项目执行监管部门可视情况委托研制总体单位保管，并给予保障经费。

研制总体单位应利用科研样机、软件构建成体系化的系统试验验证环境，用于支撑关键技术研究验证、联调联试、用户培训等，建立软硬件台账，做好软件版本管理。

项目执行监管部门定期对科研成果进行使用监管、检查考评等，研制总体单位应做好使用记录。

4．招标管理

研制总体单位负责项目设计、系统交付，对项目的质量、安全、费用和进度负总责。研制总体单位中标后，应尽快组织研制单位竞争性采购工作。

（1）任务监督

项目执行监管部门委托第三方咨询机构派出观察员进行招标过程的监督。

（2）组织实施

研制总体单位提出分系统采购方案，由其招标采购业务部门或委托第三方招标代理机构开展采购。

（3）技术要求审核

分系统采购技术指标要求、测试大纲及技术评分标准由研制总体单位研究提出，项目执行监管部门委托论证单位或第三方咨询机构进行审核。

（4）专家选取

评标专家可从信息系统领域专业组专家库、第三方咨询机构运行专家

库、研制总体单位采购专家库和用户单位推荐的用户代表名单中抽取产生。

（5）结果上报

采购过程完成后，研制总体单位要将采购结果报项目执行监管部门备案，并抄送军方主管部门。

以下两种情形，分系统竞争择优由项目执行监管部门会同采购流程监管部门组织：立项批复明确分系统采购方式为邀请招标或竞争性谈判，且候选单位中有研制总体单位；分系统采购方式为公开招标，研制总体单位拟参与该分系统研制项目。

6.2.5 管理要点

1. 总体原则

研制总体单位应该依法合规把控竞争择优环节，避免配套单位任务分工和经费不明确，导致在研制过程中暴露问题；规避分包竞争择优意识不强、分包策略不合理、研制单位指定过程不合规、合同回签等问题。

在研制方案阶段，研制总体单位应加强与用户的对接，加强研制总体把控，支撑论证单位做好一型多研的统型，厘清分系统接口关系；做好联试环境准备，提前统计需协调的安全保密等相关模块设备；组织联合技术攻关，加强对研制单位的指导；组织与测试单位、监理单位的配合工作，可引入第三方测试力量，提前把控软件质量。

研制总体单位应安排联合出厂检验，尽快完成转阶段性能试验申请；尽快进行科研成果转化，提前启动小批量投产/备产工作；同步开展软件测试工作；提前组织研制单位做好培训工作。

2. 各阶段注意事项

研制项目受其复杂性影响，在推进过程中会出现不同程度的滞后，为了避免此类问题发生，结合项目过程实践经验，下面给出各阶段需注意的事项。

（1）竞争性采购阶段

在此阶段，研制总体单位需避免以下方面：组织二次招标过程中，分包策略不合理，有回流现象；单一来源单位指定理由不充分；邀请招标或竞争性谈判对象的选择缺乏合理依据，邀请范围覆盖不全；完成竞争性采购后，不及时报备结果，影响正式价合同的签订。

（2）合同签订阶段

在此阶段，研制总体单位需避免以下方面：合同初稿拟制过程中，仅考虑招标技术要求，缺少技术正偏离指标；合同执行过程中，不能按合同约定及时向配套单位支付经费。

后续按照机关下达的有关要求，在办理经费里程碑节点经费拨付时，研制总体单位在提供上一节点的配套合同支付证明及配套合同经费支付计划后，方可办理本节点经费结算手续；项目执行监管部门组织对研制总体单位承担的主要配套项目采购情况进行审查、备案。

（3）工程研制环节

研制总体单位组织设备方案论证时应充分吸纳各研制单位的有益成果，配合论证单位形成通行标准和国产化标准，为后续的样机研制工作提供依据。

纯软件或以软件为主体的研制项目，应在软件迭代开发环节，加强研制单位与用户的深入对接，根据审核结果细化需求，开展迭代开发、测试验证工作，特别是内部测试，目前研制过程中存在许多问题，试验阶段质量问题严重，整改时间长。

部分项目采取竞研方式，多家研制单位中的部分单位研制能力较弱，技术储备不足，跟不上研制总体进度，影响整个项目的完成率。

部分项目承担单位中标后，未按招标承诺投入人力开展研制，或者人员力量不足，如一人参与多个项目，导致研制进度滞后。因此研制单位要加强联合技术攻关，加强对研制单位的指导，对于关键节点，由第三方测试力量组织内部质量管理人员开展关键功能点测试验证，确保研制过程的质量。

（4）试验鉴定环节

为确保将科研成果尽快转化，研制总体单位应同步开展出厂检验，视情况同步开展性能试验；以正样状态提前启动小批量生产工作；组织研制单位做好试验保障工作，尽快让用户掌握操作方法。

6.3 系统集成项目管理

6.3.1 基本内涵

系统集成建设是信息系统预先研究项目能力生成的关键环节，其主要任务是通过设备安装、联调联试等基础性工作，对多个分属不同网络的信息系统进行集成，使之互相连接，最终形成统一协调、资源共享的信息系统，实

现集中、高效管理，并形成整体能力、发挥整体效益。

系统集成建设主要有军方自建模式和系统集成服务建设模式两种实现途径。军方自建模式以工程设计所等军方主管科研设计单位为主，负责拟制建设方案、开展勘察设计、实施配套建设和安装联调等工作。系统集成服务建设模式依托社会力量，通过招标确定集成商，以购买服务的方式委托集成商开展配套建设和安装联调等工作，最终向用户交付系统。

系统集成服务建设模式作为信息系统集成建设的主要手段，优点包括以下几点：可最大限度地利用社会优势力量，广泛开展市场竞争，降低建设成本；通过购买服务，可实现交钥匙工程，由集成商负责方案设计、配套建设、安装联调、培训交付等全流程工作；降低风险、提高效率，各分系统设备统一由集成商按用户需求进行采购，避免用户直接面向设备生产厂家，减少招标采购的次数和降低风险。

其仍存在一些不足，社会力量难以进入军方核心场所（如应急指挥所、核心通信枢纽等）开展施工，项目实施存在一定困难，需要与军方自建模式进行融合。

6.3.2 制度机制

为进一步规范和完善系统集成服务建设，项目执行监管部门要逐步建立以下制度机制。

1. 入网测试机制

项目执行监管部门要依托国内有资质的评估单位建立产品入网测试平台、测试标准和专业测试队伍，重点对产品的功能、性能、安全性、网络通联性、适配性等指标进行测试，建立合格产品目录，要求集成商必须在合格产品目录中选择相应的设备。

2. 企业信誉等级发布机制

项目执行监管部门要针对集成商和设备供货商设立信誉等级和厂商评价清单，对企业在招投标、生产供货、施工安装、售后服务等过程中的行为进行量化考评，并面向全社会公布，作为进行入围企业审查、招标评审的重要依据。

3．勘察设计与施工监理机制

项目执行监管部门要在方案论证过程中，引入初步设计、施工图设计等步骤，结合现场施工条件，进一步提高建设方案的准确性和完整性；遴选有资质的设计和监理单位，专门从事勘察设计和现场施工监理工作。

4．需求对接与应急响应机制

在方案论证过程中，项目执行监管部门要与军方主管部门建立需求对接、联合论证、联合评审等制度机制；在施工过程中，需根据现场条件、首长指示、使用需求变化情况，建立设计变更、设备调整、进度调整、工艺配合等应急响应机制。

6.3.3 主要程序

系统集成项目管理主要分为 7 个程序：拟制建设方案、开展集成商招标、组织勘察设计和拟制实施方案、监督分系统设备采购、开展设备安装集成和联调联试、组织验收培训和系统交付、工程决算。

1．拟制建设方案

项目执行监管部门要依托军方科研院所和设计单位，对接用户使用需求，开展现场初步勘察和初步设计，拟制项目总体建设方案，组织专家评审，报批总体建设方案和经费计划。

2．开展集成商招标

项目执行监管部门要依托采购信息网发布招标信息，开展集成商资质审查，拟制并呈报招标文件和评标办法，抽取评审专家，组织招标评审，在网上公示招标结果，报批中标单位，签订采购合同。

3．组织勘察设计和拟制实施方案

项目执行监管部门要组织集成商进行现场勘察，开展施工图设计，集成商在总体建设方案和施工图的基础上拟制建设实施方案，并由项目主管单位组织方案评审。

4. 监督分系统设备采购

项目执行监管部门要按照总体建设方案和建设实施方案中明确的设备型号、规格、技术参数、数量，监督集成商开展各分系统设备采购工作，组织设备出厂检验，组织设备发运，现场清点确认设备数量和状态。

5. 开展设备安装集成和联调联试

项目执行监管部门要组织集成商开展机房环境、强弱电综合布线、电源及高低压配电等配套设施建设，开展操作台、机柜等安装工作；开展各类软硬件系统安装，组织现场联调联试；组织监理单位做好工程现场监理和质量监督工作。

6. 组织验收培训和系统交付

项目执行监管部门要组织集成商、设备厂商、用户单位开展出厂培训、随工培训和全系统操作、使用、维护培训活动等；组织设计单位、施工单位、用户单位处理工程现场变更；开展初步验收、试运行、竣工验收工作，完成系统交付。

7. 工程决算

项目执行监管部门应根据工程现场变更情况，依据建设合同和国家有关规定进行工程决算。指定集成商的设备安装和系统集成费用决算，应根据工程现场建设情况，依据国家有关规定进行。

6.3.4 项目类别及环节

1. 项目类别

（1）正常建设项目

正常建设项目原则上从前往后串行开展，总体建设方案和计划拟制报批周期约为2个月、集成商招标周期约为1个月(含信息发布和结果公示时间)、系统试运行周期不少于3个月。

（2）应急建设项目

应急建设项目必要时需做好3个同步，即设备出厂检验和现场检验同步开展、设备安装联调和现场培训同步开展、系统试运行和任务保障同步开展。

（3）特别重大应急建设项目

对于特别重大应急建设项目，可根据以往建设经验，在项目立项或拟制建设方案阶段指定集成商参与建设方案设计，指定的集成商应根据建设规模逐级上报审批。

2．项目实施过程中的重点环节

（1）方案制定环节

方案主要包括由总体单位牵头拟制的总体建设方案，需涵盖建设内容、数量和指标要求、接口控制规定、经费概算等，是后续招标采购的基本依据。由集成商牵头拟制的实施方案需涵盖现场施工设计图纸、设备连接关系、线缆布放等内容，是指导后续施工建设的基本依据。

（2）集成商招标环节

集成商招标环节包括招标信息发布、集成商资质审查、招标文件和评标办法制定、招标评审、结果公示、上报等。项目执行监管部门要妥善处理可能出现的设备供应商质疑申诉、集成商恶意竞标等情况，确保真正有实力、有经验、报价合理的集成商承接项目建设。

（3）现场施工环节

在现场施工环节，项目执行监管部门要主要负责组织协调好用户、集成商、设备供应商等各方力量，稳步有序地推进配套建设、设备安装、联调联试等工作，及时处理施工过程中遇到的问题。例如，在指挥所等固定设施的信息系统建设过程中，会经常出现实际施工条件与设计方案不符、方案缺漏项、用户需求临时变更等特殊情况，项目执行监管部门要特别注意按程序处理好项目变更，需由设计方、用户方、建设方和监理方共同确认。

6.3.5 费用依据

建设单位管理费依据财政部 2016 年发布的《基本建设财务规则》计取。

勘察设计费和监理费依据国家发展改革委 2015 年发布的《国家发展改革委关于进一步放开建设项目专业服务价格的通知》实行市场调节价，实际执行中需结合市场化协商原则调整。

设备安装费和系统集成费依据工业和信息化部 2015 年印发的《电子建设工程概（预）算编制办法及计价依据》计取。设计阶段也可以根据系统安装复杂度采取比例估值的方式计算。

第七章

装备领域信息系统项目管理实例

7.1 订购流程项目管理实例

7.1.1 项目背景

订购工作是指有关部门依据国家法律，以合同形式获取订购数据、服务的活动，主要包括订购规划/计划制定、合同订立履行、合同监督管理等工作。订购工作实行规划/计划制定、合同订立履行、合同监督管理职能相对分开、权力相互制衡、工作相互协调的机制。订购工作的基本任务是贯彻执行党中央方针、政策，科学制定订购规划，以合理的价格订购性能先进、质量优良、配套齐全的优质项目等，保障各项任务的顺利完成。

本实例是一套用于指导订购流程的项目管理手册。本手册在订购项目合同管理业务工作中引入 GJB 9001C—2017《质量管理体系》、流程管理 IPO（Input Process Output）思路，明确各角色在各流程中的输入与输出，并运用业务流程分析软件 iGrafx 定量计算订购项目实施周期。本手册按照国家相关法律法规，结合订购项目管理流程与订购项目实践编写而成，由业务手册、程序文件、工作表单 3 部分构成，内容分别为订购项目工作总则、实施细则及表单示例，适用于参与订购项目的行政机关、承制单位、支撑机构的全流程管理。

其中，行政机关是指归口管理订购工作的各部门，包括管理部门、主管部门、论证单位、测试单位、采购部门等，按职能分别承担监管项目委托、合同监督等相关工作。承制单位参与订购项目时应该按照行政机关的要求完成相关工作，包括组织合同评审、签订订购合同、按照合同条款进行生产、

配合合同监管单位开展合同履行过程监督、按照机关下达的发运计划完成交接发运、按照合同条款约定的条件提出付款结算申请、落实相关法律法规的要求等。支撑机构参与订购项目时应该按照行政机关的要求完成相关工作，包括配合完成采购计划、拟制订购合同草案、配合完成合同签订、负责承制单位提交的结算申请材料审核、按照要求进行资料归档，以及落实其他相关工作。

该手册的创新点如下。首先，本手册通过细化订购项目的各角色在各流程中的输入与输出，实现了行政机关、承制单位、支撑机构 3 种角色在项目梳理、合同标的确认、合同评审、合同签订、节点款拨付 5 类流程中业务工作的标准化。其次，本手册分别为 3 类角色定义管理类工作、办理类工作、支撑类工作标签，并通过分级流程图逐级展示实施细则，实现了各角色在各流程中的低耦合、高内聚互动。最后，本手册依据各流程业务特点编写工作检查表，并给出工作表单填写示例，实现了订购项目合同管理业务工作的精准细化。

本手册按照订购项目合同管理全流程展开，包括项目梳理、合同标的确认、合同评审、合同签订、节点款拨付 5 个流程的程序文件。各流程的程序文件均按照流程及活动、职责分工、检查表 3 部分内容展开。其中，流程及活动部分给出流程图，并详述子流程及最小单元活动；职责分工部分按照管理类工作（★）、办理类工作（●）、支撑类工作（▲）分类，依次汇总行政机关、承制单位、支撑机构的工作内容及工作表单；检查表部分明确行政机关、承制单位、支撑机构各流程涉及的检查要点及标准要求。本手册流程如图 7.1 所示。

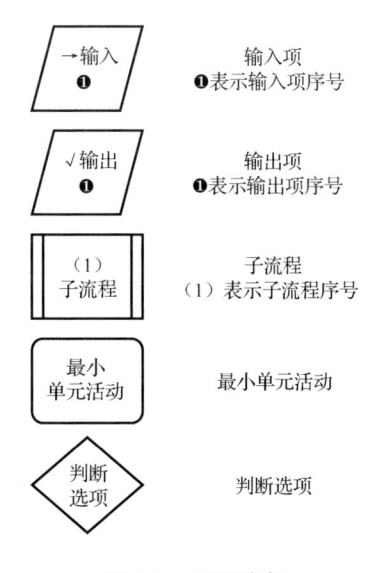

图 7.1　手册流程

7.1.2 项目梳理

1. 流程及活动

项目梳理流程的输入为计划，输出为可执行计划，包括材料审核、问题处理两个子流程。项目梳理流程如图7.2所示。

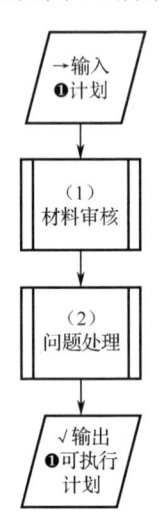

图 7.2 项目梳理流程

（1）材料审核子流程

材料审核子流程的输入为计划，输出为可执行计划，包括梳理项目情况、反馈项目情况、初审项目情况、判断是否可执行3个最小单元活动和1个判断选项。材料审核子流程如图7.3所示。

① 梳理项目情况。

★管理部门将计划拆解下发，要求承制单位提供技术状态证明文件、技术状态变更证明文件、价格批复文件、资格证书、前期合同、此批次项目生产周期等相关证明材料，存在的问题等具体情况说明，以及合同草案文本初稿。

② 反馈项目情况。

●承制单位按照计划反馈项目实际情况，并按照要求提供技术状态证明文件、技术状态变更证明文件、价格批复文件、资格证书、前期合同、此批次项目生产周期等相关证明材料，存在的问题等具体情况说明，并按照合同模板拟制合同草案文本初稿。

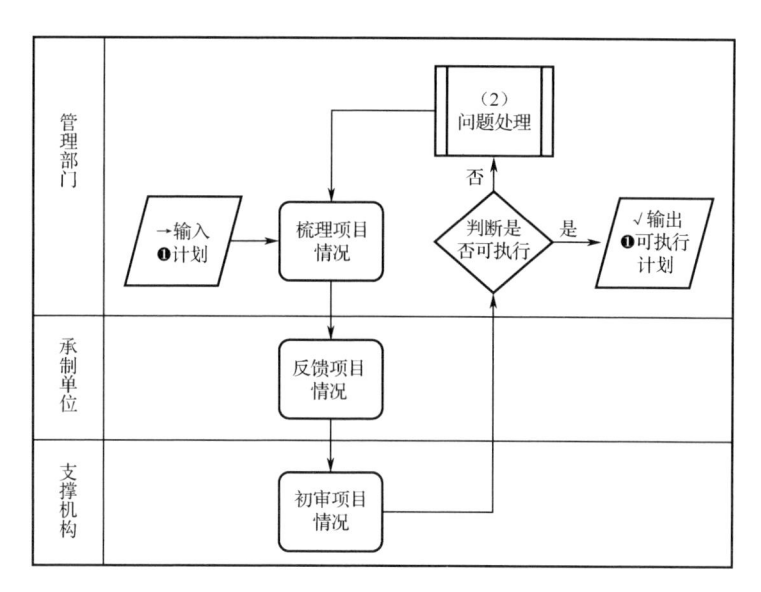

图 7.3　材料审核子流程

③ 初审项目情况。

▲支撑机构对承制单位提交的证明材料进行初审：按照要求逐一核对证明材料，准确记录技术状态批复文号、时间等，技术状态变更证明文号、时间等，价格批复文号、时间、价格、有效期等，资格证书的名称、编号、有效期、承制范围等相关信息；对于需要提交补充证明材料的项目，要及时与承制单位核实确认，并做好记录；最终完成证明材料汇总表并反馈至管理部门。

④ 判断是否可执行。

★管理部门复核证明材料汇总表，并依据计划判断该项目是否可执行。若可执行，则进入合同标的确认流程；若不可执行，则进入问题处理子流程。

（2）问题处理子流程

问题处理子流程的输入为待处理项目，输出为可执行计划，包括提出处理意见、按照处理意见修改、审核补充证明材料、判断是否可执行 3 个最小单元活动和 1 个判断选项。问题处理子流程如图 7.4 所示。

① 提出处理意见。

★管理部门针对待处理项目提出处理意见。

② 按照处理意见修改。

●承制单位按照处理意见提交补充证明材料。

③ 审核补充证明材料。

▲支撑机构审核补充证明材料：按照要求逐一核对补充证明材料，准确

记录相关信息，最终完成补充证明材料汇总表并反馈至管理部门。

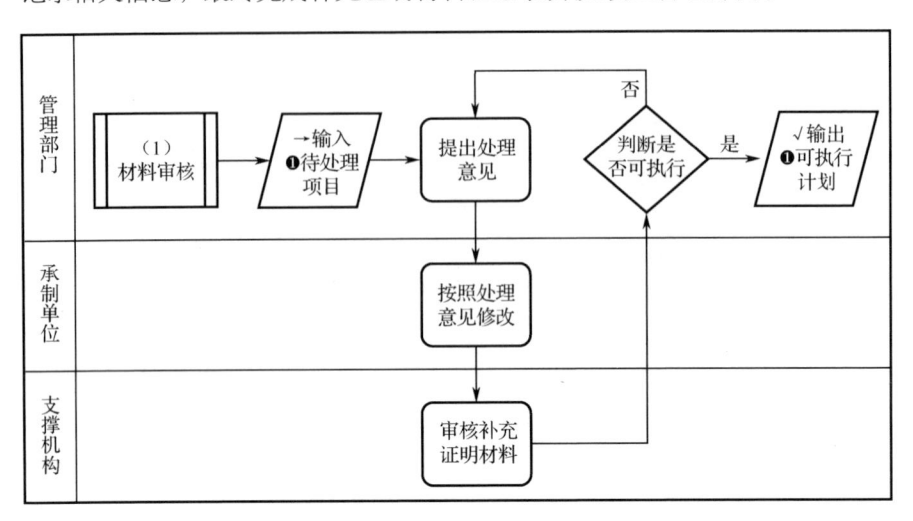

图 7.4　问题处理子流程

④ 判断是否可执行。

★管理部门复核补充证明材料汇总表，并重新依据计划判断该项目是否可执行。若可执行，则进入合同标的确认流程；若不可执行，则提出处理意见直至符合要求。

2．职责分工

行政机关、承制单位、支撑机构按照职责分工，分别参与各子流程的管理类工作、办理类工作、支撑类工作。项目梳理职责分工如表 7.1 所示。

表 7.1　项目梳理职责分工

类　型	子　流　程	工　作　内　容	工 作 表 单
★ 管理类 工作	（1） 材料审核	◇ 管理部门梳理项目情况； ◇ 管理部门判断项目是否可执行	计划表
	（2） 问题处理	◇ 管理部门对不可执行计划、不可签订合同提出处理意见； ◇ 管理部门复核补充证明材料	计划表
● 办理类 工作	（1） 材料审核	◇ 承制单位反馈项目情况	证明材料
	（2） 问题处理	◇ 承制单位按照处理意见提交补充证明材料	补充证明材料

续表

类 型	子流程	工作内容	工作表单
▲ 支撑类 工作	（1） 材料审核	◇ 支撑机构初审项目情况	证明材料； 证明材料汇总表
	（2） 问题处理	◇ 支撑机构审核补充证明材料	补充证明材料 汇总表

3．检查表

行政机关、承制单位、支撑机构在各子流程的检查要点如表 7.2 所示。

表 7.2　项目梳理检查表

子流程	办理单位	检查要点	标准要求
（1） 材料审核	承制单位	证明材料	√ 是否提交了技术状态证明文件、技术状态变更证明文件； √ 是否提交了价格批复文件； √ 是否提交了承制单位资格证书； √ 是否按照要求提交了其他相关证明材料
	支撑机构	证明材料	√ 技术状态证明文件是否真实有效，技术状态变更证明文件是否齐全； √ 价格批复文件是否有效； √ 承制单位资格证书是否在有效期内，资格是否能够覆盖项目； √ 是否按照要求提交了其他相关证明材料
		证明材料汇总表	√ 技术状态证明文件及技术状态变更证明文号、时间等是否准确； √ 价格批复文号、时间、价格、有效期等是否准确； √ 承制单位资格证书的名称、编号、有效期、承制范围（分系统类别和承制性质）等是否准确； √ 其他情况说明是否准确
	管理部门	计划表	√ 交付日期是否明确，是否符合计划要求； √ 交付进度是否符合计划要求
（2） 问题处理	承制单位	补充证明材料	√ 是否按照处理意见提交了补充证明材料； √ 是否如实说明反馈了特殊情况
	支撑机构	补充证明材料 汇总表	√ 依据处理意见审核补充证明材料，并准确记录信息
	管理部门	计划表	√ 补充完善后该计划是否可执行。若可执行，则进入合同标的确认流程；若不可执行，则提出处理意见直至符合要求

7.1.3 合同标的确认

1．流程及活动

合同标的确认流程的输入为可执行计划，输出为合同标的，包括单一来源采购、竞争性采购、单一来源谈判、询价采购4个子流程。合同标的确认流程如图7.5所示。

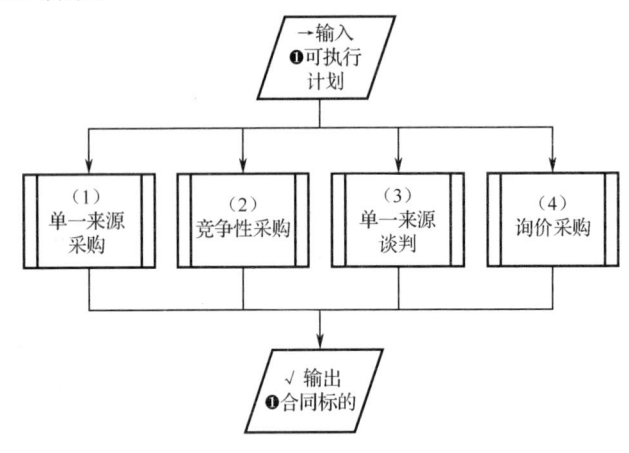

图 7.5 合同标的确认流程

（1）单一来源采购子流程

单一来源采购子流程的输入为可执行计划，输出为合同标的，包括委托审价、组织审价、价格审批、接收价格审批结果4个最小单元活动。

① 委托审价。

★管理部门委托审价部门进行价格审核。注意：纳入主管部门统一下达任务计划的，由主管部门向审价部门下达价格审核任务。

② 组织审价。

★审价部门组织价格审核，并将价格评审结果上报主管部门审批，抄送管理部门。

③ 价格审批。

★主管部门对价格评审结果进行审批，通知管理部门，抄送审价部门。

④ 接收价格审批结果。

★管理部门接收价格审批结果。

（2）竞争性采购子流程

竞争性采购子流程的输入为可执行计划，输出为合同标的，包括拟制竞争

性采购方案、配合拟制竞争性采购方案、判断是否需要论证指标、论证指标、组织专家评审、配合组织专家评审、审批方案、判断是否需要比测、实施比测（根据实际需要开展）、接收比测结果、拟制竞争性采购文件、价格论证（根据实际需要请审价部门论证最高限价）、审批竞争性采购文件、组织竞争性采购、参加竞争性采购、接收审批结果14个最小单元活动和2个判断选项。

① 拟制竞争性采购方案。

★管理部门根据计划要求或论证单位反馈的论证结果拟制竞争性采购方案。

② 配合拟制竞争性采购方案。

▲支撑机构按照管理部门的要求，配合开展竞争性采购方案初稿拟制工作。

③ 判断是否需要论证指标。

★管理部门根据主管部门下达的任务明确竞争性采购要求，判断是否需要论证指标。如需要论证指标，则管理部门委托论证单位开展相关论证工作；如不需要论证指标，则开始拟制竞争性采购方案。

④ 论证指标。

★论证单位论证技术指标和评分标准。

⑤ 组织专家评审。

★管理部门组织竞争性采购方案评审。在此过程中，管理部门遵循公平、公正、科学、择优原则确定评审专家，对竞争性采购方案进行评审。管理部门办公会审议后，将竞争性采购方案上报主管部门。

⑥ 配合组织专家评审。

▲支撑机构配合管理部门组织专家评审。

⑦ 审批方案。

★主管部门审批竞争性采购方案。

⑧ 判断是否需要比测。

★管理部门接收审批结果，修改竞争性采购方案，并判断是否需要比测。若需要比测，则进行实施比测；若不需要比测，则委托采购部门拟制竞争性采购文件。

⑨ 实施比测。

★管理部门确定测试单位，针对需要比测项目实施比测。测试单位组织实施比测，并反馈比测结果。

⑩ 接收比测结果。

★管理部门接收比测结果，并告知采购部门。采购部门组织竞争性采购。

⑪ 拟制竞争性采购文件。

★针对不需要比测项目，采购部门拟制竞争性采购文件。

⑫ 价格论证。

★采购部门组织价格论证。

⑬ 审批竞争性采购文件。

★主管部门审批竞争性采购文件。

⑭ 组织竞争性采购。

★采购部门组织竞争性采购。

⑮ 参加竞争性采购。

●承制单位按照通知参加竞争性采购。

⑯ 接收审批结果。

★管理部门接收审批结果。

（3）单一来源谈判子流程

单一来源谈判子流程的输入为可执行计划，输出为合同标的，包括制定方案编写依据及规则、配合拟制方案及文件、组织专家评审、配合组织专家评审、办公会审议方案及文件、组织谈判、配合组织谈判、参加谈判、办公会审议谈判结果、审批谈判结果、接收审批结果11个最小单元活动。

① 制定方案编写依据及规则。

★管理部门按照项目实际要求明确采购依据、标的、技术指标要求、采购价格方案、时间进度安排等单一来源谈判方案编写依据及规则。

② 配合拟制方案及文件。

▲支撑机构按照管理部门明确的采购依据、标的、技术指标要求、采购价格方案、时间进度安排等，配合拟制单一来源谈判方案及文件。

③ 组织专家评审。

★管理部门组织专家评审，并汇总专家评审意见。

④ 配合组织专家评审。

▲支撑机构配合管理部门开展专家评审有关工作，并根据专家评审意见修改完善单一来源谈判方案及文件。

⑤ 办公会审议方案及文件。

★管理部门办公会审议单一来源谈判方案及文件。

⑥ 组织谈判。

★管理部门下发谈判通知。

⑦ 配合组织谈判。

▲支撑机构配合管理部门组织谈判。

⑧ 参加谈判。

●承制单位按照要求参加谈判。

⑨ 办公会审议谈判结果。

★管理部门办公会审议谈判结果，并将谈判结果上报主管部门审批。

⑩ 审批谈判结果。

★主管部门审批谈判结果。

⑪ 接收审批结果。

★管理部门接收审批结果。

（4）询价采购子流程

询价采购子流程的输入为可执行计划，输出为合同标的，包括制定方案编写依据及规则、配合拟制方案及文件、组织专家评审、配合组织专家评审、办公会审议方案及文件、发布询价公告、响应询价公告、办公会审议询价采购结果、审批询价采购结果、接收审批结果 10 个最小单元活动。

① 制定方案编写依据及规则。

★管理部门按照项目实际要求明确采购依据、标的、技术指标要求、采购价格方案、时间进度安排等询价采购方案编写依据及规则。

② 配合拟制方案及文件。

▲支撑机构按照管理部门明确的采购依据、标的、技术指标要求、采购价格方案、时间进度安排等，配合拟制询价采购方案及文件。

③ 组织专家评审。

★管理部门组织专家评审，并汇总专家评审意见。

④ 配合组织专家评审。

▲支撑机构配合管理部门开展专家评审有关工作，并根据专家评审意见修改完善询价采购方案及文件。

⑤ 办公会审议方案及文件。

★管理部门办公会审议询价采购方案及文件。

⑥ 发布询价公告。

★管理部门委托采购部门在采购信息网发布公开询价公告。

⑦ 响应询价公告。

●承制单位按照要求响应询价公告。

⑧ 办公会审议询价采购结果。

★管理部门办公会审议询价采购结果，并将询价采购结果上报主管部门审批。

⑨ 审批询价采购结果。

★主管部门审批询价采购结果。

⑩ 接收审批结果。

★管理部门接收审批结果。

2．职责分工

行政机关、承制单位、支撑机构按照职责分工，分别参与各子流程的管理类工作、办理类工作、支撑类工作。

3．检查表

行政机关、承制单位、支撑机构在各子流程的合同标的确认检查表略。

7.1.4 合同评审

1．流程及活动

合同评审流程的输入为合同标的，输出为合同文本，包括合同及监管协议拟制、非委托监管合同评审、委托监管合同评审3个子流程。合同评审流程如图7.6所示。

（1）合同及监管协议拟制子流程

合同及监管协议拟制子流程的输入为合同标的，输出为合同草案文本，包括确定监管模式及合同模板、提交合同草案文本初稿、拟制合同草案文本及监管协议、审核合同草案文本及监管协议4个最小单元活动。

① 确定监管模式及合同模板。

★管理部门确定项目监管模式，并据此确定合同模板样式。

② 提交合同草案文本初稿。

●承制单位依据项目实际情况提交合同草案文本初稿。

③ 拟制合同草案文本及监管协议。

▲支撑机构依据项目情况、合同标的修改合同草案文本初稿，并拟制监管协议，修改完成后反馈至管理部门。

```
        ┌─────────┐
        │ √输入   │
        │ ❶合同   │
        │  标的   │
        └────┬────┘
             ↓
        ┌─────────┐
        │  （1）  │
        │ 合同及监管│
        │ 协议拟制 │
        └────┬────┘
         ┌───┴───┐
         ↓       ↓
   ┌─────────┐ ┌─────────┐
   │  （2）  │ │  （3）  │
   │ 非委托监管│ │ 委托监管 │
   │ 合同评审 │ │ 合同评审 │
   └────┬────┘ └────┬────┘
        └─────┬─────┘
              ↓
        ┌─────────┐
        │ √输出   │
        │ ❶合同   │
        │  文本   │
        └─────────┘
```

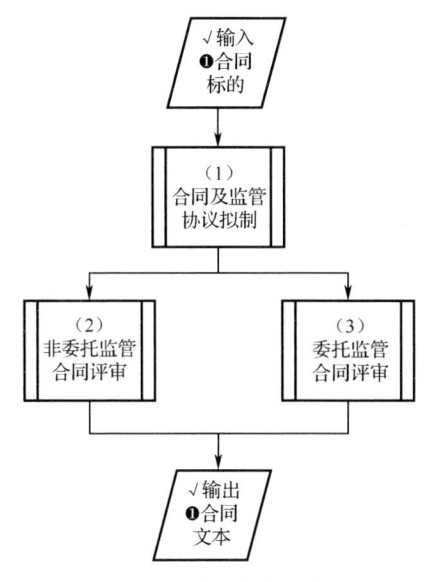

图 7.6　合同评审流程

④ 审核合同草案文本及监管协议。

★管理部门依据审核支撑机构反馈的合同草案文本、监管协议，确认无误后进入合同评审子流程。

（2）非委托监管合同评审子流程

非委托监管合同评审子流程的输入为合同草案文本，输出为合同文本，包括委托监督部门参与合同订立、监督部门下发合同草案文本、参加合同评审、开展合同评审、上报合同评审意见、反馈合同评审意见、接收合同评审意见、修改合同草案文本及监管协议、复核合同草案文本及监管协议9个最小单元活动。

① 委托监督部门参与合同订立。

★管理部门委托监督部门参与合同订立。

② 监督部门下发合同草案文本。

★监督部门拆分合同草案文本，并下发至监督处室。

③ 参加合同评审。

★监督处室参加合同评审，确认合同监管协议。

④ 开展合同评审。

●承制单位组织开展合同评审，并形成评审意见。

⑤ 上报合同评审意见。

★监督处室将合同评审意见上报至监督部门。

⑥ 反馈合同评审意见。

★监督部门汇总合同评审意见，反馈至管理部门。

⑦ 接收合同评审意见。

★管理部门接收合同评审意见。

⑧ 修改合同草案文本及监管协议。

▲支撑机构按照合同评审意见继续修改合同草案文本，修改完成后反馈至管理部门。

⑨ 复核合同草案文本及监管协议。

★管理部门复核合同草案文本直至修改正确，进入合同签订流程。

（3）委托监管合同评审子流程

委托监管合同评审子流程的输入为合同草案文本，输出为合同文本，包括上报委托监管需求、协调委托监管任务、委托部门下达监管任务、委托监督部门下达监管任务、接收监管任务、参加合同评审、开展合同评审、上报合同评审意见、反馈合同评审意见、接收合同评审意见、修改合同草案文本及监管协议、复核合同草案文本及监管协议12个最小单元活动。

① 上报委托监管需求。

★管理部门向主管部门提出委托监管需求。

② 协调委托监管任务。

★主管部门向委托部门协调委托监管任务。

③ 委托部门下达监管任务。

★委托部门向委托监督部门下达监管任务。

④ 委托监督部门下达监管任务。

★委托监督部门向委托监督处室下达监管任务。

⑤ 接收监管任务。

★委托监督处室接收监管任务。

⑥ 参加合同评审。

★委托监督处室参加合同评审，确认合同监管协议。

⑦ 开展合同评审。

●承制单位组织开展合同评审，并形成评审意见。

⑧ 上报合同评审意见。

★委托监督处室将合同评审意见上报至委托监督部门。

⑨ 反馈合同评审意见。

★委托监督部门汇总合同评审意见，反馈至管理部门。

⑩ 接收合同评审意见。

★管理部门接收合同评审意见。

⑪ 修改合同草案文本及监管协议。

▲支撑机构按照合同评审意见继续修改合同草案文本，修改完成后反馈至管理部门。

⑫ 复核合同草案文本及监管协议。

★管理部门复核合同草案文本直至修改正确，进入合同签订流程。

2．职责分工

行政机关、承制单位、支撑机构按照职责分工，分别参与各子流程的管理类工作、办理类工作、支撑类工作。

3．检查表

行政机关、承制单位、支撑机构在各子流程的检查要点略。

7.1.5 合同签订

1．流程及活动

合同签订流程的输入为合同文本，输出为已存档合同文本，包括订立准备、合同订立、移送存档3个子流程。合同签订流程如图7.7所示。

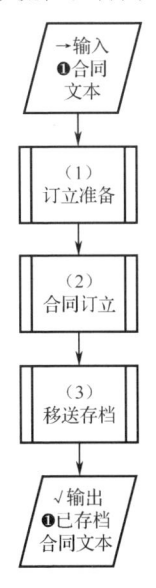

图 7.7 合同签订流程

（1）订立准备子流程

订立准备子流程的输入为合同文本，输出为已装订合同文本，包括下发合同文本、接收合同文本、制作合同3个最小单元活动。

① 下发合同文本。

★管理部门拆分、下发合同文本。

② 接收合同文本。

●承制单位接收合同文本，并核对合同文本内容。

③ 制作合同。

●承制单位制作合同。

（2）合同订立子流程

合同订立子流程的输入为已装订合同文本，输出为已签订合同文本，包括下发合同签订通知、参加合同签订、合同审核、合同签章、生成合同签订汇总表、审核合同签订汇总表6个最小单元活动。

① 下发合同签订通知。

★管理部门下发合同签订通知，包括办理时间、地点、要求及注意事项。

② 参加合同签订。

●承制单位按照管理部门的要求参加合同签订。

③ 合同审核。

▲支撑机构按照管理部门的要求办理合同签订。审核内容包括格式、合同类型、合同名称、金额、交付日期、银行账户、支付方式、运费承担方、质保期、合同份数、承制单位签章等。

④ 合同签章。

▲支撑机构按照管理部门的要求，对审核通过的合同文本进行签章。

⑤ 生成合同签订汇总表。

▲支撑机构从完成签章的合同中提取有关数据，根据管理部门的要求生成合同签订汇总表。

⑥ 审核合同签订汇总表。

★管理部门审核支撑机构提交的合同签订汇总表，提出移送存档要求。

（3）移送存档子流程

移送存档子流程的输入为已签订合同，输出为已存档合同文本，包括归档合同、领取合同、接收合同3个最小单元活动。

① 归档合同。

▲支撑机构按照一定的顺序将合同整理好，并按照要求进行拆分，放入档案盒并存入档案柜；准确填写任务完成单信息，准备进行合同交接。

② 领取合同。

●承制单位按照合同条款约定，自行领取相应份数的合同，并配合填写领取信息。

③ 接收合同。

★管理部门复核合同签订情况，接收需报送至科研订购局、主管部门的合同及任务完成单。

2. 职责分工

行政机关、承制单位、支撑机构按照职责分工，分别参与各子流程的管理类工作、办理类工作、支撑类工作。

3. 检查表

行政机关、承制单位、支撑机构在各子流程的检查要点略。

7.1.6 节点款拨付

1. 流程及活动

节点款拨付流程的输入为已存档合同文本，输出为节点验收拨付，包括预付、备件/备料、质量验收、发运交付4个子流程。节点款拨付流程如图7.8所示。

（1）预付子流程

预付子流程的输入为已存档合同文本，输出为节点验收拨付，包括准备证明材料、提交结算材料、材料审查、接收结算材料、材料是否准确无误、问题处理、传达通知、补充证明材料7个最小单元活动和1个判断选项。

① 准备证明材料。

●承制单位根据结算材料要求及具体情况，按照要求准备证明材料。

② 提交结算材料。

●承制单位向支撑机构提交证明材料，并准确填写业务办理表。

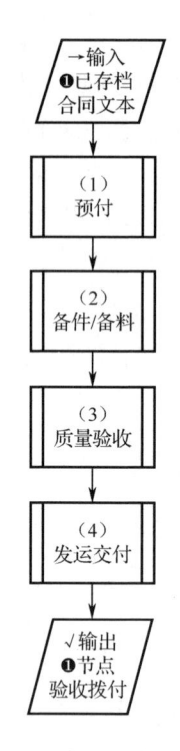

```
      →输入
      ❶已存档
      合同文本
         │
         ▼
       （1）
       预付
         │
         ▼
       （2）
     备件/备料
         │
         ▼
       （3）
     质量验收
         │
         ▼
       （4）
     发运交付
         │
         ▼
      √输出
      ❶节点
     验收拨付
```

图 7.8　节点款拨付流程

③ 材料审查。

▲支撑机构汇总承制单位提交的材料，并依据合同信息审查相关证明材料的完整性、合规性。

④ 接收结算材料。

★管理部门接收支撑机构汇总的证明材料并复审。

⑤ 材料是否准确无误。

★财务中心判断支撑机构汇总的材料是否准确、完备。

⑥ 问题处理。

★管理部门就承制单位证明材料的问题进行处理。

⑦ 传达通知。

▲支撑机构根据问题处理意见向承制单位传达通知。

⑧ 补充证明材料。

●承制单位按照收到的通知补充相关证明材料。

（2）备件/备料子流程

备件/备料子流程的输入为已存档合同文本，输出为节点验收拨付，包括准备证明材料、节点检查、提交结算材料、材料审查、接收结算材料、材料是否准确无误、问题处理、传达通知、补充证明材料 8 个最小单元活动和 1 个判断选项。

① 准备证明材料。

●承制单位根据结算材料要求及具体情况，按照要求准备证明材料。

② 节点检查。

★监督处室根据项目要求进行备件/备料节点检查，并开具证明材料。

③ 提交结算材料。

●承制单位向支撑机构提交证明材料，并准确填写业务办理表。

④ 材料审查。

▲支撑机构汇总承制单位提交的材料，并依据合同信息审查相关证明材料的完整性、合规性。

⑤ 接收结算材料。

★管理部门接收支撑机构汇总的证明材料并复审。

⑥ 材料是否准确无误。

★财务中心判断支撑机构汇总的材料是否准确、完备。

⑦ 问题处理。

★管理部门就承制单位证明材料的问题进行处理。

⑧ 传达通知。

▲支撑机构根据问题处理意见向承制单位传达通知。

⑨ 补充证明材料。

●承制单位按照收到的通知补充相关证明材料。

（3）质量验收子流程

质量验收子流程的输入为已存档合同文本，输出为节点验收拨付，包括准备证明材料、节点检查、提交结算材料、材料审查、接收结算材料、材料是否准确无误、问题处理、传达通知、补充证明材料 8 个最小单元活动和 1 个判断选项。

① 准备证明材料。

●承制单位根据结算材料要求及具体情况，按照要求准备证明材料。

② 节点检查。

★监督处室根据项目要求进行质量验收节点检查，并开具证明材料。

③ 提交结算材料。

●承制单位向支撑机构提交证明材料，并准确填写业务办理表。

④ 材料审查。

▲支撑机构汇总承制单位提交的材料，并依据合同信息审查相关证明材料的完整性、合规性。

⑤ 接收结算材料。

★管理部门接收支撑机构汇总的证明材料并复审。

⑥ 材料是否准确无误。

★财务中心判断支撑机构汇总的材料是否准确、完备。

⑦ 问题处理。

★管理部门就承制单位证明材料的问题进行处理。

⑧ 传达通知。

▲支撑机构根据问题处理意见向承制单位传达通知。

⑨ 补充证明材料。

●承制单位按照收到的通知补充相关证明材料。

（4）发运交付子流程

发运交付子流程的输入为已存档合同文本，输出为节点验收拨付，包括准备证明材料、节点检查、提交结算材料、材料审查、接收结算材料、材料是否准确无误、问题处理、传达通知、补充证明材料8个最小单元活动和1个判断选项。

① 准备证明材料。

●承制单位根据结算材料要求及具体情况，按照要求准备证明材料。

② 节点检查。

★监督处室根据项目要求进行发运交付节点检查，并开具证明材料。

③ 提交结算材料。

●承制单位向支撑机构提交证明材料，并准确填写业务办理表。

④ 材料审查。

▲支撑机构汇总承制单位提交的材料，并依据合同信息审查相关证明材料的完整性、合规性。

⑤ 接收结算材料。

★管理部门接收支撑机构汇总的证明材料并复审。

⑥ 材料是否准确无误。

★财务中心判断支撑机构汇总的材料是否准确、完备。

⑦ 问题处理。

★管理部门就承制单位证明材料的问题进行处理。

⑧ 传达通知。

▲支撑机构根据问题处理意见向承制单位传达通知。

⑨ 补充证明材料。

●承制单位按照收到的通知补充相关证明材料。

2．职责分工

行政机关、承制单位、支撑机构按照职责分工，分别参与各子流程的管理类工作、办理类工作、支撑类工作。

3．检查表

行政机关、承制单位、支撑机构在各子流程的检查要点略。

7.2 预先研究项目管理实例

7.2.1 项目背景

下面以 A 地区政务系统预先研究项目为例，分析其管理模式，以借鉴其实践经验。依据网络安全和信息化建设规划，针对建设管理域、政务线，A 地区军方主管部门牵头组织，启动政务系统建设，统筹推进各项任务。

政务系统作为信息系统的重要组成部分，对应网络信息体系中的建设管理部分，覆盖"四化五层"。政务系统平时为用户高效办公、规范业务、优化流程、信息监管、调配资源提供支持；应急指挥时告知总指挥系统"家底"，为信息建设一体化提供重要保障。政务系统是"互联网+"理念在政务办公运用方面的实践工程，是网络信息体系在建设管理域的落地工程，是信息系统自主可控的示范工程，也是推动基于效能提升的政务管理革命的跨越工程。

1．业务范围及目标

政务系统全面覆盖 A 地区机关办公场所；全面覆盖 A 地区政务业务+通用业务+领域扩展业务。建设目标为纵向贯通各级，横向融合各领域，有效衔接地方，打造办公和业务管理一张网；引领政务业务数字化转型，助力形成政务管理现代化、联合作战保障、行业领域信息监管三大能力，加速建成

一流的政务系统。

2．系统架构

政务系统采用"网—云—端"架构进行一体化设计，依托公用信息基础设施，以政务网、政务移动网络为载体，逐步构建物理分散、逻辑一体的办公业务信息系统，纵向融合各行政单位三级业务应用，横向融合重要部门分管领域业务应用，打通与信息系统的信息支持链路，外联相关行业应用系统，支撑业务工作，高效协同，实现精细化、科学化、规范化管理，并为数字化办公提供业务数据支撑。

3．项目任务

项目任务的内容包括总体及通用服务，以及人力资源、改革、编制等业务信息系统。总体工作方面，项目执行监管部门已正式发布技术体制、标准体系、技术白皮书等顶层技术文件；通用服务业务信息系统方面，已完成基本版研制，正在进行试用；陆续启动了需求、政法、审计、国际合作、科研业务信息系统研制，逐步进行试用。

4．项目成果

项目执行监管部门研究确立了工程总体架构及各业务领域体系架构，如制定并发布了《业务信息系统核心技术体制》《业务信息系统标准体系》，以及系列总体类工程标准；研制了通用服务，以及机关办公、人力资源、改革、编制等业务信息系统。

7.2.2 管理模式

1．组织架构及职责分工

政务系统是以软件为主的复杂系统，覆盖业务范围较广，用户单位涉及不同部门，且经竞争择优确定的分领域总体单位较多，工程组织管理存在较大挑战。项目启动后，为规范业务信息系统总体及通用服务等 5 项任务科研管理工作，保证工程研制质量和进度，项目执行监管部门组织拟制、发布了《业务信息系统总体软件预先研究作业指导书》，明确了组织架构、管理流程、制度机制，并配套工程模板，有效规范和指导了各单位协同开展预先研究工作。

考虑到工程的复杂性，项目执行监管部门采用层级化的管理方式，划分

行政指挥线、技术指挥线和质量管理线,确保各项工作的高效推进。行政指挥线主要包括联合管理办公室、各项目管理组;技术指挥线主要包括由相关单位专家组成的联合总师组、各项目总师组;质量管理线主要包括质量管理组、合同监管组、项目监理组、软件测试组。

项目执行监管部门明确了各部门/单位的职责分工和工作关系,具体如下。

军方主管部门:政务系统研制主管部门。

项目执行监管部门:负责系统研制全过程的项目管理。

使用单位:负责系统需求提报、用户试用、试验等工作。

论证单位:负责立项论证,以及技术指导和把关工作。

监理单位:负责项目过程监理工作。

测试单位:参与过程测试、联试,负责第三方测试工作。

总体单位:负责顶层设计、组织协调、指导把关,提供底座支撑。

2. 技术管理

总体单位主要开展总体工作和共性支撑服务研制。这两项是落实工程技术管理、支撑业务信息系统建设的抓手。

(1)需求研究

需求研究主要包括总体及共性支撑服务需求研究、办公和各领域业务需求研究,以及扩展业务需求研究,由联合总师组和各领域业务总师组承担、各项目预先研究建设单位参与。

工作实践包括重点协助联合总师组开展跨域、共性、体系性的需求研究;与领域论证单位、总体单位加强沟通,及时收集、分析、提取共性需求,报联合总师组研究。

(2)体系结构设计

体系结构设计主要包括总体体系结构设计、各业务领域体系结构设计、体系结构集成与验证。总体单位组织体系结构方法、工具的培训,并指导各业务信息系统开展体系结构设计工作,形成体系结构设计数字资产。

工作实践具体如下。

① 重点研究基于信息活动的体系结构设计方法。

② 制定体系结构设计类工程标准。

③ 指导体系结构设计工具研制。

④ 运用体系结构设计工具,组织开展培训和设计工作,并基于各领域

成果开展集成验证,形成数字资产。

（3）体制标准制定与宣贯

体制标准制定与宣贯主要包括技术体制、标准体系论证,总体类工程标准制定与宣贯,以及各领域专业标准。

工作实践具体如下。

① 按照"标准讨论会、标准审查会"两会、"初稿、征求意见稿、送审稿、报批稿"四稿组织标准拟制。

② 广泛征求意见后,尽快进行试行和宣贯。

③ 检查各领域项目对工程总体类标准的贯彻实施情况。

④ 指导各领域开展专业标准制定,并开展过程监督和审核把关。

（4）集中攻关系统联试

集中攻关系统联试主要包括集中攻关、共性支撑服务联试、融合集成联试等。

总体单位具备联试攻关环境及自主验证环境的,可作为办公业务信息系统集中攻关场地,支撑开展跨业务领域联试、典型场景验证、技术体制验证等工作。

工作实践具体如下。

① 搭建联试攻关环境,支撑攻关、联试工作。

② 组织开展自主生态集成验证,形成自主可控的解决方案。

③ 开展共性支撑底座适配验证,推动底座成果的应用。

④ 开展共性支撑服务+业务信息系统联试,验证底座的支撑能力。

⑤ 开展融合集成联试,验证系统间的互联互通能力。

（5）技术指导把关

咨询指导:在各业务信息系统开展设计、遇到重/难点技术问题时提供咨询指导;开展体系结构设计培训和应用指导。

技术对接:开展组织协调和技术对接工作,主要包括跨系统技术协调、组织专题会议、共性支撑服务对接等。

审核把关:参与业务信息系统研制各阶段技术/实施方案等重要节点评审工作;参与系统需求、版本状态变更等审核把关。

工作实践具体如下。

① 组织信息服务基础平台、通用服务业务信息系统集中培训和应用指导。

② 分批次集中开展体系结构设计培训指导。

③ 多次组织业务信息系统梳理跨领域信息交互需求，确定交互接口。

④ 参加业务信息系统总体技术方案、初样、正样评审工作。

（6）共性支撑服务

技术总体单位选取信息服务基础平台相关构件，与通用服务业务信息系统有效集成，构建政务系统共性支撑服务。按照"边研边建边用"的建设模式，共性支撑服务可在研制阶段提前支撑业务信息系统开展研制和试点建设工作。

共性支撑服务的定位为各类资源的统合平台、"网—云—端"架构系统的运行平台、业务信息系统互联互通的通联平台、应用开发的众创平台。

技术总体单位遵循信息系统建设统一的技术体制，采用"网—云—端"架构，提供云平台及服务运行支撑、业务体系结构设计验证评估、业务软件开发和运行支撑、业务软件开放生态体系构建支撑、业务信息系统智能化运维管理支撑、系统自主可控迁移优化适配等方面的能力，满足业务信息系统开发、集成、运行和运维等方面的共性需求。

3．项目管理

总体单位主要从日常调度、沟通协调、质量管理、工作通报等方面开展项目管理工作。

（1）日常调度

工作实践具体如下。

① 每周定期收集各家周报，包括上周计划、本周完成情况、下周计划、待协调问题（需与用户和论证单位确认）等内容。

② 针对待协调问题，与各项目沟通问题情况，对于可直接协调的问题，及时协调。

③ 每周固定召开调度会，各项目确定用户、论证单位、预先研究单位等参会人员，安排专人进行会议保障。

④ 安排专人准备上会材料，记录调度会上明确的事项，形成会议纪要发给相关单位。

（2）沟通协调

在进行沟通协调前，需建立协调机制和专题协商机制。

建立协调机制：规范日常与应急沟通，以及突发事件、问题和风险报告与处置。

建立专题协商机制：不定期组织专题会，针对研制过程中的关键问题进行专题研讨，解决重/难点问题。

工作实践具体如下。

① 建立日常联络机制，固化对外联络人，形成各项目联络通讯录，确保沟通顺畅。

② 针对总体协调、体系结构、标准、数据、联试、运维、共性支撑服务等事项安排专人负责，提高沟通效率。

③ 及时记录各项目沟通的问题，并协调相关人员及时处置。

④ 及时将重大技术问题报给联合总师组，及时将项目协调问题报给项目执行监管部门。

（3）质量管理

工作实践具体如下。

① 建立质量保证组织，编制项目质量保证文件，发布项目工程模板，开展质量审查和评审、测试、配置管理等研制过程的质量保证工作。

② 规划和指导各业务信息系统的质量管理，开展质量策划、质量保证、质量控制和质量改进，将质量工作控制点前移，提升质量管理效能。

（4）工作通报

总体单位适时组织研制阶段工作检查，通报研制进展情况和有关问题。

7.2.3 管理方法创新

1. 流程及制度创新

（1）流程创新

按照以前的流程，工程研制管理主要包括方案设计、初样研制、正样研制、厂级鉴定、出厂检验、试验鉴定等阶段。

按照软件预先研究程序和研制程序，项目执行监管部门优化调整了研制管理流程，将工程研制管理分为方案设计、迭代开发、测试定版、改进升级等阶段。与以前的流程相比，主要有3个变化：首先，开发模式变化，采用迭代开发的模式，实现研用结合、快速迭代；其次，定版依据变化，软件不再提供预先研究总要求和试验总案，而将软件测试要求作为基本版定版依据；最后，定型模式变化，通过测试定版、改进升级，持续提升系统研制效能。

（2）制度创新

在制度方面，项目执行监管部门建立了计划管理、例会和报告、处罚和

奖励等机制。

① 计划管理机制是指由联合管理办公室、各项目管理组、总体单位分级制订一级计划、二级计划、三级计划，定期分析、汇总计划完成情况。

② 例会和报告机制包括集体会商、工作例会、周报/月报、工作通报。

集体会商：一般技术问题报给联合总师组协调解决，重大技术问题由联合管理办公室组织集体会商。

工作例会：每周召开工作例会，通报工作进展，协调重大事项。

周报/月报：拟制周报/月报，汇总后报给项目执行监管部门。

工作通报：联合管理办公室适时组织研制阶段工作检查，通报预先研究进展和有关问题。

③ 处罚和奖励机制是指因项目研制单位而出现研制进度、质量、安全等问题的，视情节轻重给予通报批评、罚款、终止合同，以及列入履约失信名单的处罚；对于按时完成研制工作、用户普遍反映实用和好用的项目研制单位，给予通报表扬，并视情况在建设项目中增加采购预付款比例。

（3）3个首次

考虑到政务系统研制任务的复杂性，项目执行监管部门工程管理方面创新探索并实践了以下3个首次。

① 首次引入研制项目工程监理单位：为加强项目正规化管理，按时保质完成研制任务，项目执行监管部门借鉴信息系统预先研究成熟经验，首次引入项目工程监理单位，探索工程监理在政务系统预先研究项目中的机制和作用。

② 首次提前引入第三方测试单位：项目执行监管部门提前引入第三方测试单位承担软件样机测试和后续的软件测试工作，不仅可以满足软件样机测试需求，还可以为后续的性能鉴定试验及软件全生命周期质量管理提供技术支持。

③ 首次建立联合组织架构：项目执行监管部门建立以项目执行监管部门为核心的项目管理架构、以论证总体单位和总体单位为核心的技术管理架构、以预先研究总体单位为核心的质量管理架构。

2．监理及第三方测试工作创新

（1）监理工作创新

由于政务系统项目成果影响大、技术更新快、需求变更多、专业要求高，因此有必要引入监理进行专业的监管。同时这对监理工作提出了要求，包括监管标准必须规范精准、监管手段必须不断创新、监管内容必须及时调整、监管力量必须全面。

项目执行监管部门创新性地建立"行为监理、形式监理、技术监理"三位一体的监理服务模型，从软件研制过程、技术实施等角度进行监管。行为监理是形式监理和技术监理的基础条件，形式监理是行为监理和技术监理的具体展现，技术监理是行为监理和形式监理的质量保证。监理主要从项目健康态势、风险评估、台账、进度、关键指标完成情况、例会制度落实情况 6 个方面进行监管。监管工作有效支撑了项目管理工作，增强了项目实施管理的规范性，加强了项目管理的沟通衔接，对及时处置风险隐患发挥了重要作用。

（2）第三方测试工作创新

项目执行监管部门提前引入第三方测试，支撑招标比测和项目研制过程中的测试、联试等工作，并开展软件测试资产库建设工作，制定了各阶段的测试作业指导书。

第三方测试工作在以下 3 个方面进行了探索实践：首先，技术创新方面，采用流水线作业模式，保证招标比测标准统一、尺度统一、结果统一，有效保障了招标样机测试工作；其次，管理创新方面，制定了系列测试作业指导书，使测试过程有法可依、有章可循，保证测试公平、公正、公开；最后，参与软件全生命周期研制工作，有效提升了软件研制过程质量。

3. 经验总结

（1）确立组织机构，发布管理制度

对于大型复杂项目，确立组织机构、发布管理制度尤为重要。项目执行监管部门应明确管理流程和管理机制，促进相关单位协同、规范地开展研制任务。

（2）强化需求牵引，贴近用户，迭代演进

项目执行监管部门应建立长期、稳定的需求研究团队和用户需求快速响应渠道，主动研究需求，加强需求设计，贴近用户挖掘需求，研发业务信息系统。

（3）运用系统工程和体系工程方法，关注整体，持续优化

项目执行监管部门应用系统工程和体系工程的思维，抓好系统总体设计，确保系统体系架构与能力可描述、可评估和可发展。

（4）重视总体工作，促进系统研制

项目执行监管部门应充分发挥各级总体单位的作用，做好总体工作，更好地促进系统研制，推动综合业务信息化建设。

（5）重视组织建设，调动力量，按专业分工

项目执行监管部门应加强组织建设，充分调动优势力量，发挥专家把关作用，组建专业工作组开展重要专项任务。

7.3 研制项目管理实例

7.3.1 项目背景

下面以某研制项目为例，分析其管理模式，借鉴其实践经验。实施该研制项目的目的是解决当前设备体积大、质量大、部署困难、开通难、速率低等突出问题，兼顾未来长远发展，全面提高系统通信效能和互联互通能力。

为了方便管理，项目执行监管部门与研制总体单位签订项目总包合同。研制总体单位在项目执行中的作用举足轻重，职责如下。

① 开展项目软硬件工程标准制定、总体技术方案设计、项目集成联试、技术协调等工作。

② 组织相关单位完成关键技术研究。

③ 组织各研制单位按期、保质完成设备研制任务。

④ 组织用户培训。

⑤ 配合论证单位完成系统能效、任务满足度、体系成熟度等关键能力评估工作。

⑥ 支撑项目主管部门、试验机构、管理部门、论证单位等相关单位完成项目监督管理、合同履行监管、方案论证、试验鉴定等相关工作。

7.3.2 管理模式

1. 基本流程

（1）签订合同，成立组织机构

项目执行监管部门与某单位签订研制合同。根据项目执行监管部门组织撰写的研制总体作业指导书，军方主管部门牵头成立了跨集团、跨部门的行政指挥线、技术指挥线、质量管理线，主要包括指挥协调组、联合技术总体

组、质量监督组,明确了组织机构的工作职责,同时制定了项目研制管理工作实施方案。

实施方案具体如下。

第一,介绍项目的基本情况,包括研制目的、研制内容、计划安排、任务分工等。

第二,确定项目的工作模式,如项目按照统一技术体制、分工负责研制、集中集成联试、统一试验平台的原则,组织开展研制工作。

第三,由于中标单位多,同时研制多种设备,为保障研制设备的互联互通,需统一技术体制。

第四,研制工作由不同单位分别展开。

第五,在集成联试阶段,总体单位组织到某单位开展集成联试,验证不同厂家、不同设备的互联互通能力。

第六,基于统一试验平台开展软件测试,并按要求进行试验,确保研制工作按时、保质完成。

实施方案的组织机构部分,详述成立的指挥协调组、联合技术总体组、质量监督组的职责和组成;工作流程部分,简要描述合同签订、方案论证、初样研制、正样研制、出厂检验、状态鉴定、小批量订购各阶段的工作流程;管理要求部分,包括合同管理、计划管理、例会和报告制度、互评互议要求、成果管理等,组织制定机构名单、设备研制的工作流程图和研制工作细化表。

组织机构具体如下。

① 指挥协调组是由项目执行监管部门牵头、研制总体单位的行政领导组成的,主要负责项目实施过程中的组织协调工作。

② 联合技术总体组是由项目执行监管部门牵头、研制总体单位的行政领导组成的,共同解决项目研制过程中出现的技术问题。

③ 质量监督组是由各单位质量部门的人员组成的,承担研制过程中的质量监督任务。

(2)对项目进行要素分析

项目是指人们通过努力,运用新的方法,将人、财、物资源组织起来,在给定费用和时间范围内,完成一项独立的一次性的工作任务,以期达到由质量和数量指标所限定的目标。

该项目的工作任务是完成某系统的研制,目标是设备等产品符合指标要求。

针对项目进行属性特点分析，发现其具有以下特点。

① 项目规模大、周期长，涉及多家单位及产品，研制周期较短。

② 项目的特点是流程复杂、交付严格，包括初样交付、正样交付、出厂检验、状态鉴定、小批量试生产。

③ 涉及多学科、多单位，产品包括设计、制造、集成、试验、验证多个环节，涉及电子通信、机械结构等多个学科，研制单位有多家。

④ 预先研究与生产并重，在状态鉴定后即启动小批量试生产，随后成规模、成建制的产品订货就会启动，因此，在研制阶段随时需要考虑产品的可生产性。

（3）对项目进行技术分析

① 设备研制方案可继承。虽然在招投标阶段已完成一版样机试制，主要设备形态、功能/性能指标已部分验证，但仍然存在风险。

② 采用的波形体制可借鉴。项目涉及的频段设备研制方案已在初代项目中初步验证，本项目的波形体制可以在初代项目的基础上进行改进调整，因此称其为可借鉴。

经综合分析，项目执行监管部门认为本项目技术较成熟，技术风险总体可控。

（4）对项目进行进度分析

根据合同，需按照前紧后松的要求调整项目节点，安排方案设计与评审、工程标准制定、关键技术研究、设备统型设计等工作。

在初样阶段要完成设备初样研制、互联互通联试和初样评审。

一般的正样及产品生产周期包括正样研制、正样联试、性能试验（含环试、电磁试验）、正样评审。

状态鉴定阶段完成厂级鉴定、出厂检验、性能试验、软件测试、状态鉴定。通过状态鉴定后还要进行小批量试生产。

经过上述分析，可以看出本项目进度风险较高，执行过程中需重点关注进度。

（5）制作计划表

在这个阶段，总体单位需尽快根据合同进度要求对项目研制的二级计划进行分解，并与项目执行监管部门、总体单位、研制单位进行充分的沟通，达成共识。

总体单位按照项目管理流程的不同阶段，分别对每个阶段的工作内容进

行分解，如将方案阶段分为设备统型、管理实施方案拟制、方案评审，并将每个分解后的工作内容进一步细化，如将方案评审细化到完成文档准备、提交方案评审申请、完成方案评审，为每项工作明确主责单位。

计划表是项目执行提纲，一定要特别注意，总体单位应在项目管理的各阶段随时关注进展，并与计划相对比，及时发现出现的项目进度问题。

（6）计划落实

计划制订完成后，需要执行项目管理中非常重要的一环，即计划落实。

① 达成阶段目标。总体单位需组织研制单位对各阶段任务及要达成的目标进行充分讨论，使所有研制单位明确每个阶段的研制目标、设备需要达到的技术状态。例如，在方案设计阶段完成硬件统型、软件统型，明确接口协议，以及完成方案设计报告。

在初样阶段完成初样研制，满足合同主要功能/性能指标要求，完成设备统型验证、内场互联互通与适配、外场试验等工作。

在正样阶段落实正样改进内容，完成正样研制、外场互联互通、环境适应性、电磁兼容性等试验。

② 组织项目实施。总体单位组织所有研制单位通过集中方式讨论统型方案，取得了良好的效果。

例如，硬件统型方面，首先，设备的硬件结构、外观及接口达到用户可见的部分外观结构一致、接口一致；其次，内部可更换单元的安装及接口一致，为一型多研设备的一致性、互换性奠定良好基础；最后，内部模块统型在一定程度上规范了设备的实现方案，为设备互联互通扫清硬件上的障碍。

又如，软件统型方面，通过软件波形、接口协议统型，达到同频段设备互联互通、不同频段设备波形体制一致。软件统型奠定了设备互联互通的基础，降低了后续联试阶段的工作开展难度，有效保障了系统联试的进度。可以说，初样能够完成，方案设计阶段的统型工作功不可没。

（7）开展设备研制

在研制阶段，各研制单位分头开展设备研制，重点加强组织协调，强化计划落实。具体措施如下。

总体单位的领导与各研制单位领导及项目组进行充分沟通，通过召开协调会，统一思想，尽管各单位存在一定的竞争关系，但站在全局高度上，大家的目标是一致的，经过统一思想，工作中的阻力减少了很多。

通过邮件、电话、即时通信工具等多手段了解各单位研制进度，并实时

与计划进度表相对比，及时发现问题。

针对技术问题，组织技术总体单位、研制总体单位及研制单位共同讨论解决技术问题；针对进度问题，督促研制单位加强资源保障，必要时通过项目执行监管部门和技术总体单位帮助解决进度难题。

研制项目各阶段的文档工作量很大，完善的文档是项目顺利开展的基础，总体单位通过研究已开展的项目各阶段上会文件，制定本项目文档清单和模板，并提前发布给各研制单位，降低文档撰写难度，避免项目返工，提升项目质量。

总体单位提前与项目执行监管部门及技术总体单位沟通会议评审内容，及时发布大型会议评审节点，提醒研制单位提前准备，确保各阶段工作有序开展。

2. 研制成果

经过前期的精心组织，初样研制取得良好效果。在军方主管部门、项目执行监管部门等的指导下，在研制单位的大力支持下，在项目团队的共同努力下，研制项目顺利完成初样的研制和集成联试工作。在初样评审会上，与会专家对设备的研制周期、统型效果、技术能力方面均给予好评，设备顺利通过初样评审。

① 初样研制周期大幅缩减。与研制项目同型设备相比，初样研制时间减少，同时实现了设备统型、互联互通等目标。

② 硬件统型取得良好效果。初样统型实现了设备、分机的结构和外观一致，具体包括设备的室内单元、变频处理单元、高功率放大器，设备的电池、充电器、背负伺服、背负三脚架、背负电源，设备的地钉、拉绳。从外观看，设备外观完全一致，甚至天线的外观都基本一致。

③ 互联互通能力得到充分验证。初样实现了不同研制单位的同型设备的互联互通；同一频段不同型号设备的互联互通；散射控制管理设备的互控。

④ 通信效能、控制与管理等功能得到验证。团队通过通信试验验证了通信设备的适配性，验证了通信设备的通信能力和快速开通能力；通过通信控制与管理试验，验证通信控制与管理系统对通信设备的参数加注、状态查询、辅助开通等方面的功能。

⑤ 性能呈现出跃升趋势。相对于现有系统，初样实现了以下提升：体积、重量降低一半以上；天线数量减少但通信能力未降低；具备一键开通功

能，开通时间减少一半以上；增加速率自适应功能，显著提升设备的平均传输速率。

7.3.3 经验总结

① 产品研制重设计。本项目执行过程中加大了方案阶段的投入，组织研制单位优势力量，共同研讨，取长补短，方案周到、完善；提前做产品的软硬件统型，落实标准化、通用化、组合化要求，为联试阶段互联互通的顺利开展奠定了良好的基础，一方面，项目进度得以保证，另一方面，降低了正样的不合格风险。

② 项目执行重筹划。项目执行过程中，项目负责人要建立组织机构，同时学习研制流程及各项管理规定，制订翔实可行的计划；实时关注进度与计划的偏离情况，提前筹划，特别是及时识别甘特图中的关键路径，梳理出需要先开展的工作，并提醒研制单位及时开展工作。

项目研制过程中可能会出现问题，当出现问题时，需要依靠开始时组建的组织机构，有效解决问题。

例如，按照计划，需将所有设备送到某单位进行入场联试，但直到临期，部分设备仍未具备入场状态，某单位将进度问题上报项目执行监管部门。各相关方是如何解决的呢？

首先，项目执行监管部门及时召集项目组织机构召开协调会，要求所有研制单位到某单位开展封闭预先研究，并对封闭人员提出明确要求。

其次，总体单位积极组织研制单位开展封闭预先研究，提供场地、仪器等保障，通过人员集中办公提高沟通效率；通过每日例会制度及时发现问题；通过组织专题讨论随时解决问题。

最后，通过集中开展预先研究取得了良好的效果，进行内场接口和波形联试、内场互联互通联试，对各厂家参试设备开展外场摸底测试。

在项目执行监管部门的领导下，在总体单位及研制单位的积极配合下，项目组开展了初样评审工作，包括野外实测、内场功能/性能测试、文档审查、会议评审，最终顺利通过初样评审。